嗇色園百周年紀念特輯

嗇色園黃大仙祠儀式研究

回首普宜

百年科儀

譚偉倫　林振源

編著

中和出版
OPEN PAGE

李耀輝序

　　這是一本在「不安時代」完成的道教科儀書籍，也是一本田野調查及研究地方宮觀科儀的書籍。在過去數年，香港社會籠罩在疫症與不安的陰霾之下。本人門下的弟子、會員及職員等，原計劃於本園一百周年紀慶（2021年）時，敦請道教科儀的專家學者出版一本介紹本園普宜壇一百年來的科儀簡介書籍。但是，碰上突如其來的劇變，把所有計劃都打亂了。諸如原本打算來港拍攝及研究本園普宜壇科儀的林振源教授不能親身前來，只能靠身處香港的譚偉倫教授來錄影拍攝、做調查及訪談等工作。

　　藉著此書的出版，本人順便把我所了解的一些普宜壇科儀歷史源流等問題，爬疏了一下，以期把本壇的百年科儀歷史簡略概括地呈現讀者眼前。本壇科儀的起源，可追溯至1899年的廣州花埭「普濟壇」及1901年南海稔崗的「普慶壇」，還有後來（1921年）在九龍竹園村創壇的「普宜壇」等不同的時期。而此書的內容重點，主要在於闡述本園這一百年間於竹園村建壇（普宜壇）的一段科儀歷史。

　　本書作者考鏡源流，辨章學術，尤其對於本人擔任監院以後所編製的科本以及黃大仙信俗的科儀，作了較仔細的考察。我想，道教科儀主要濫觴於古先民們的祭祀、祈福等活動，經過長期的積累、變革，世代相傳，才演變成今天的道教科儀。而本港的道教科儀與上述同理，

也是經過先輩道侶的不斷努力、實踐與播道，才有今天的楷模。據本人考究園內的文獻，本園自創壇起已沿用《赤松黃大仙師寶懺》，有關此懺本之成書年期應為「1899 至 1901 年」，[1] 最明顯的是經內的〈五字真經〉（「寶鏡人心樂」）有「蓮花山始下，菩嶺普濟前，花間添稔地，招集眾群賢……」有關此寶懺經本的探究，本人早年已有涉獵，[2] 但礙於資料的欠缺，經內還有很多的疑團，有待往後學者再去發掘了。此寶懺於香港的經壇亦有流傳有別於本壇的其他版本。至於經書之版本，或現世之先後，或坊間修改自何版本等疑問，則難以一一考究清楚。本園的《寶懺》乃傳承自前壇（普慶壇）所編輯的《三寶明經》[3] 內之《黃赤松大仙真經》，而其他道壇的經本，應該是以多元的傳播途徑，在廣東及香港等地流傳。所以，後來於本地流行的《赤松黃大仙師寶懺》乃是源自《黃大仙真經》，再經往後道侶所編輯而成科本。記得於十多年前，本人在修訂此《寶懺》時，曾將經內〈五字真經〉原有經文內的「蓮花山始下，菩嶺普濟前，花間添稔地，招集眾群賢，當人最要善，行為切勿偏」這幾句，因應「普宜壇」在港建壇的情況，有感於仙師賜予之靈應，遂應師意，更改為：「花間添稔地，普宜集群賢，香江顯聖道，濟世嗇色園，為人當行善，積德免災愆。」前經文提及「蓮花山始下」，所指的是陳啟東等人，當年「扶鸞遣興」[4] 而仙師臨壇濟世始於「蓮花山大嶺村」。[5] 現存之「大嶺村」，其村屋外之「門官壇暨土地神位（旺相

---

1   此時期應為陳啟東（私塾老師）及一些文人等，因「扶乩遣興」時而獲黃大仙師臨壇指示，建壇普法弘道眾生。陳因而聯同當時的官員、富商及文人等，於 1899 年在廣州芳村花地建立嶺南第一間黃大仙祠「普濟壇」。

2   黃錦財主編，《尊道重禮 —— 道教經壇文物展》（香港：嗇色園，2012），頁 10—23。

3   本壇現收藏之文獻《三寶明經》，內頁有「民國四年三月新刻」，下款為「西樵普慶壇藏板」。

4   有關「普濟壇」之乩文等文獻，可參考《驚迷夢》（上、下卷），嗇色園七十周年紀慶普宜壇重印。

5   據資料顯示，番禺蓮花山背後，藏著一座中國歷史文化名村：「千年古村」大嶺村。大嶺村建於一座小山之前，這座小山名為「菩山」。番禺區內的歷史文化遺蹟很多，其中蓮花山上的古蹟最為集中和具代表性：如有二千多年及保存最好的古採石場遺址，更有建於明代萬曆年間的「省會華表」蓮花塔、清康熙年間建造的蓮花城，及新建的世界最高的箔金觀音立像。

堂）」，[6] 奉祀「年月招財童子（牌左一）都天至富財帛星君（二）門官土
地福德正神（中）三田和合樟柳榆菴（四）日時進寶仙官（五）」，當中
的「都天至富財帛星君」正是本園百年來皆奉祀之神明，也見證了民俗
信仰之傳承。村內紀念館門前的說明牌，記載了黃大仙「乩緣」於廣東
的源起。[7] 由此可知，前壇普濟壇及隨後的普慶壇皆以「扶乩」[8] 建壇濟
世，為弟子及道侶化解疑惑、趨吉避凶或勸善教化的。

　　有關本園前壇的科儀傳承，據文獻資料等記載，皆集中以梁仁菴[9]
為代表之「普慶壇」。據梁仁菴之孫梁本澤[10] 所著作的《金華風貌》[11] 所
記載：普慶壇於 1901 年在南海稔崗（西樵山）建壇。據八十年代中期，
本園尋根之旅所拍攝的遺址和文物照片等看來，普慶壇的宮觀建築、
裝潢等，確是極具規模。至於科儀等方面，也具備了一定的基礎。從

6　　於大嶺村民居正門前之神位，上層奉祀「門官」及「年月日時」等神明，而下層為：前後地主財
　　　神（中左）、五方五土龍神（中右一）、土能生白玉（右一）、地可出黃金。

7　　據「千年古村：大嶺村」之「道教仙緣」之內容為：「赤松仙師（黃大仙），在光緒丁酉年（1897
　　　年）秋在大嶺村西約坊升平大街榮杰巷陳啟東家中和列群真通過『扶鸞』的方式在菩山設壇著
　　　書，賜壇名『普濟壇』。赤松仙師和列聖群真旦夕降鸞，積成卷軸，在光緒二十五年（1899）降
　　　鸞著書完成，積成普濟壇《驚迷夢》一書，並開始在世上廣為流傳。在普濟壇創壇期間，陳學
　　　濂出資在大嶺村西約坊升平大街的臨街處建一間規模較小，總面積不足 100 平方米的黃大
　　　仙善信活動場所，亦即是廣東最早期的黃大仙祠，為庭園式磚木結構，後被改建為民居。目
　　　前，區、鎮兩級政府對黃大仙文化高度重視，計劃在大嶺村馬山崗選址重建赤松宮，相關工作
　　　正在推進當中。」

8　　承上提及，普慶壇亦有編輯乩文成書：《醒世要言》（卷一，卷二、三）（兩冊線裝本），嗇色園
　　　七十周年紀慶普宜壇重印。另，有「普宜壇」亦出有乩文集：《三教明宗》，於庚子年（1960）
　　　秋發起扶乩而出，當年乩手為衛仲虞，癸卯年（1963）八月廿三日初版。

9　　據本園收藏之《普宜壇同門錄》文獻記錄：梁傳道，廣州花地，普濟壇弟子，道號：篤謀子。
　　　創辦金華別洞，組織金華別洞，組織普宜壇。創建九龍嗇色園，督理。南海西樵稔崗鄉人。向
　　　在（西樵普慶）祖壇供職。名敬孚，別字仁菴。民國九年庚申歲貳月初四午刻在港開壇奉 黃大
　　　仙師乩示，轉道名宜元覺。（民國十年，辛酉八年初十四刻，仙遊。）

10　 據訪談獲知，梁仁菴逃避土匪綁架，獲仙師乩示向南逃難來港，當時並有帶兒子梁鈞轉來港。
　　　梁鈞轉之夫人（正室）生有兩子：梁根澤、梁本澤；繼室又生有：梁福澤、梁耀好。當中，梁
　　　根澤及梁本澤，皆曾參與園務及經懺等。尤其梁本澤，曾被譽為香港經壇「四大經師」之一。
　　　而梁福澤，亦曾任本園董事。

11　 梁本澤著，《金華風貌》（手寫影印本）。此手寫文獻由本澤之徒弟黃偉光（敘知）道長所提供的。

現存的部分遺址文物、法器、經櫃、擔箱[12]、經本及符籙[13]，猜測當時已能舉辦法會或替善信進行法事服務了。而本園的藏經閣現時收藏之很多的經本、文獻等，皆是早年印製自普慶壇的。而據老道之憶及，普慶壇發展至興盛時，已很重視科儀實踐，於日常宗教事務外，更制訂了祭祀等壇規，除春秋二祭外，亦有「海勝益善會」之成立，撿葬水上浮屍等義行，又進行「超拔亡靈」等法會及儀式。普慶壇除了請羅浮山宮觀道長來承壇啟建法會儀式外，更有派遣壇內弟子親往羅浮山等地方拜師學道，學習道教經懺儀範。有關普慶壇科儀等史料，壇內的老道們皆有複述與紀錄，如流傳至今的《普慶幽科》是一明證。有關《普慶幽科》，後來於 1921 年成壇的「嗇色園普宜壇」，也沿用前壇科本，此經本也修訂為《普宜幽科》，[14] 直至後來（約五十年代後期）普宜壇弟子引進了《先天斛食濟煉幽科》後，才漸漸地不再採用了。現細看前輩道長林邊覺[15]於《普宜幽科》封面的一段文字說明，便可知普宜壇初期科儀的一些情況：

> 林宜邊覺將此本幽科內改編禪腔共四拾餘種，加載工尺丁板，特留此公開，以備幽台時二手之用。如道友欲學者，請就地抄錄，切勿移往別處，以保公有。若有不明者，可徑詢邊覺，願

12　擔箱：一般道堂用，此箱裝有外出替人家做法事的物品，有道長個人的，亦有宮觀用的，箱內有：經本、法器、神像及科儀文疏印刷品等。是道長外出進行科儀必備。

13　有關「符印」等文物，西樵山當地之村民，曾收藏有當年普慶壇之圓形鐵印，現已為當地政府所有。另，本園後來沿用之「石符」（類似「金光篆」），也於普慶壇遺址之建築石材上發現。據說此符為仙師降乩而畫成。

14　《善道同行——嗇色園黃大仙祠百載道情》編輯委員會，《善道同行——嗇色園黃大仙祠百載道情》（香港：中華書局，2021），頁 226。

15　林邊覺，俗名仲甫，於 1928 年曾任嗇色園副協理。

當義務指導，務達完備止也。[16]

由林邊覺道長的兩段題記（另一題記參看註釋），正正道出了嗇色園普宜壇創壇初期十多年所舉辦的醮會、法事（如：建醮開光及奠土超幽科儀〔1921〕、風災超幽法會〔1922〕、萬善緣法會〔1924至1926〕、盂蘭勝會及附薦先靈），皆是從舊壇（普慶壇）請來科本經懺，並派道長赴港協助。往後更有把「西樵腔口」改為香港當時流行的「禪腔」等，從中可見其傳承與改革科儀的痕跡。當中更有道長前往廣州等地請經、學習。

此外，再看一段早年普宜壇道長抄寫經本的文字，此經為《關聖帝君寶懺》（或稱《武帝寶懺》），是嗇色園弟子於癸亥年抄寫傳誦的。寶懺經書之後跋有：

武帝保安懺文乃張道人子房乩撰，經坊向無印行，各壇所藏均是鈔本，草率錯漏在所不免。辛酉同人等創壇於香港九龍嗇色園內，崇奉 黃赤松先師兼奉 關聖帝君，每逢聖誕，恭誠禮懺，素著顯靈。苟無善本，懺文不足以昭誠敬用，特繕寫七部藏之壇內，以垂久遠。璜以俗務叢集之身，鮮有暇晷，日寫數頁，二十

16　此《普宜幽科》之封面題字，並於內頁有「題記」，資料摘錄自本園收藏之《普宜幽科》（線裝本）。另可參考附有原版相片：游子安主編，《香江顯迹 ── 嗇色園歷史與黃大仙信仰》（香港：嗇色園，2006），頁69。「題記」：「林宜邊覺因鑑於西樵之道腔有所出入，因窮究之，始知寔無師承所致，常被參觀者議為不倫不類。如昨年『萬善緣』，報紙載云，所謂經生者，今年又見於九龍採風記，此中嘻笑怒罵，不遺餘力，想各道兄亦必見及，我亦已於昨年元月，上稟先師，問可否改用禪腔事，蒙先師批云，上年師伯早已題及糾正，事因本壇初創，故未暇及此，今爾棄問，正如我意等句，故敢銳意改編，不惜光陰，不憚勞瘁，請教於廣州楞嚴佛學社沈允升先生，以冀得抵於成，用正禪腔，使以後外界參觀者，不特詆無可詆，反生欽羨。近世潮流，趨向佛學，梵音一道，尤屬典盛。演劇者編之於舞臺上，唱書者唱於歌臺上，留聲機則終日盈耳。上至老成碩望，下至婦女孩童，無不飽衝耳鼓，學此者不可不認真研究，慎勿謂秦無人也。雖屬榮辱關頭，對於佛法本無人我，惟於本壇前途，大有關繫在焉，願學此者，祈諒之，祈勉之。丙寅冬邊記」

餘日而始成，非敢告勞，特留以待梓，云爾。民國十二年六月中浣南海謝錫璜謹識，林惠民校對，謝家基釘裝。[17]

這裡，謝錫璜（裁覺）道長把本園早期科儀草創期的情況記錄了下來，有關此經於何時、何地及何人扶乩所得，已經難以考究。而上文提及的張子房（張良）道人，據本人所知，早期扶乩有此神明降壇確為常態。文中亦可反映香港開埠之初，於道壇經本書籍的傳播情況，此經在本壇抄寫後，到現時很多的道壇仍在沿用著此經本。

　　回顧本園普宜壇於科儀方面，除了早年的前壇道長前來協助，以及指導弟子抄經學習外，還有四十年代中期加入本園的麥幸（繼覺），[18] 繼而出現所謂「四大經師」，及至九十年代本人接手管理園務，才持續地把黃大仙祠的科儀傳承下去。我想，麥幸道長對於本壇的影響是非常深遠的，據曾是本港道壇四大經師之一的羅恩錫道長於《濟煉幽科》[19] 此一經書的序言所憶述，現時本港道壇流行的《先天斛食濟煉幽科》等經本，最初是麥幸承傳自茶山慶雲洞的鄭希甫道長，而羅恩錫亦是跟麥幸道長所學。[20] 又，據羅恩錫道長的弟子透露：五十年代後，香港經壇開始冒起傳習《先天斛食濟煉幽科》（後文簡稱：《先

17　參考：本園藏本《關聖帝君寶懺》。封面附有「癸亥季夏謝公翼題簽」。

18　據本園舊文獻記載：麥幸，（戊子年，本壇協理），順德縣馬齊鄉人。現寓：香港太平山街四十六號。（介紹人：錢差覺、衞清覺。）民國三十四年乙酉歲八月十五日奉　黃大仙師乩示賜名宜繼覺。玄門之內有奇香，香非馥郁但延長。長春不老真元氣，氣由炁煉繼之強。道由榮華世罕明，希夷為本順為榮。華在長生天地母，五行相配氣神精。來春一運夏一回，五載悠悠色占魁。康莊大道逍遙去，優悠乘馬咏紅梅。一交四十一翻新，人自遠方向己親。成竹在胸神自鎮，心中明鏡不生塵。直程百里馬奔前，善與人同四境連。身在娑婆存佛國，自明世道樂長年。經懺由來可助修，手持一卷作仙儔。一旦果成如我意，修來一順繼春秋。賜你名為宜繼覺。（註：以上為麥幸道長之入道本園之乩文，入道本園要有兩位弟子推薦，即乩文簿內之介紹人。）

19　此經之原名為《濟煉幽科》，但後來青松觀侯寶垣道長乃修改為《先天斛食濟煉幽科》，現時看到於香港經壇流傳的最早版本為 1974 年香港青松觀的重印本。

20　此段「口述歷史」，感謝羅恩錫（1928-2016）的弟子趙天一道長接受訪談。

天》），而當中的侯寶垣道長，早年曾跟隨釋家（釋達平師傅）[21]學習「釋家（唱）腔口」，直至後來七十年代，由其將此經發揚光大。又據熟識侯寶垣道長的弟子們所說，侯道長及同時期的鄧九宜等，皆學懂了演法《先天》科儀，且沒有正式跟從師父學習，有說他們是「無師自通」的。翻查歷史，他們來香港後，曾到西環的「雲泉仙館」，在此認識了麥幸、羅恩錫、釋達平師傅等。亦因此推測：早期的侯寶垣道長確曾跟「平師傅」等演法「廣東釋家幽科」，侯道長之「腔口」亦因而保留有當時「釋家」的韻味。現今的道侶們在聽取侯道長的唱經錄音帶後，均表示無論是主科之「白文」等方面，皆可從中找到釋家的「宣、表、繞、藏」等腔口。以上是香港經壇的一段鮮為人知的科儀歷史。

另，有說另一承傳的鄧九宜道長於主科的「白文」等方面，亦有其自己一套獨特的唱法，加上鄧道長唱經時或附帶有他的「順德口音」，這與侯寶垣道長的，又是另一種不同的演繹。近世代，香港青松觀版本的「幽科腔韻」已逐漸形成。這與早期香港道壇的唱腔（包括嗇色園等），皆帶有當時羅浮山及西樵山的道韻有關。而當年香港的道壇，除了南海麥幸道長及廣州陳淮道長等外，傳承的唱腔亦有相似的地方，如本園過去之（六十年代前的道韻）《普宜幽科》便是。據同道之分析，往後的香港道壇，由於香港青松觀的壯大，以及侯道長的用心培訓女高功、女經生，加上同時期的鄧九宜道長（亦是青松觀弟子）到處去傳經、教授，因而現時道壇的科儀、經懺，甚至負責傳授科儀的道長，大都或多或少受過他們的影響。而除了以上兩大人物（侯寶垣、鄧九宜）外，當年「萬德至善社」自陳淮道長後，多年前由一位曾出家的道長老蕃蓮出任其經懺導師，她的唱腔據說與侯寶垣道長是非常相近的。以上為香港道壇經懺腔口所傳承的歷史概況，藉撰寫此序的機會，

---

21   平師傅，又名「容和平」，或「釋和平」。其時（五、六十年代）香港盛行「釋家腔」，侯道長應是受釋家腔影響最深。

讓後起之同門弟子也了解一些。

有關麥幸道長對本園的貢獻，現在再補充一些。據羅恩錫於其著作所述，除了他獲麥幸傳承外，園內的弟子梁本澤、潘可賢[22]兩位道長亦曾跟麥幸學習《濟煉幽科》。這亦使羅恩錫道長，成為香港的「醮師王」。當年，他與梁本澤、潘可賢及吳耀東，[23]被譽為香港經壇的「四大經師」。亦因這些原因，也促使本園的《普宜幽科》走向沒落了。加上如上文提及由於本園道長提倡「禪腔」改「道腔」的呼籲，同道們便爭相去學習《先天》，以期望有自家（道家）特色的道教科儀。

再看本書，書中有關本園科儀的研究，實在發揮了一個「承先啟後」的作用，既為我園弟子提供了很多詳實之史料，亦使日後園內的科儀傳承，有了根本的資料。作者以本土（港）道教科儀源頭而入，進而探討本園科儀之「三教（儒釋道）」內容特色及承傳黃大仙信俗等儀式內容。我想，本港道壇其科儀之歷史源頭，皆與廣東地區有著血脈相連的關係。而本園享有「香港四大廟宇」（嗇色園、上環文武廟、沙田車公廟及佛堂門天后廟）之首，由前期之科儀，已佔有重要地位。書的開章首篇乃作者對本園科儀歷史背景的簡介及導讀；繼而對有關香港「黃大仙之研究成果」作一回顧與介紹；進而把嗇色園普宜壇科儀歷史及改革後的科儀作深入的探究；其後把部分的嗇色園科儀與道教科儀作一簡述與選析；最後，作者交代了此書的研究成果及存在的一些科儀歷史問題，以便讀者作更深入之探討。

有關本人近二十多年來在園內的改革、建設，以及對於普宜壇科儀的承傳，更多的是本人特意把過去的一些「陋習」及一些缺乏規範的

22　據本園之扶乩文獻資料記載：潘可賢（民國三十五年丙戌元月十五日〔入道〕）南海西樵河清鄉，現年十五歲。香港德輔道西一百六十二號三樓恆德隆。賜名「性醒」。介紹人：梁勤覺，錢差覺。

23　現為香港雲泉仙館之館長。

壇規、壇儀及威儀，進行改革、重新編製，當中的依據主要是參考道教典籍，並因應香港本土信仰、習俗而滋生了一些新的儀制，創建了園內一些新的殿堂及擺設。舉如在「硬件」方面，從「山門」始的「銅麒麟」擺設、大型銅鑄五供擺設、石獅、平臺牌樓（選用佛山石灣瓷窰燒製之「八仙」神獸）、銅獅、龜鶴擺設、王靈官殿設立、太歲元辰殿設立、藥王殿、月老及佳偶天成神像、財神宮、碧霞殿及黃大仙信俗文化館等。至於「軟件」方面，本人亦因應殿堂的增設，而相應編製了十多項的科儀，同時把原有的科儀經本等進行修訂，舉如：太歲元辰殿的上表祈福儀式、太歲元辰殿之化表科儀、王靈官寶誕科儀、財神宮貼金箔儀式、黑虎玄壇趙元帥寶誕科儀、天仙聖母碧霞元君寶誕科儀等等。此外，本人亦因應本地繁雜的民間節日、風俗習慣等，而編製了多項的科儀、儀式，如：道教婚禮、皈依冠巾證盟科儀（皈依入道）、遣喪發靷、黃大仙師上契結緣儀式、萬世師表孔聖先師啟蒙開筆禮、七夕結良緣祈福科儀。再者，在弘揚傳統文化、道教文化及民間習俗方面，本人亦將道教科儀融入至民間的習俗活動，如本港開埠以來首辦之「廟會」、大仙出巡、新春頭炷香的派風車、派門神卡、財神卡等活動，皆是迎合善信日常來廟感受傳統神誕熱鬧、新春行運等心理願望。

總而言之，本書以普宜壇的科儀歷史、文獻及田野調查等方法為導引，既為香港的道教科儀研究開拓了新視野，更為本港的非遺文化補充了豐盛材料，從而促使本土民俗文化與道教科儀文化之融合更加密切。感謝兩位作者（譚教授及林教授）的辛勤付出！至於其他有關本園科儀的深入探究，則留待往後的有緣人了。是為序。

嗇色園黃大仙祠監院　李耀輝（義覺）

壬寅年臘月於悟道堂監院辦公室

李光富序

　　三月北京，和風煦暖，玉蘭花開，春日陽光灑滿整個房間。我讀著《回首普宜·百年科儀：嗇色園黃大仙祠儀式研究》書稿，暢遊於文字之中，領略著百年科儀史，無比歡喜。

　　道教科儀深植於中國傳統文化的土壤中，具有深厚的歷史文化底蘊。它起源於我國原始社會的先民對大自然、祖先等的崇拜祭祀儀式，後隨道教的產生、發展而逐步形成一個龐大成熟的體系。它具有重要的宗教和社會價值，是道教溝通人神之間的橋樑和紐帶，是道教展示無邊法力、救苦超度、造福信眾的梯航，對道教的健康傳承具有重要的意義。

　　道教科儀是道教徒上承道脈、下傳法嗣，內宏正化、外演玄風的基礎，是自我修行的必修課。猶記得 1984 年我懷著一顆對真武祖師的虔誠之心，皈依全真柯宗仙道長，拜王宗坤道長為師，又有幸跟著李誠玉、王教化等道長演習科儀。這些老前輩都精於齋醮，洞達科典，經常對我耳提面命，傳授齋醮科儀的知識，讓我熟記並用於修道之中，現在想起來真是歷歷在目，獲益匪淺。

　　道祖在《道德經》上說：「執古之道，以御今之有。能知古始，是謂道紀。」意思是把握早已存在的「道」，來駕馭今天的具體事物，就能夠了解宇宙的本始，這就是道的規律。嗇色園黃大仙祠自發軔以來，

以普濟勸善為宗旨，在弘道宣教、公益慈善、文化交流等方面成績顯著，深受海內外道教界好評。百年崢嶸歲月，今朝碩果累累。在取得輝煌成績之時，嗇色園同道仍能不忘弘道初心，追根溯源，總結經驗，以期更好地弘揚大道，普濟眾生，實屬難能可貴。

此書作者分別是香港中文大學譚偉倫教授和臺灣政治大學林振源教授。兩位教授是香港和臺灣兩地知名的道教研究學者，曾遊歷多國，學貫中西，有著扎實的宗教學專業知識和豐富的社會實踐經驗。此次能夠珠聯璧合，強強聯手，撰寫此書，除了嗇色園黃大仙祠盛情邀約外，也與他們和道教結下的深厚情誼有莫大的關係。

兩位教授不畏辛苦，克服新冠疫情帶來的諸多困難，採用錄影分析、訪談交流等方式搜集到了全面又詳實的資料，為寫作打下了堅實的基礎。他們以歷史的大視野，用客觀理性的筆觸從嗇色園黃大仙祠普宜壇建壇開始敘述，用讀者喜聞樂見的語言徐徐展開，詳細描寫了普宜壇百年科儀的流衍變遷軌跡和豐富的歷史文化內涵，並在此基礎上對道教科儀的宗教和社會功用進行了解析，最後進一步昇華，整理歸納出道教科儀的源流和歷史。總之，該書結構合理，論證嚴謹，文字順暢，堪稱佳作，讀後深受啟發。

書中所記李耀輝監院開壇時所唸「日出東方映海紅，瑤壇肇啟顯宗風。全真顯教談玄妙，正一行壇顯道風」的經文，印證了普宜壇科儀包羅萬象，海納百川的氣質。為適應時代需要，嗇色園同道在 2000 年的時候又對普宜壇科儀進行了革新，這充分說明了普宜壇科儀是傳統與現代的結合物。道教作為中國唯一本土宗教，是中國傳統文化的重要組成部分，在提升國家文化軟實力和中華文化影響力中具有不可替代的重要作用，但是在資訊化大變革的新時代，道教的現代化轉型相對滯後，道教的時代化和國際化仍任重道遠。道教有與生俱來的創新因數，需要被啟動，就像《道德經》中所說：「人法地，地法天，天

法道，道法自然。」「孰能濁以靜之徐清；孰能安以動之徐生。」這些話告訴我們做事情只有尊重客觀規律，順勢而為，才能達到理想的境地。正如漢代司馬談的《論六家要旨》概括的那樣：道家（教）能「與時遷移，應物變化，立俗施事，無所不宜。」

　　我在閱讀這本書時看到了普宜壇科儀鮮活的生命力。希望此書的出版能為學術界提供參考價值，能為道教界帶來啟迪和前進的能量。

　　是為序。

中國道教協會會長　李光富

2023 年 3 月 1 日

勞格文序

　　我的好友與門生，譚偉倫、林振源合著的《回首普宜．百年科儀：嗇色園黃大仙祠儀式研究》出版在即，欣然為之作序。

　　本人早年便與大仙祠及李耀輝監院結緣，也知道「香港黃大仙信俗」是國家級非物質文化遺產，其內容不僅多姿多彩，更是涵蘊豐厚的道教與中國傳統文化。本書調查研究的對象正是我久仰的「嗇色園黃大仙祠」科儀文化，以及像李監院一類的「宗教人」，他們的宗教經驗與科典儀範，都值得學界深入探究並記錄在冊。

　　本人從事中國宗教的歷史與田野調查研究近五十年，道教科儀在歷史長河中，猶如寶藏般沉澱，蘊藏在地方社會中，等待著人們去挖掘探索。道教是源自中華民族本土的宗教信仰，經過歷代高道的蒐整、創新與保存，在朝真醮謝、祈禳開度、驅邪治病諸方面都保有細緻豐碩且極具意涵的儀式傳統。且看現存的《道藏》、《藏外道書》及晚近編纂收錄的系列道教叢書，內容皆以道教科儀為大宗。這些科儀文獻記錄了中國社會與文化固有的生活面貌，生動地呈現了地方社會中的民俗與信仰活動。因此只有對道教科儀進行系統研究，我們才能對古人的文化遺產與歷史足跡有更深刻的了解與體悟。

　　香港道教不僅傳承廣府文化的特色，又憑藉地理位置的優勢，以深海灣、轉口港的便捷成為中西文化融會之地，形成獨具地域性的香

港道教特色。以普宜壇為例，科儀原從廣州、西樵山等地傳入，因此保存不少老抄本；但在香港立壇後，普宜壇繼往開來，在儀式的流程安排、道侶威儀、壇場道樂等方面在傳統的基礎上進行創新與變革。

《百年科儀》一書是嗇色園普宜壇一百年來的科儀文化全紀錄，書中既有作者對宗教儀式的獨特視角，又有歷史與當代地方道教研究方法下的個案呈現。若想進一步了解香港黃大仙信俗與其道教科儀文化，本書無疑是最重要的參考文獻與資料寶庫！兩位作者從普宜壇的科儀典籍與歷史文獻入手，加上細緻的田野調查記錄、訪談等研究方法，詮釋了這個極富地方特色的香港黃大仙信俗儀式文化。這是一個很好的嘗試，也是一個很好的開始，著實為香港本土道教研究開拓了新思維、新方法。是以為序。

勞格文（John Lagerwey）

（巴黎利瑪竇學院院長，

法國高等研究學院、香港中文大學榮休教授）

目錄

李耀輝序   i

李光富序   xi

勞格文序   xv

第一章　導論   001

第二章　研究成果回顧   021

第三章　普宜壇科儀歷史   053

第四章　監院改革後的科儀   109

第五章　嗇色園普宜壇科儀選析   207

第六章　科儀小史及源流   241

第七章　綜合討論   263

附　錄　引用書目   283

附　錄　索引   297

第一章

導論

（一）著書緣起

己亥年（2019）五月二十四日筆者有幸應邀參與嗇色園一次考察活動，主題是佛、道交融，目的地為湖南的南嶽大廟。該廟宇位於五嶽之一的衡山腳下，始建於唐代初年，歷經宋、元、明、清十六次大修。清光緒八年（1882）按北京故宮樣式重建。大殿供奉南嶽聖帝，為南嶽衡山之神。八月初一為南嶽聖帝神誕，這天大批香客湧入，最多時達十萬餘人。南嶽大廟最大的特色是殿的東面有八座道觀，西面又有八座佛教寺院。[1] 位處中央的南嶽大廟之管理是佛、道二教輪流看管。這種安排在全國少有，也體現了佛、道二教在湖南的緊密相互交涉的情況。

行程中高鐵上，嗇色園行政總幹事冼碧珊小姐剛好坐在筆者旁邊，她提及嗇色園的科儀和賀誕也是佛、道交融，不過到廟參拜的善信不一定理解祠內進行形形色色的科儀。這次的交談就引發起筆者就嗇色園的科儀為題著書的念頭，以介紹嗇色園佛、道交融的儀式傳統。冼小姐很歡迎這個提議。旅程結束後，筆者把建議提交嗇色園監院和董事會考慮，想不到很快便得到正面的回應，董事會希望出版能成為眾多祝賀嗇色園百年慶典項目之一，如是便展開了本書寫作的工作。

1　東八觀為：玉虛宮、萬壽宮、清和宮、仁壽宮、三元宮、壽甯宮、純陽宮、銓德觀。西路列佛教八寺為化城寺、崇寧寺、雲峰寺、關聖殿、老南台寺、雙峰寺、天堂寺、金龍寺。當中崇寧寺也是南嶽佛教協會所在地。考察活動於 2019 年 6 月 26 至 27 日舉行。

圖 1：2019 年 5 月「湖南衡山道教宮觀拜訪團」大合照。

（二）寫作策略

香港黃大仙祠在香港享有盛名，人皆知曉。惟嗇色園、普宜壇的名字卻不一定為人所熟悉。事緣 1915 年梁仁菴與梁鈞轉父子從南海稔崗普慶壇，奉仙師硃砂畫像南下香港，於灣仔設壇名「金華別洞」，歷時六載。1921 年壇遷九龍城，仙師乩示號「嗇色花園」，後又得文昌帝君乩書「嗇色園」三字，自此沿用。大殿完工後，命名為「赤松仙館」，同年大仙誕，玉帝乩賜「普宜壇」號。1925 年，呂祖乩書「赤松黃仙祠」五字。[2] 自此「黃大仙祠」便成為宮觀的定名，嗇色園多用作機構指稱，普宜壇則是黃大仙祠眾道長所屬之壇號。嗇色園雖是三教合一、佛道交融的宗教團體，卻清楚地以道教為本位。

筆者的專長是佛教研究和地方宗教，若要負起這個寫作任務，有必要與道教專家合作，共同開展課題。因緣際會，筆者邀請了臺灣政治大學林振源教授參與計劃。林老師是著名道教學者勞格文教授的高足，留學法國後便返回臺灣任教，是一名出色的年輕道教學者，田野足跡踏遍大中華區，特別是對內地道教場所的情況，頗為掌握，也多次與筆者共同主持地方道教、佛道口述史等不同研究課題，可算是合作無間。林老師馬上便接受筆者邀請，答允加盟這項有關嗇色園普宜壇科儀研究和寫作工作。我們擬定的寫作策略是由林振源老師就其專業，提供道教科儀的歷史作框架，共同對嗇色園一百周年內所舉行的科儀作密集田野工作，錄像分析，再安排與操作科儀的眾道長深入訪談，結合圖書館的資料搜集，繼而作相關研究回顧，最後是分工撰寫不同的篇章。本計劃有幸得嗇色園支持林老師每次來港考察費用；研

2　詳參游子安主編，《香江顯迹 —— 嗇色園歷史與黃大仙信仰》（香港：嗇色園，2006），頁 51–54。

究計劃於是敲定從 2019 年暑假開鑼。

　　難以逆料的是計劃一開始便碰上香港「修例風波」，並且越演越烈，引致七月、八月香港國際機場兩度癱瘓，十一月兩所大學校園更發生嚴重衝突事件，波及多所大專院校相繼停課及提早完結學期，社會氣氛持續緊張，街頭衝突時有發生。如此情況下，基於安全考量，林老師來港交流考察科儀與訪談的次數被迫大減。不僅如此，緊隨2019 社會事件而來的是新冠肺炎肆虐，引致人心惶惶，百業蕭條。為竭止病毒傳播，政府不得不關閉口岸，實施「限聚令」，減少人群聚集，盡量居家工作。在疫情肆虐下，港、臺不通關，不但林老師來港交流考察科儀難復再，連科儀作為群體宗教活動也因「限聚令」而不能舉行。畢竟為祝賀百周年祠慶的出版計劃不能延遲，於是林老師不能來田野，就轉為案頭作業。所幸，「飄風不終朝，驟雨不終日」。疫情有起有伏，在病毒稍伏的時間，科儀得以進行，個別訪談也可以開展。在艱難歲月下，嗇色園眾道長仍無私地配合研究，他們都是園裡的義務工作者，為仙師為大眾普濟服務的精神令人肅然起敬。2019－2021年間總算斷斷續續地完成了二十來次的深入訪談，每次兩到三小時；也間歇地記錄了共二十場的不同科儀，這是本書寫作的基礎。

　　除了口述歷史資料的運用，由於嗇色園的大力協助，本書書寫得以運用不少內部資料和文獻，包括《金華風貌》[3] 卷一到卷四、《普宜壇

3　《金華風貌》為嗇色園藏書，全書只有 56 頁，共分四卷，每卷均附編後語，卷一題為癸未年（2003）梁超音撰，查超音為梁仁菴（庵）孫梁本澤（1928－2012）在普化壇道號，他據民間傳說，並參《驚迷夢》（光緒廿四年 [1898] 普濟壇弟子就文帝及關帝聯同仙師所降乩文彙集成書，共成四卷）所載，整理普濟壇從 1897 年開壇到被收前後十五年間大事；卷二撰於同年，但以梁本澤普慶壇道號「本德」署名。卷二記偏處鄉郊的普慶壇（玉靈寶洞）建壇和南下香港始末；卷三撰於甲申年（2004），以梁本澤普宜壇道號「見醒」署名，通過搜集各壇文獻記1920－1954 年間香港黃大仙祠嗇色園大事；卷四亦撰於 2004 年，以梁本澤普化壇道號「超音」署名，簡短記載了普化壇從民國初年開壇至被毀始末，前後三十餘年。筆者在此鳴謝嗇色園陳焜先生和吳漪鈴女士幫忙根據梁本澤普化壇度牒，查證《金華風貌》作者事宜，並感謝李耀輝監院答允借閱《金華風貌》珍貴資料，吳漪鈴女士協助取得等該項資料。游子安，《香江顯迹》，頁 32，收有梁本澤之民國三十四年普化壇度牒，宗派詩為：「緣超修正教，真理自盈充、德滿乾坤日、靜果貫雲空」。

文事》[4]、《本壇以往各事登記部》[5]、〈嗇色園章程細則〉以至普宜壇用各類科儀本、懺本和過去科儀圖像、影片紀錄、過往嗇色園出版的相關刊物，包括監院於 2020 年 1 月 15 日開始發表於香港《東周刊》的一個專欄著作《園繫香江・監院隨筆》，筆者均可借閱。監院又賦予筆者進入大殿拍攝所有在研究期間進行的儀式之特許權。嗇色園董事會、其他內部會議紀錄和《嗇色園會員名冊》等，筆者雖未能親閱，但通過園內職員陳焜先生和吳漪鈴女士的協助，仍然可代為查閱和引用相關資料。在研究期間，又得監院、各職員和諸位董事、道長的關心、支持和配合，筆者於此謹表謝忱！最後筆者田野考察中所拍照片，質量不如嗇色園所聘專業攝影師，故本書所用照片，決定統一採用由嗇色園所提供照片。

4　《普宜壇文事》為嗇色園珍藏手抄本，李少夔（盧覺）於民國癸酉年（1933）所集，為一儀式用表文、文書彙編；劉宇文（舉覺）負責校對。據稱《文事》乃鈔自西樵普慶祖壇，對重建普宜壇早期科儀情況甚有幫助。

5　《本壇以往各事登記部》為嗇色園珍藏手抄本，該書記錄自民國四年（1915）至民國三十七年（1948）年間普宜壇大事。

圖 2：《本壇以往各事登記部》為
記錄嗇色園早期歷史的珍貴文獻
之一。

圖 3：《普宜壇同門錄》為記錄
1921 創園至 1957 年期間，入道
普宜壇的弟子資料。

（三）嗇色園所見科儀

前中國道教協會會長、中國道教學院院長閔智亭（1924－2004）嘗言道：「所謂科者，常行課誦，祈禳懺悔，濟生度死道場是也。」[6] 前上海社會科學院宗教研究所所長陳耀庭在分析道教禮儀要素的時候，用了元、體、群三個概念：[7]

（1）他把道觀中看到「一個個完整而具有特定神學意義和作用的科儀」稱為「道教儀式體」。例如「關燈散花儀」、「先天斛食濟煉科」、「九幽燈儀」和「早、午、晚朝科」。杜光庭編纂的《道教科範大全集》便收了十九種儀式體，即十九個完整科儀過程。

（2）不同的「儀式體」中有共同的成份，例如：署職、發爐、灑淨、金鐘玉磬、分燈、說戒、三禮、舉願等，陳耀庭稱之為「道教儀式元」。《道教科範大全集》中的十九種儀式體可歸納出十二種的儀式元，即相當於傳統所說的「節次」。

（3）由「儀式體」可組成「儀式群」，例如九天的「九皇金籙大齋」、三天的「下元黃籙大齋」等。

我們可以借用陳耀庭上述三組概念：道教儀式的元、體、群來介紹和分析嗇色園普宜壇的科儀。我們可以通過大獻供、禮斗、賀誕、入道等主要儀式「體」，歸納出普宜壇科儀中的核心結構「元」，[8] 即含：

---

6   閔智亭，《道教儀範》（北京：宗教文化出版社，2004），頁 1。

7   陳耀庭，《道教禮儀》（北京：宗教文化出版社，2003），頁 152－153；陳耀庭，〈論道教儀式的結構 —— 要素及其組合〉，刊於陳鼓應主編《道家文化研究：第一輯》（上海：上海古籍出版社，1992），頁 302－304。陳耀庭所長為正一泰斗陳蓮笙道長之子，對正一傳統尤為熟悉。

8   詳見〈嗇色園普宜壇科儀選析〉一章，林振源的剖析。另為簡潔起見，本書對普宜壇科儀，除首次提及用全稱外，以後均用簡稱，如「大獻供科儀」簡稱作「大獻供」、「黃大仙師寶誕科儀」簡稱作「大仙誕科儀」、「祈福讚星禮斗科儀」簡稱「禮斗科儀」、「皈依冠巾證盟科儀」簡稱作「入道科儀」，如此類推。

禮十方 —— 敕水解穢 —— 稱職請聖 —— 獻供（五供／十供）——
宣（送）疏文

這五個科儀的「元」都可追溯到佛、道俱有的普遍宗教儀式行為：

禮拜 —— 灑淨 —— 請神 —— 獻供 —— 進表

《道教科範大全集》中的十九種儀式體所歸納出的十二種儀式元，
即相當於傳統所說的「節次」，包括有升壇、發爐（召神請將）、署職、
唱方、上香、懺方（禮方，禮拜各方神明以表懺謝）、降聖、命魔、三
啟、步虛（邊緩步邊唱讚）、三禮（經、籍、度三師）、舉願。[9] 陳耀庭
在他的《道教禮儀》中又增加了分燈（取日、月、星三光慧火，分點燈，
唸頌）、化壇（壇場存想成仙境）、捲簾（神仙降臨壇場臨朝聽政）、金
鐘玉磬（集陰神陽靈交合其炁）、命魔（命已伏道諸天魔王保舉齋功、
保護齋醮）、復爐（收斂內功，停止存思）、揚幡、說戒（亡魂聽戒）、
願念（代表齋主向神靈許願）、回向（皈依道教）等儀式「元」或「節
次」。[10]

若我們比較普宜壇的五種基本科儀節次與陳耀庭所論一般道教科
儀節次，只有禮拜（禮方）和請神（降聖）在名字上有重疊。雖則灑淨、
獻供、進表不在陳耀庭書中所列常見科儀節次，但這三項節次肯定是
佛、道傳統儀式中常見的環節，「進表」在陳耀庭的論述中被歸類成科
儀（體）的層次而非科儀節次（元）。

由普宜壇科儀的「元」組成普宜壇科儀的「體」，計有：

9　　陳耀庭，〈論道教儀式的結構 —— 要素及其組合〉，頁 304。

10　　陳耀庭，《道教禮儀》，頁 154–170。

甲、33 種佛、道寶誕專用賀誕科儀：

包括（按辛丑年 2021 行事表，以農曆算）：

正月：玉皇、天官、黃大仙三代仙親

二月：文昌、老子出生、觀音出生

三月：玄天上帝、趙公明（元帥）

四月：佛陀、呂洞賓（孚佑）、鍾離權（正陽）、華陀、孫思邈
（藥王）

五月：關平（武靈侯）

六月：韋馱、廣成子、觀音得道、王靈官、關帝、老子（下降七
月初一日）

七月：地官、財帛星君（至富河寶）、城隍、華光大帝（楊化金
甲神）

八月：齊天大聖、燃燈佛、黃大仙[11]、孔子

九月：摩利支天、黃初起（明心聖佛）、觀音出家

十月：善財童子（啟善菩薩／紅孩兒）、水官

乙、5 種佛、道專用懺儀：

包括（以農曆算）：

正月：玉皇、黃大仙

二月：觀音

三月：黃大仙

11　按《金華風貌》（卷三），頁 12 所載壇規十七條之（五）：「每年八月廿三迺師寶誕，同人等均
應踴躍到壇慶祝盛典……自應一律要酌量捐簽……倘逾五年而未見捐簽或不親到恭祝者，即
將其道號註銷……。」

四月：呂祖

五月：黃大仙

六月：關帝

七月：黃大仙

八月：黃大仙

九月：黃大仙

十月：黃大仙、觀音

十一月：黃大仙

十二月：黃大仙

丙、其他定期舉行之特有科儀：

包括（按辛丑年 2021 行事表，以農曆算）：

每月初一、十五：牡丹供燈點燈科儀

正月：團拜科儀、領燈科儀

新曆四月：清明祭嗇色園先道侶科儀

七月：中元盂蘭祭嗇色園先道侶科儀

九月：重陽祭嗇色園先道侶科儀

十二月：酬答天恩、送太歲科儀、迎太歲科儀、辛丑奉香祈福
　　　　科儀

丁、不定期舉行之特有科儀：

包括：

太歲元辰殿化表科儀

遣喪發靷科儀

黃大仙師上契結緣儀式

皈依冠巾證盟科儀

禮斗法會

大獻供科儀

禮十方科儀

萬世師表孔聖先師啟蒙開筆禮

開光科儀

道教婚禮

黃大仙師移鑾科儀

閔智亭宗脈源自全真華山派，在他的《道教儀範》中，把道教儀式分成戒律、醮壇威儀、齋章表三大類。[12] 全真以傳戒為憑，正一以授籙為證。戒律在全真尤為重要。他又說：「道教日用分有五乘之法」，即宗、教、律、法、科。所謂科者：「常行課誦，祈禳懺悔，濟生度死道場是也。」[13] 書中他詳述科儀有三類：

（1）宮觀常行科儀：

包括：早壇功課（出壇、天地科、祝將科、轉天尊）；晚壇功課（出壇祭孤科、祝壽科儀、慶賀科儀）；六種不同的神誕專用朝科和一種通用神誕朝科（含：玉皇朝科、三清朝科、三元朝科、九皇朝科〔九月初一到初九禮北斗七星加左輔右弼〕、接駕朝科〔臘月廿五日接玉帝〕、真武朝科、諸真朝科〔無專用朝科之神及普福道場用〕）。

---

12   閔智亭，《道教儀範》，頁 2–5。

13   閔智亭，同上註，頁 1。

（2）齋醮道場科儀：[14]

包括：開壇科儀、三元午朝科儀（幽用）、攝召科儀、施食科儀、請水科儀、蕩穢科儀、祀灶科儀、揚幡科儀、請聖科儀、大回向文、送聖科儀、上大表科儀。

（3）冠巾科儀：

閔謂：「出家學道，須奏請冠巾……凡出家者，度師必親為誦經禮懺，先令罪過消除，方可穿戴太上巾袍。次奏疏文，上達三官大帝，牒移太乙靈官部下，即當擁護……不請冠巾，上界不知，臨回首時……亦同庸俗之魂，繩捆索綁同入酆都……如在祖宗位前冠巾裝束，而鬼卒即不敢擅加擊拷。」。[15]

若我們以閔智亭所述，全真常見科儀與普宜壇科儀比較，可見普宜壇的賀誕科儀、皈依冠巾證盟科儀，至少在名稱和概念上沿自全真的「祝壽科儀」、「慶賀科儀」和「冠巾科儀」。

陳耀庭《道教禮儀》一書，所述一般道教（尤以正一為是）的主要科儀有：進表、燈儀、煉度、施食、符召、度橋。其他類科儀則有：投簡、散花、解冤、宿啟、淨壇、祈禳（拜斗、過關）。[16]依此與普宜壇科儀比較，則普宜壇的禮斗科儀（祈禳拜斗）、供燈點燈科儀（燈儀）與陳耀庭所述（正一）道教科儀中「祈禳拜斗」、「燈儀」在概念上有重疊。

簡言之，普宜壇科儀沒有完全繼承「全真」或「正一」的科儀，一如監院開壇時所唸：「日出東方映海紅、瑤壇肇啟顯宗風、全真顯教

14　閔智亭，《道教儀範》，頁171—217。

15　閔智亭，同上註，頁252。

16　陳耀庭，《道教禮儀》，頁89—151。

談玄妙、正一行壇顯道風。」[17] 若考慮普宜壇所有科儀，其科儀的「元」可歸納成 37 項，按需要取用，形成其科儀的「體」。以下謹將其不同的「元」，分成前行、正行、後行三項列出：

前行

上香、九磬九魚、三跪九叩、洗魚、禮十方（禮斗用）、步虛（禮斗用）

琳瑯讚（即「開經讚」）、揚幡禱告（禮斗用）

淨水讚、敕水、灑淨、淨天地神咒（此四項即禁壇蕩穢）

三寶罡、三寶香

步虛、吊掛（供燈點燈用）

正行

祝香咒、瑤壇讚（大仙懺、大獻供用）、請聖讚（上契、賀誕、化表、除夕奉香均用）、稱職請聖、獻供（可作五供、十供）

各種神明寶誥、讚、經（經用於大仙懺、佛誕）、金光神咒、發燈神咒（禮斗、牡丹供燈點燈用）

提綱、入意、宣疏、封表、拜表（禮斗用）、上罡壇進表（冠巾、禮斗用）、化表

後行

送聖回鑾讚、回向文（禮斗及大功德用）、發大願（大獻供用）、結壇

普宜壇科儀，從最簡單的供燈點燈科儀，前後只有七個節次（琳瑯讚、步虛、發燈神咒、吊掛、斗姥寶誥、上表化表），到最複雜的

17　疑改寫自全真高功拈香說文：「日出扶桑映海紅，瑤壇肇啟闡宗風，全真演教談玄妙，大道分明在其中。」見閔智亭，《道教儀範》，頁 171。

大獻供或禮斗大法會，以至普宜壇獨家編製的科儀，如黃大仙師上契結緣科儀、上頭炷香科儀（即「除夕奉香祈福科儀」）、團拜科儀、萬世師表孔聖先師啟蒙開筆禮等，都是由上述儀式的「元」所組成。新編製科儀還會加上非道教的程序，如道教婚禮科儀就必須加入以下環節：

1. 新郎新娘宣讀誓詞
2. 新郎新娘雙方交換信物
3. 新人簽署結婚證書
4. 證婚人簽署結婚證書
5. 主禮人頒給結婚證書
6. 新人合卺交杯

又如啟蒙開筆科儀，加入擊鼓明志、學者教授致訓勉辭、老師協助學子寫「人」字、眾學子恭領證書、開光毛筆和孝經等環節。

所以今天所見普宜壇科儀是一方面繼承傳統，但非單一傳統；一方面又按園需要，與時並進，有新的編製科本，是以光從道教科儀的角度難以窺其全貌。根據嗇色園一份章程文件〈組織章程細則〉，該園成立目的之一為「宣傳儒教、釋教、及道教之教義」。[18] 另該園會員之基本資格為「任何儒教、道教或釋教之教徒且具備良好品格及行為」，[19] 而成為遴選會員也須「為儒教、釋教或道教教義之信徒」。[20] 因此研究嗇色園的科儀不能單從道教科儀的視角，雖然那是重要的視

18　嗇色園〈組織章程細則〉（公司編號 11616，2017 年 5 月 17 日通過特別決議採納），頁 2，第 4.（C）條。
19　同上註，頁 7，第 14 條。
20　同上註，頁 8，第 15B.（a）(i) 條。

圖 4：嗇色園道教婚禮的規模。

圖 5：擔任證婚人的李耀輝監院，正主持「新郎新娘宣讀誓詞」環節。

圖 6：2019 年「萬世師表孔聖先師啟蒙開筆禮」，邀得珠海學院游子安教授主持「擊鼓明志」環節。

角。「人能弘道，非道弘人。」科儀是工具，乃為人的需要而設，其產生有其特定時空，服務特定人群，不會離開具體時空人物而存在。是以本書研究普宜壇的科儀，先放在道壇成立的歷史框架中去考察，我們會論證普宜壇的成立，其相關歷史背景分別是，慈善結社和道堂扶乩結社運動，所以普宜壇的成立絕非孤例。這部分研究，前人已多有贅述，回顧前人成果足矣。不過，普宜壇有它得天獨厚的地方，其科儀發展，有自己的軌跡，故須詳述其科儀發展過程，從昔日萬人緣法會，到今天百花齊放、別樹一格。這部分須文獻與田野雙管齊下，方見其發展軌跡。如前所述，本書的寫作基礎之一，是二十多場的科儀田野紀錄和二十多場的深入訪談。最後本書將綜合分析今天所見普宜壇科儀的意義，先從道教科儀的角度，再輔以宗教學儀式研究的亮光。全書章節安排如下：

序言（1）（李耀輝〔嗇色園黃大仙祠監院〕撰）

序言（2）（李光富〔中國道教協會會長〕撰）

序言（3）（勞格文〔巴黎利瑪竇學院院長，法國高等研究學院、
　　　　　香港中文大學榮休教授〕撰）

第一章　導論　（譚偉倫、林振源　撰）

第二章　研究成果回顧　（譚偉倫　撰）

第三章　普宜壇科儀歷史　（譚偉倫　撰）

第四章　監院改革後的科儀　（譚偉倫　撰）

第五章　嗇色園普宜壇科儀選析　（林振源　撰）

第六章　科儀小史及源流　（林振源　撰）

第七章　綜合討論　（譚偉倫、林振源　撰）

附錄　引用書目

附錄　索引

第二章
研究成果回顧

前文我們曾表示，基於嗇色園三教共尊的特色，研究它的科儀不能簡單地把它作為眾多道觀之一的科儀來看待。嗇色園還有一個雙重性格，即對每年成千上萬，來到黃大仙祠中膜拜、上香、求籤、上契的信眾來說，它是眾多所民間廟宇之一，有求必應。與此同時，嗇色園擁有近 400 名會員和 120 名核心會員，或稱之為「遴選會員」。[1] 對這數百名會員來說，嗇色園是一所有濃厚道教背景、組織嚴密的宗教團體，他們多以「道長」自稱，有道號、有度牒，追求悟道修真、普濟群生，並祈能位列仙班。我們若要討論嗇色園的科儀，必須同時關注嗇色園的這兩方面：「道長會員」與「一般信眾」。要深入了解嗇色園的科儀，有必要把它放回園的成立歷史和背景中去考察。還有一個問題，即當代黃大仙祠除香港以外，在內地至少有十間，[2] 它們之間的關係如何？是否屬香港黃大仙祠之分支？這也是值得探討的一個相關問題。關於嗇色園黃大仙祠的研究已有不少，我們必須先有一個回顧，以便了解黃大仙祠是一個怎樣的團體，方能討論它的科儀有甚麼意義。

牛頓曾經說：「如果我能看得更遠，那是因為站在巨人的肩膀上。」這一語中的地道出任何研究中，文獻回顧的重要性，方能避免「重造輪子」的創作。從 1921 年，首建於九龍城竹園鳳翼吉地算起，嗇色園黃大仙祠普宜壇，至今仡立香江已整整一世紀；陪伴著香港共同渡過不少艱辛與光輝的歲月。一個前為大英帝國殖民統治之小漁港，經歷二十世紀四十年代的日侵淪陷，五十年代的內地難民潮湧入，六十年代經濟起飛，由轉口港發展成輕工業城市，並躍身為「亞洲四

---

1   嗇色園〈組織章程細則〉（公司編號 11616、2017 年 5 月 17 通過特別決議採納），頁 7，第 13 條：「本園聲明最多有 400 名登記會員。」另第 15A 條：會員分為兩類，即：（ⅰ）普通會員與（ⅱ）遴選會員。「普通會員及遴選會員之人數為不多於本文第 13 條規定之人數，遴選會員之人數直至及除非本園大會另行釐定，不得超過 120 人。」筆者感謝李耀輝監院答允借閱該珍貴資料，並感謝陳焜先生協助取得該項資料。

2   參高致華，《金華牧羊 —— 黃大仙大傳》，蓬瀛仙館道教文化叢書·神仙傳記系列之八（北京：宗教文化出版社，2006），頁 106–107。

小龍」。七十年代「石油危機」，促使香港再度轉型，成為亞洲金融和服務業行業中心。八十年代逐漸確立國際貿易和金融中心的地位。九十年代回歸祖國，其後又經歷亞洲金融風暴、非典型肺炎（SARS）、「修例風波」、新型冠狀病毒肆虐。黃大仙祠與香港共同見證了「物換星移幾度秋」[3]。

百年以來，學界累積了不少以「黃大仙」為題的研究，說是汗牛充棟，雖不中，亦不遠矣！就以黃大仙研究為題的，光是博士論文便有兩篇，[4] 碩士論文同樣至少有三篇，[5] 都是來自重點大學。中、外專著亦共有七大部，[6] 可算是碩果纍纍。當中最具盛名的香港黃大仙研究，首推居港的外籍教授梁景文（Graeme Lang）與瑞典漢學家羅思（Lars

---

3   唐・王勃《滕王閣詩》。

4   黃淮東，〈黃大仙信仰研究〉（未出版之博士論文）（中山大學博士論文，2008）；陳晨，〈嶺南黃大仙信仰研究〉（未出版之博士論文）（中央民族大學博士論文，2008）。陳晨的博士論文詳盡分析黃大仙信仰在嶺南興盛的原因，歸因於能融入嶺南之文化、社會與時代；並對非物質文化遺產、旅遊開發與宗教慈善等議題有所論述。陳晨並曾發表多篇與黃大仙信仰有關的單篇論文，包括：陳晨，〈香港黃大仙信仰的傳入及早期發展（1915–1941）—— 以嗇色園為中心〉，刊於《宗教與民族》2016 年、〈對漢民族傳統民間信仰若干特徵的考察 —— 以黃大仙信仰為個案〉，刊於《宗教與民族》2009 年、〈推動嶺南黃大仙信仰發展的普慶壇〉，刊於《道教論壇》2016 年第 1 期，頁 50–55、〈嶺南黃大仙信仰的形成 —— 以普濟、普慶、普化三壇為中心〉，刊於蕭國健、游子安主編，《1894–1920 歷史鉅變中的香港》（香港：珠海書院香港歷史文化研究中心、嗇色園，2016），頁 180–195、〈黃大仙信仰在嶺南的初傳及本土化 —— 以廣州普濟壇為例〉，刊於《世界宗教文化》2016 年第 6 期，頁 109–114。

5   陳健明，〈東莞企石黃大仙傳說及信仰研究〉（未出版之碩士論文）（華中師範大學碩士論文，2013）；金妙珍，〈黃大仙信仰研究〉（未出版之碩士論文）（上海師範大學碩士論文，2007）。金妙珍同時運用典籍記載、詩文吟詠與畫家筆下的呈現、民間傳說、籤語等不同資料，探討黃大仙在當代興盛的原因和討論大仙信仰與金華旅遊。李民迪，〈香港道教的發展與蛻變研究〉（未出版之碩士論文）（香港大學碩士論文，2007）。

6   Graeme Lang and Lars Ragvald, *The Rise of a Refugee God: Hong Kong's Wong Tai Sin* (Hong Kong: Oxford University Press, 1993)；Graeme Lang 梁景文，Selina Ching Chan 陳蒨 and Lars Ragvald 羅思，*The Return of the Refugee God: Wong Tai Sin in China*（意譯：難民神祇回歸：道教大仙在中國）（香港：香港中文大學崇基學院宗教與中國社會研究中心，2002）；吳麗珍，《香港黃大仙》（香港：三聯書店，1997〔2012〕）；葉樹林，《騎鶴到南天》（香港：天馬出版有限公司，2005）；游子安，《香江顯迹 —— 嗇色園歷史與黃大仙信仰》；高致華《金華牧羊 —— 黃大仙傳》；Selina Ching Chan and Graeme Lang, *Building Temples in China: Memories, tourism, and identities* (London and New York: Routledge, 2015)。另有陳德松、張樂初編著，《中華黃大僊文化》（上海：上海文化出版社，2015），雖非專著，卻收錄許多關於浙江金華黃大仙資料。

Ragavld）的合作研究。他倆自八十年代起便關注黃大仙的研究，曾於1998年發表了他們的英文經典之作 *The Rise of a Refugee God*（意譯：一位難民神明的興起）。除香港的嗇色園黃大仙祠外，他們還與香港的陳蒨教授一起研究改革開放後於粵、浙兩地重建的八間黃大仙廟宇，發表多篇文章，並於 2002 年出版英文小書 *The Return of the Refugee God*（意譯：難民神祇回歸）、2015 年再出版英文專書 *Building Temples in China*（意譯：建設廟宇於中國）。

香港人熟悉的香港黃大仙祠的建立，是源於 1915 年，梁仁菴於家鄉南海西樵稔崗 1901 年設立的普慶壇中，得到黃大仙降乩：「此地不宜久留」，必須向南遷。梁仁菴遂匆匆攜同黃大仙畫像，從西樵稔崗南來香港。[7] 先後於上環乍畏街（今稱「蘇杭街」）萬業大藥行和大笪地某號三樓設壇。翌年遷往灣仔皇后大道東日月星街，開設福慶堂藥店，二樓設壇供奉黃大仙。不幸四年後，於 1918 年底便毀於火，於是梁仁菴返回西樵山普慶壇，後來才應邀再度來港於灣仔海旁東街 96 號三樓（今稱「莊士敦道」）重設乩壇，名為「金華別洞」，歷時六載，最後於 1921 年，按黃大仙乩示遷九龍城竹園今址。[8] 初按黃大仙師乩示所批號「嗇色花園」。大殿完工後，又取名「赤松仙館」。同年仙師寶誕，玉帝乩賜「普宜壇」號。1925 年呂祖乩書「赤松黃仙祠」，沿用至今。[9]

香港珠海書院的危丁明，他據香港第二份最早的中文報紙《香港華字日報》，考證至少在梁仁菴來港的前十五年，即早於 1901 年，梁

7　參《金華風貌》（卷二），頁 11。據此，梁傳道（仁菴）道長到港各事安頓之後，接獲鄉中書函，方知當晚綁匪，有心暮夜向梁傳道道長綁票。幸得仙師指示，方能避過此劫云云。

8　關於香港黃大仙祠歷史的原始資料，可參《本壇以往各事登記部》，頁 1–4（頁碼原書並無標示，由筆者添加）。二手資料方面可參：吳麗珍，《香港黃大仙》，頁 47–48；游子安主編，《香江顯迹─嗇色園歷史與黃大仙信仰》，頁 51–52。游子安綜合了梁仁菴兒子，梁鈞轉道長 1961 年手稿〈嗇色園史蹟之概述〉，筆者未能參閱該項資料。

9　詳參游子安主編，《香江顯迹 ── 嗇色園歷中與黃大仙信仰》，頁 51–54。

圖 7：嗇色園現址乃由梁仁菴道長及馮萼聯道長於 1921 年遵黃大仙乩示所覓。

圖為梁仁菴道長玉照，由馮萼聯道長所贈。

仁菴在家鄉西樵稔崗建設普慶壇之年，黃大仙信仰已傳入香港。事緣
一名舊金山華人賭商名叫陳天申，[10] 決定回國發展慈善事業，大肆修橋
補路，贈醫施藥，建築廟宇，樂善好施。 1901 年 10 月 8 日他於《香
港華字日報》刊登廣告，宣佈他於香港港島中西區太平山山腰的太平
山街 38 號，興建兩座廟宇，分別為天后宮與綏靖伯廟，[11] 合稱「孖仔
廟」，奉祀六位神靈。六位神明之一便是「黃大仙」。報章告白中，陳
天申表示：「廟內黃大仙有靈驗藥方，凡大小男婦科、眼科、外科，誠
必求應。」[12] 從廟內的籤方，可以推斷，太平山街孖仔廟中的黃大仙與

10　陳天申是新寧人，關於他的事蹟，參潮龍起，〈危險的愉悅：早期美國華僑賭博問題研究〉，《華
　　僑華人歷史研究》第 2 期（2010 年 6 月），頁 42–50、劉伯驥，《美國華僑史》（臺北：黎明文
　　化事業公司，1976），頁 1011。

11　關於綏靖伯信仰，參李志誠，〈祖先與神明：明代以來台山地區綏靖伯信仰研究〉（未出版之碩
　　士論文）（香港中文大學碩士論文，2013）。

12　〈太平山新孖廟進伙〉告白，《香港華字日報》，1902 年 1 月 29 日，收於香港公共圖書館多媒
　　體資訊系統，館藏編目號碼：NPTCM19020129，269 項。

竹園嗇色園祠內的黃大仙是同源。不過，以考據香港史聞名的前殖民時期荃灣理民官許舒（James W. Hayes, 1930-）和已故人類學家托普萊（Marjorie Topley, 1927-2010）女士，於 1966 年 10 月 29 日所作的太平山街廟宇調查，信眾對黃大仙（書中寫作王大仙）的理解並非如此。有一位女士向托普萊熱心的介紹，孖仔廟中供奉的黃大仙，其實是東莞江邊村人名叫「黃潤福」，他在懸崖邊作跏趺坐往生，被埋葬後遺體發出陣陣幽香，於是村民建廟供奉他，後來大仙信仰隨著村民遷移傳到香港來云云。[13]

　　一般的理解，竹園黃大仙祠內所供奉的黃大仙乃是於浙江金華山洞中修煉成仙的牧羊童黃（皇）初平。不過經過許多學者，特別是內地的學者們，努力研究後，使我們了解到，在金華皇初平信仰傳入嶺南之前，嶺南早已存在大量「黃姓大仙」的傳說。1897 年第一次降乩於菩山村（今「番禺石樓鎮大嶺村」）深柳堂的黃大仙，確實是金華牧羊童黃初平。由梁仁菴帶到香港竹園黃大仙祠的黃大仙，亦是金華黃初平。不過，梁仁菴並非是把金華黃初平信仰帶來香港之第一人。必須明白，在黃大仙師於 1897 年初降乩於番禺區石樓鎮菩山深柳堂之前，廣東境內早已有不同的黃姓大仙信仰體系，分述如下：

　　（1）東晉道士葛洪（283－363）於廣東道教聖地，惠州市博羅縣羅浮山所建四庵之一的南庵都虛觀，宋哲宗賜名「沖虛觀」，其後殿有供

13　　Marjorie Topley and James Hayes, "Notes on Temples and Shrines of Tai Ping Shan Street Area," in *Some Traditional Chinese Ideas and Conceptions in HK Social Life Today*, Brochure of the Hong Kong Branch of the Royal Asiatic society Week-end Symposium October 1966 (Hong Kong: Hong Kong Branch of the Royal Asiatic society, 1967), pp. 128-129.

奉黃野人，[14] 傳為葛洪弟子。清宋廣業撰《羅浮山志會編》卷三記：

> 黃野人，葛洪之弟子。或云其隸也。稚〔稚〕川（葛洪字）
> 栖山煉丹。野人隨之。洪既仙去，留丹於柱石間。野人自外至得
> 一粒服之，遂為地行仙，常在人世，或有遇之者。[15]

據說黃野人因服食師傳遺下的丹藥成仙。另據清陳裔虞纂修乾隆版
《博羅縣志》所載，唐代著名文人李翱（772－841）在嶺南做官期間，
已記錄了羅浮山王野人的神奇傳說：

> 王野人名體靜，蓋同州人，始遊羅浮山觀。原未有室居，縫
> 紙為裳，取竹架樹，覆以草，獨止其下。豺豹熊象，過而馴之，
> 弗害也。[16]

到了宋代，羅浮山的「王野人」變成了「黃野人」（可能與粵語中黃、王
同音有關）。另清屈大均《廣東新語》卷廿八，亦有黃野人事蹟記載。[17]
1988 年，羅浮赤松黃大仙祠由香港圓玄學院捐助興建。不知是否這個

14　閣江，〈嶺南黃大仙考辨 —— 以羅浮山野人傳說為中心〉，載於《宗教學研究》第 1 期（2007）、
　　閣江，〈嶺南黃大仙溯源考 —— 從黃野人到黃大仙〉，刊於《嶺南文史》第 1 期（2007 年），
　　頁 44－54。閣江以為黃野人即五代隱士南漢黃勵（黃真人）。據（清）吳任臣撰《十國春秋》
　　卷六十七、楚一（南漢九）：「黃勵，大有（南漢高祖劉龑年號，928－942）末，官禎州刺史，
　　時高祖淫刑峻法，勵棄官入羅浮山，築書院於水簾洞左居焉，久之聞雲華野人之名，亦自
　　號曰黃野人，嘗逢仙真指授丹法，修煉得道，時常服黃衣，繫皁絛，腰懸玉瓢，遇病者投以
　　藥，輒效。」另參黃兆漢，〈黃大仙考〉，刊於《中國文化研究所學報》第 16 期（1985 年），頁
　　223－239。
15　宋廣業（fl.1683-1716）撰，《羅浮山志會編》（康熙五十六年），卷三，頁 25。
16　引於羅立群，〈筆記、方志中的羅浮山與嶺南道教〉，刊於《韶關學院學報》總第 280 期（2017
　　年 1 月），頁 3。
17　（清）屈大均撰，《廣東新語》（北京：中華書局，1985），頁 729－730。

因緣，沖虛觀的黃姓大仙，愈來愈像香港嗇色園的黃大仙。[18]

（2）東莞企石鎮黃大仙古廟中供奉的黃潤福（1824—1873）。[19] 據
《東莞縣志》：

> 黃潤福，江邊新圍人……家貧傭耕度活，夙軌仙術，七歲即
> 持齋，偶誤殺昆蟲輒慘怛不已。年五十餘，自言於七月二十五日
> 奉上帝召將登仙籍。人笑之，至期登金校椅嶺，騰身蹈海而沒。
> 眾目覩。復有詩遺石上曰：「行年半百罷耕田，始信齋心老益堅，
> 笑我痴呆休足怪，紅塵謝卻便成仙。」越數日，屍浮於海面如生，
> 鄉人即於是處立黃仙翁祠。[20]

傳說黃潤福曾得呂洞賓指引，他的廟靠近東江旁，即他墜崖成仙的金
校椅嶺。今除有黃大仙公園坐落金校椅山一帶外，1986年古廟也獲重
建，惟新的神像肖似香港竹園黃大仙祠內的黃大仙。[21]

18　據閻江 2004—2006 年的田野考察，羅浮赤松黃仙祠（前身是沖虛觀附近的「黃野人庵」）所用
的解籤書與百支籤都與香港嗇色園黃大仙祠所用的無大異。而中國社會科學院哲學研究所容
肇祖（1897—1994）在上世紀二十年代的田野考察中，看到的還是六十四枝籤。閻江的結論是
「香港的黃大仙文化也不斷影響著羅浮山的黃野人，在田野考察中所見的黃野人祭拜場所，從
建築與信仰儀式等方面都進行著模仿。」見閻江，〈嶺南黃大仙考辨 —— 以羅浮山野人傳說為
中心〉，頁 163—164。關於容肇祖的田野考察，參謝驊，〈羅浮葛仙翁與香港黃大仙〉，載於博
羅縣政協文史資料研究委員會編，《博羅文史》第 3 輯（出版地不詳，1986），頁 39。

19　陳健明，〈東莞企石黃大仙傳說及信仰研究〉（華中師範大學碩士論文，2013）及氏著〈東莞企
石黃大仙傳說研究〉，刊於《青春歲月》第 3 期（2014 年），頁 22—23。

20　陳伯陶（1855—1930）纂修，《東莞縣志》卷 74〈人物〉21（東莞：養和印務局，1911 年），頁
152。參陳健明〈東莞企石黃大仙傳說研究〉，頁 22—24。

21　據閻江的記錄，東莞企石鎮黃大仙廟自 1985 年重建以來，大仙塑像從樟木的清人長辮長裳的
模樣變成 2003 年由港籍企石人贈的玻璃鋼，連大仙的坐姿、穿戴、寶座等也一應變成香港黃
大仙的道士模樣。他說 2003 年，企石籍港人有 75,000 多人。閻江的結論是：「企石黃大仙的
攀附與重構表明了這樣一種傾向：處於邊緣地位的地方黃大仙傳說不斷攀附被認為作為中心
的香港黃大仙，並力圖與之建立關係，擴大自身影響以吸引信眾，攀附成為某種正統性的要
求。」參閻江、黃映葵，〈攀附與重構 —— 東莞企石黃大仙研究〉，刊於《東莞理工學院學報》
第 14 卷第 6 期（2007 年 12 月），頁 14—16。

（3）江門市新會區杜阮鎮的羊石坑屺石風景區內赤松黃大仙祠，
1989 年由港澳同胞斥資重建。新會黃大仙信仰本與香港黃大仙祠內的
黃大仙無關，而與當地的牧牛童黃歸南有關。他是新會區羅坑鎮（原
「牛灣鎮」，現合併於「羅坑鎮」）桂林人。唐代中和四年（884）九月初
九削髮，坐化於村鄰近的沙崗道北大報山（今在羅坑下沙），時年 48
歲，黃、林兩姓村民就地立「歸仙堂」，後又叫「黃佛堂」，再發展為
有僧人常住的「桂林寺」。黃歸南在當地被稱作黃真人（道）、黃佛爺
（佛）、黃祖爺（民間）三種稱號。據稱黃歸南是真人升仙，故又稱「黃
大仙」，但他學佛修禪。羅坑鎮建有道北寺，及新會區的牛灣社區建有
桂林寺，二寺所奉祀的就是黃歸南，亦名「黃歸真」。明代萬曆《新會
縣志》和以後清代康熙、乾隆、道光的縣志中都有收錄其事蹟。清康
熙廿九年版《新會縣志》卷十六〈仙釋〉如此記載：

> 黃歸南，文章里人，生性慧，幼牧牛，遇旱語父老曰：以角
> 黍相惠，蓁龍當飛騰致雨，如言果雨。自是知禍福。因目為仙童。
> 長益精修，大中九年重九，目指道北大報山謂其兄斗南曰：能從
> 我登高乎？既往則趺坐而化。里人即其地祠之。[22]

新會黃大仙信仰又與當地黃雲元另一傳説有關。清康熙廿九年版《新
會縣志》記載：

> 黃雲元禪師，唐僧一行（683–727）弟子也。一行至圭峰山
> 結庵以居，弟子從者五百餘人。元為首座。[23]

---

22   《日本藏中國罕見地方志叢刊〔康熙〕新會縣志》（北京：書目文獻出版社，1991）卷十六，頁
      375。

23   同上註。

據說真言宗傳持八祖之一的一行禪師，於唐中宗神龍初（705）曾至岡州（新會區舊稱），居圭峰。圭峰是與叱石山相連。民間有「黃雲樵笛」[24]的傳說，謂留駐於圭峰修行的一行弟子黃雲元，眼見當地鄉民生活困苦，便吹起笛子，新會境內凡能聽到笛子聲的地方都長出了蒲葵。從此人們利用蒲葵，加工成葵扇和各種工藝品。新會有了蒲葵這種特產，成為「葵扇之鄉」，大大改善了生活，鄉民把黃雲元稱為「黃大仙」。[25]

新會境內兩個不同的黃大仙傳說，與源自金華的竹園黃大仙祠扯上關係乃因明朝亡後，遺臣大司馬黃公輔（1576—1659）與王興（1615—1659）在新會起兵抗清，被困汶村；傳說黃公輔擁著太子南奔到新會圭峰羊石坑，見到此地亂石無數，狀如山羊，讚嘆不已，遂據《神仙傳》中黃初平叱石成羊的故事，將此山改名為「叱石」，[26]一直流傳至今。這個叱石山在地理上與圭峰山相連。後來叱石松濤成為新的新會八景之一。1989—1991年間，港澳同胞捐資在叱石景點建黃大仙祠。[27]

從上可見，廣東境內早已有不同的黃姓大仙信仰體系，分別與香港嗇色園黃大仙祠扯上關係。有內地學者認為這是「本地文化資源」與「強勢文化資源」「進行整合」和「意義疊加」[28]的現象；而「邊緣地位的地方黃大仙傳說，不斷攀附被作為中心的香港黃大仙」，目的是「力

24　黃雲樵笛是古岡八景之一，岡州即新會區舊稱。

25　閭江，〈傳說、祠廟與信仰的互動 —— 黃大仙信仰的嶺南階段及其發展〉，刊於《長江大學學報》第 30 卷第 4 期（2007 年 8 月），頁 16。

26　《新會縣志》卷五〈地理志〉：「叱石巖，即古北燕巖，在縣北三十里，歸德都峭壁凌空巨石層疊，巖前有石澗，水聲潺潺。宋嘉泰中白玉蟾於此得金芝十二莖，服之成仙。人以石多類羊，呼羊石坑。明大司寇黃公輔闢而治之，易今名。環巖皆植梅花。」見《日本藏中國罕見地方志叢刊〔康熙〕新會縣志》，頁 93。

27　閭江，〈傳說、祠廟與信仰的互動 —— 黃大仙信仰的嶺南階段及其發展〉，頁 16。

28　閭江，〈嶺南黃大仙考辨 —— 以羅浮山野人傳說為中心〉，頁 163。

圖與之建立關係，擴大自身影響以吸引信眾」。[29] 另一種說法是：「本土黃大仙攀附上了香港黃大仙」而「文化與認同的攀附欲望，產生於攀附者與被攀附者間的社會與文化差距」，結果是「不斷地翻新歷史，創造傳說」。[30]

同源於浙江金華黃初平的廣東大仙廟至少亦有四處：

（1）廣州市番禺區石樓鎮，原名「菩山村」，明朝嘉靖年間（1522–1565）建大嶺墟，從此得名「大嶺村」。坊間傳言大嶺村曾出過 34 名進士，但依同治《番禺縣志》、民國《番禺縣續志》及《大嶺陳氏族譜》考證：大嶺有 5 名進士、14 名舉人、6 名貢生。[31] 大嶺村塾師陳啟東於大嶺村西約坊昇平大街榮傑巷村塾附近設有深柳堂，[32] 亦即黃大仙師於 1897 年初降乩之地。仙師後命名為「普濟壇」。一般相信嶺南地區供奉黃大仙，先有番禺菩山普濟壇，再有芳村黃大仙祠，後有香港黃大仙祠。據游子安的考據，深柳堂原是塾師陳啟東的村塾附近一小村屋而已，[33] 由於乩方靈驗而廣為人知。2017 年廣州道教協會成功向廣州市和番禺區相關部門，申請在大嶺村馬山崗南麓重新興建赤松宮，並於同年 8 月 14 日舉行主殿普濟殿開工典禮。2020 年 10 月 4 日廣州

29   閻江，〈傳說、祠廟與信仰的互動 —— 黃大仙信仰的嶺南階段及其發展〉，頁 17。
30   閻江、黃映葵，〈攀附與重構 —— 東莞企石黃大仙研究〉，頁 16。
31   很多人將「歲進士」當成「進士」，歲進士是每年考一次的貢生，即秀才。鄉進士就是鄉試即全省統考考上了的人，實際上就是舉人，但也被當成了進士。還有一種「進士」，是舉人參加會試，然後參加殿試，這樣被錄取的人有三甲，一甲是狀元、榜眼、探花，也就是「進士及第」，二甲有若干名稱「進士出身」，三甲就是「同進士出身」，這些進士才是真正的進士。參「每日頭條」，朱光文主講，〈大嶺村有多少名真正的進士？〉（番禺石樓歷史文化系列節目第四集），網址：https://kknews.cc/culture/xreexyo.html，擷取於 2022 年 3 月 17 日。
32   游子安編，《香江顯迹 —— 嗇色園歷史與黃大仙信仰》，頁 15。
33   游子安編，同上註。

番禺赤松宮普濟殿舉行了上樑儀式。[34]

（2）菩山村普濟壇原為家族式乩壇，信徒為創壇人陳啟東家族成員及友人，但由於乩方靈驗，「欽慕而入者百餘人」，[35] 加上當時廣東一帶疫症流行，[36] 遂有另擇地建壇之舉。1898 年 8 月仙師壽誕，陳啟東向仙師正式叩稟建觀事，在大仙指引下於廣州花地（舊稱「花埭」）大氹尾擇地建造廣東另一間黃大仙祠觀。[37] 花地為芳村所轄，芳村位於中國廣州市西南部，珠江西岸，水陸交通方便，是廣州西南部出口必經之地，芳村前稱「荒村」，北宋初年陸續有人自南海、番禺等地到芳村聚居，以捕魚為生，大概人丁少，荒無人煙，故稱之「荒村」。後來居民種植花木，至明末清初，花果遍地，遂改稱芳村（「荒」與「芳」在粵語中同音）。自此，芳村以花卉栽培而著稱，成為嶺南盆景的發祥地，所以芳村的另一古稱就是「花埭（通「花地」）」。[38] 1899 年，花地大氹

34　道教文化資料庫，「番禺赤松宮」條目，網址：https://zh.daoinfo.org/index.php?title=%E7%95%AA%E7%A6%BA%E8%B5%A4%E6%9D%BE%E5%AE%AE&variant=zh-hant，擷取於 2022 年 3 月 17 日。另參道教在線，〈喜慶熱鬧！廣州番禺赤松宮舉行普濟殿上樑儀式〉，網址：https://m.djol.org/show-8-13639-1.html，擷取於 2022 年 3 月 17 日。

35　陳啟東兒子陳中居撰《普濟壇同門錄》序，引於游子安編，《香江顯迹 —— 嗇色園歷史與黃大仙信仰》，頁 20。

36　指的可能是 19 世紀末至 20 世紀初「鼠疫第三次全球大流行」中的一次重要爆發。1894 年 2 月，疫病開始在廣州大規模爆發，1894 年廣州和香港均成為鼠疫流行的中心。參曹樹基，〈1894 年鼠疫大流行中的廣州、香港和上海〉，刊於《上海交通大學學報（哲學社會科學版）》總 44 期第 13 卷第 4 期（2005 年），頁 72–81。

37　吳麗珍，《香港黃大仙》，頁 36。吳引《驚迷夢》三集「悟虛道者」序文：「普濟之壇遂大開矣。問事者日環其門，莫不有求皆應，而於醫一道尤神。得其方者，無不立癒。」及《驚迷夢》四集「遵善子」序文：「陳君目擊瘟疫流行，篤請仙師出而濟世，果允其請。迺於也賣禺屬之花埭，闢地數畝，為之立祠。」另參游子安編，《香江顯迹 —— 嗇色園歷史與黃大仙信仰》，頁 21–22。《驚迷夢》為光緒廿四年（1898）普濟壇弟子就文帝及關帝聯同仙師所降乩文彙集成書，共成四卷。見《金華風貌》（卷一），頁 4–5。

38　花地，別稱有花田、花埭，芳村的起源。埭有堤壩的意思，花的堤壩。清乾隆年間《番禺縣志》載：「粵中有四市，花市在廣州之南，有花地以賣花為業者數十家，市花於城。」參〈芳村區歷史沿革〉，刊於《芳村文史》第一輯，中國人民政治協商會議廣州市委員會網站：http://www.gzzxws.gov.cn/qxws/lwws/lwzj/fcws111/201101/t20110104_20273.htm，擷取於 2022 年 3 月 17 日。

尾黃大仙祠落成。據説 1903 年廣東水師提督（應為「南澳鎮總兵」）李準的母親患了眼症，久治不癒卻得黃大仙乩方治好。所以發起募捐重修花地黃大仙祠以酬神恩。重建後的黃大仙祠規模更大。由於鄰近碼頭，外地求籤問方信眾增多。[39]

　　1901 年簽訂《辛丑條約》以後，清廷開始實行新政。興辦新式學堂，張之洞（1837－1909）提出「廟產興學」。1903 年，岑春煊（1861－1933）出任兩廣總督，大力實施毀廟興學方針。時有芳村本地紳士郭澤乾（光緒四年舉人）向岑春煊提議：花地黃大仙祠積存捐款頗多，擬撥充學堂經費，藉資作育人才。據《大陸報》1904 年第 2 期報導：

　　　　廣州花埭有黃大仙廟，其神祀黃石公，[40] 乃數年前好事者所建，香火極盛，傾動一時，鄉曲小民往往有扶老攜幼走數百里路來祈福者，是以廟產極豐，廟中執役之人皆成小康。[41]

《香港華字日報》1904 年 2 月 6 日〈羊城新聞〉報導：

39　吳麗珍，《香港黃大仙》，頁 37。游子安編，《香江顯迹 —— 嗇色園歷史與黃大仙信仰》，頁 23－28。查李準（1871－1936）於光緒廿九年（1903）被授予的職銜為「南澳鎮總兵」。光緒三十一年（1905）光緒帝及慈禧太后召見李準，奉旨「廣東水師提督著薩鎮冰（1859－1952）補授，仍著李準署理」。宣統元年（1909 年），廣東水師提督薩鎮冰被調任北洋海軍提督，李準方正式任廣東水師提督。參人人焦點，〈《南海何曾隱風流 —— 清末廣東水師提督李準紀事》出版發行〉，網址：https://ppfocus.com/0/hi818392b.html，擷取於 2022 年 3 月 17 日。該書已正式出版，作者為李昕，《南海何曾隱風流 —— 清末廣東水師提督李準紀事》（海南：海南出版社，2020）。

40　這應是根據明初徐人瑞、程瑤初稿，清初徐道、程毓奇刪減編集《歷代神仙通鑑》，一名《三教同原錄》，亦名《歷代神仙演義》的一個説法。卷六，第二節〈一神人道傳墨子、七隱士諷諫聖人〉有云：「初平歸淮陰黃石山，改多黃石公。初起歸曲阜大庭之堂，思備技巧，立法傳後⋯⋯」見徐道，《歷代神仙演義》（瀋陽：遼寧古籍出版社，1995），頁 306。馬書田以為是附會之説，「並未造成多大影響」，不足信。見馬書田，《道教諸神》，華夏諸神系列（北京：北京燕山出版社，1999），頁 235。另參澳門特別行政區政府文化局，羅立群撰，〈從文獻典籍看嶺南黃大仙信仰的演進過程〉，《文化雜誌》（1997 年），頁 129－133，網址：http://www.icm.gov.mo/rc/viewer/10097/2193，擷取於 2022 年 3 月 17 日。

41　轉引自《南方周末》，陳曉平撰，〈三水鄭家與廣州黃大仙祠的興衰〉，網址：https://www.infzm.com/contents/185284，擷取於 2022 年 3 月 17 日。

黃大仙繳簿：昨據郭澤乾，以花地黃大仙祠，存捐款頗多，擬撥充學堂經費，藉資作育人才，等情分詞，赴各憲轅，呈請批示，已誌前報。茲據該祠神董鄭潤輝等遵將數部繳呈，赴縣已奉，呂明府批謂：本案現奉學務處委員來縣，會同傳訊查辦，據繳數簿，存候傳集，訊明會核辦理云。[42]

1904 年 2 月 22 日《安雅書局世説編》(也即《安雅報》)〈黃大仙祠稟覆學務處〉報導：「學務處以興學為禁革黃大仙祠之謀，黃大仙即以興學為搪塞學務處之計。」[43] 為應對新政壓力，黃大仙祠設立善堂、主動提議興辦學堂，避免被沒收的命運，但沒有維持多久。游子安據 1917 年出版之《天荒》雜誌中的一篇文章〈青衣紅淚記〉説到：「仙祠

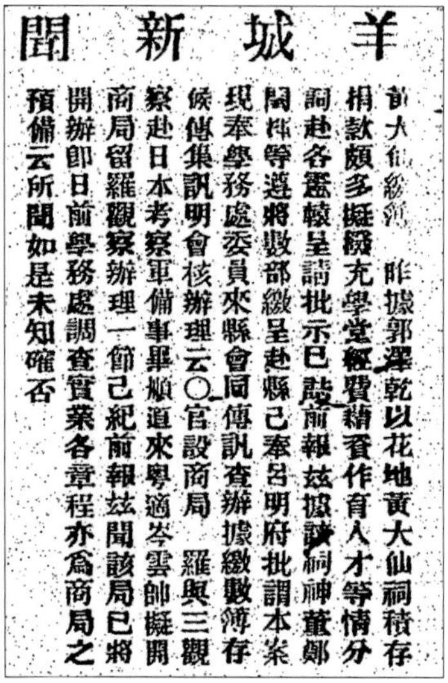

羊城新聞

黃大仙繳簿　昨據郭澤乾以花地黃大仙祠積存捐款頗多擬撥充學堂經費藉資作育人才等情分詞赴各憲轅呈請批示已誌前報茲據該祠神董鄭潤輝等遵將數部繳呈赴縣已奉呂明府批謂本案現奉學務處委員來縣會同傳訊查辦據繳數簿存候傳集訊明會核辦理云〇官設商局　羅與三觀察赴日本考察軍備事畢順道來粵適岑雲帥擬開商局留羅觀察辦理一節已紀前報茲聞該局已將開辦即日前學務處調查實業各章程亦爲商局之預備云所聞如是未知確否

圖 8：《香港華字日報》，1904 年 2 月 6 日，收於香港公共圖書館多媒體資訊系統，館藏編目號碼：NPTCM19040206，頁 4。

42 《香港華字日報》，1904 年 2 月 6 日，收於香港公共圖書館多媒體資訊系統，館藏編目號碼：NPTCM19040206，頁 4。

43 轉引自陳曉平，〈三水鄭家與廣州黃大仙祠的興衰〉。

執事以數目內訌，訴諸警廳。」[44] 而遭警廳趕走所有仙祠人員，沒收祠產，祠供女子教育院所用，至 1913 年女子教育院解散後又為西關孤兒院所用。1938 年廣州淪陷，仙祠建築被拆毀。1985 年芳村區成立後，成立了一個國有公司在舊祠東南方，花地河畔，重建黃大仙祠，但沒有成功。直到 1996 年，葉樹林創立的加拿大置地有限公司與廣州芳村區新荔灣實業發展有限公司，接手重建項目，終於 1999 年完成首期重建工程。[45] 黃大仙祠坐落在芳村區的古祠路 1 號，離芳村和花地灣地鐵站很近。

（3）花地黃大仙祠建成後不久，1901 年普濟壇道侶梁仁菴得乩示，要回到老家廣東佛山南海區西樵稔崗設立「普慶壇」。[46] 1911 年，辛亥革命成功推翻清政權，在破舊立新，徹底破除封建迷信的浪潮下，廣州市內，許多廟宇寺觀都遭受破壞，普濟壇的黃大仙祠，在 1919 年就被當時的政府充公，改建為孤兒院。東晉時，西樵山是全國道教中心之一，與東樵山（即「羅浮山」）齊名，明、清兩代為佛、道並存之地。明朝和清朝，包括湛若水、何白雲在內的一大批文人相繼隱居西樵山，在此探求理學。在稔崗建祠所需資金，游子安以為主要來自梁仁菴家族。但據瑞典漢學家羅斯教授（Lars Ragavld）於 1985–1987 年的採訪，建祠資金是來自被仙師治癒過的弟子，其中較大的一筆來自三水縣的一個有錢人。[47] 陳曉平相信，這位有錢人便是鄭紹忠（1834–1896）。他原名鄭金，曾加入晚清廣東洪兵起義，但後來降清，改名鄭

44　彈指，〈肖（青）衣紅淚記（附圖）〉，《天荒》第 1 期（1917 年），頁 73–97。事緣同盟會會員陳景華（1863–1913）出任廣東警察廳長後，支持興辦廣東女子教育院，收容孤苦無依的女童和逃亡婢女，包括幼齡女童百人，故向黃大仙祠主事人提出租用仙祠後樓作女生寢室，惟遭「神董」（董事會）所拒。於是陳景華借這次內訌事件，利用警權將仙祠人員趕走，沒收祠產。

45　葉樹林，《騎鶴到南天》，頁 23–26。

46　《金華風貌》（卷二），頁 2。另參陳晨，〈推動嶺南黃大仙信仰發展的普慶壇〉，頁 50–55。

47　游子安編，《香江顯迹——嗇色園歷史與黃大仙信仰》，頁 34 及 40。

紹忠，並參加鎮壓太平軍餘部的多次戰役，迭立戰功。1891年任廣東水師提督。他死後四名兒子都分別取得職銜，定居省城，饒於資財。[48] 西樵稔崗赤松黃大仙祠建於光緒辛丑年（1901），原祠已毀，現在是一片蔗田，1989年旅港同胞張秀珠女士，捐資在距舊祠約二公里的村頭建了間約40平方米的新黃大仙祠，祠內供奉呂洞賓、黃大仙、魏徵塑像。[49] 1996年1月在西樵山下重新建成了一座42萬多平方米的黃大仙聖境園，擁有四個之最：第一、門口廣場太極圖為現時最大之八卦廣場，浙江金華山祖宮廣場亦仿此而建；第二、聖境園盡頭還有最高黃大仙聖像，由香港嗇色園捐建；第三、園內回音壇是中國回音壇效果最好；第四、百草園是中國草藥最多的植物園。[50]

（4）據游子安的研究，普化壇的建立有二說，分別根據芳村文化局出版的《芳村名勝風物》[51]和梁仁菴的孫梁本澤（1928—2012）所著《金華風貌》[52]：

一說是據《芳村名勝風物》所記：

1930年國民黨名將廣東軍閥陳濟棠（1890—1954）主粵時，夫人莫秀英（五姑）（1900—1947）出資興建，座落於芳村鎮東街尾，松基河畔，舊址是法鵝峰寺，後名四寶寺，寺毀後成長林

48　陳曉平，〈三水鄭家與廣州黃大仙祠的興衰〉。

49　陳菊寧，〈黃大仙及花地黃大仙祠〉，刊於荔灣區政協《芳村文史第四輯》（1992年），網址：http://59.41.8.205/qxws/lwws/lwzj/lw1_4/201007/t20100727_19073.htm，擷取於2022年3月17日。魏徵是唐代宰相，年青時曾為道士，有神通，兼任人天兩界要職。唐太宗受魂靈干擾時，命尉遲恭、秦瓊守前門，魏徵守後門，日後都成為門神。見游子安編，《香江顯迹 —— 嗇色園歷史與黃大仙信仰》，頁32。

50　閻江，〈傳說、祠廟與信仰的互動 —— 黃大仙信仰的嶺南階段及其發展〉，頁15。

51　〈花地黃大仙祠〉及〈金華分院〉，刊於芳村區文化局《芳村名勝風物》（廣州：花城出版社，1998），頁43—47（特別是頁46），及頁48—50。

52　詳見《金華風貌》（卷四），關於《金華風貌》參本書第一章註3。

園（花園），為莫秀英所購，作興建金華分院。事緣莫秀英得大仙夢示，謂廣州將有瘟疫，須重建黃大仙祠濟貧民。[53]據稱仙祠重建後果然瘟疫流行，莫秀英通過黃大仙祠廣散草藥，被尊為「新黃大媽」云云。[54]

二説是據《金華風貌》所記：

> 普濟壇被沒收後十餘年，有弟子，前清秀才陳緣基發起：於觀音山（今越秀山）建設新壇，蒙仙師賜名曰普化壇。並由普慶壇及普宜壇眾弟子代為開光，數年之後，眾人以山路崎嶇，上落不便。乃再覓地河南芳村，購得農莊，改作壇址。[55]

雖有二説，惟據《金華風貌》所述，普化壇首創於觀音山，後遷於芳村，二説疑為普化壇前後兩階段之情況。

香港竹園黃大仙祠的根源地，浙江金華黃大仙祠亦有多處：

53　據謝璋，〈芳村名勝風物〉，轉引自游子安編，《香江顯迹 —— 嗇色園歷史與黃大仙信仰》，頁33。與莫秀英相關的神明傳說不只一個。番禺鍾村鎮屏山村的簡公佛（1238–1288），佛法懸壺，普渡眾生，有求必應。相傳求醫者甚眾。簡公佛廟設呂純陽藥籤100支，籤文均附上治病藥方。據說莫秀英身患頑疾，屢求名醫治而不愈。後聞屏山簡公佛藥方靈驗，便派人到簡公佛廟求醫，終於將頑疾治癒。以後，每年逢初甲子日簡公佛誕，莫秀英必派人駕駛花尾渡（內河用機動船拖行的船舶）到屏山簡公佛廟祭祀還願。後來因河道淤塞，花尾渡不能進入屏山河面，最後一次改用飛機在簡公佛廟上空盤旋祭祀，「用飛機拜佛」被鍾村一帶鄉民傳為佳話。參梁謀，〈傳奇神醫 —— 簡公佛〉，刊於《番禺文史資料》第20期（2009年12月），頁112。中國人民政治協商會議廣州市委員會網站：http://www.gzzxws.gov.cn/qxws/pyws/pyzj/py20/201005/t20100526_18582.htm，擷取於2022年3月17日。另參〈簡公佛〉，《芳村文史》第六輯：http://www.gzzxws.gov.cn/qxws/lwws/lwzj/fcd_6/201012/t20101229_20170.htm，擷取於2022年3月17日。

54　閻江，〈傳說、祠廟與信仰的互動 —— 黃大仙信仰的嶺南階段及其發展〉，頁15。

55　據梁仁菴後人梁本澤，《金華風貌》（卷四），頁2。另參游子安編，《香江顯迹 —— 嗇色園歷史與黃大仙信仰》，頁33。

（1）金華觀（赤松下宮），[56] 位於金華山雙龍洞，金華政府旅遊部創辦。

（2）赤松山山口馮水庫湖北岸赤松宮遺址，建成二仙殿。

（3）北山第一廟，亦稱徐公廟，[57] 為村民於金華山所建之非正式宗教場所。

（4）黃大仙宮，位於蘭溪黃湓村大仙出生地，由村民與政府合創。

（5）黃大仙祖宮（赤松宮），位於浙江金華山山腰處，雙龍風景區內鹿田水庫東側海拔五百多公尺，屬改址重建赤松宮。由市政府與地方商人創辦。

（6）赤松道院（即赤松黃大仙宮），位於金華山山頂處，由一臺灣企業家創立。[58]

上述六所黃大仙祠，首先發展起來的是 1991 年建立的金華觀和金華雙龍洞風景區。金華觀又稱「赤松下宮」，相傳為道教赤松子、安期生羽化登真之地。雙龍洞位於金華山南坡。金華山又名「北山」，位於浙江省中部婺州（今「浙江省金華市」），最高峰為海拔 1311.1 米的大盤尖，杜光庭真人著有《洞天福地嶽瀆名山記》，其中第三十五洞天正是金華洞元天，亦即金華山上雙龍、冰壺、朝真三洞合稱「金華洞」，傳為黃初平修道成仙之地。金華雙龍洞，內外洞有巨大的屏石相隔。

56　據《金華縣志》，唐末五代時期間，雙龍洞側曾建有金華觀，後廢，但不知是祀神農時的雨師「赤松子」抑或是「黃大仙」。見（清）鄧鍾玉等纂，《光緒金華縣志》（第三冊·卷五·寺觀）（影印本）（上海：上海書店，1993 [1934]），頁 77：「金華觀在雙龍洞側（赤松山志、道光志作講堂洞誤）。赤松子、安期生登真之地。宋政和七年（1117）以洞天福地重建（康熙府志）。有天下名山額（道光志），並久廢。」

57　明萬曆《金華府志》：「晉·徐公，亡其名，金華人。嘗登長山頂，頂有湖，其水湛然。遇二人弈棋，自稱赤松子、安期生，酌湖水為酒，飲徐公醉。至醒，二人不見，而宿莽縈上。家人服喪三年畢。徐公邁後亦得仙。故號其處為『徐公湖』。」金華山各村落多建有徐公廟，尊徐公為保護神。

58　高致華，《金華牧羊──黃大仙傳》，頁 107–108。

往內洞僅有水道相通，遊人須平臥小舟之上，仰面擦崖逆水而入，位於雙龍洞南側還有一冰壺洞，海拔 580 米，冰壺洞不但有可觀賞的鐘乳石，洞內的瀑布還是全國最大的洞中瀑布。

金華山之北，又有一山，名「赤松山」，屬金華山山系。據（宋）倪守約撰《赤松山志》山上有寶積觀：

> 即赤松宮，按觀碑，自二皇君因赤松子傳授以道而得仙，同邦之人議曰崆峒，訪道帝王有順風之請，瀨鄉立祠，桑梓置棲神之所茲，為勝地可得忽乎！遂建赤松宮真廟，大中祥符元年（1008，北宋真宗的第三個年號）始改今額。[59]

另據（清）鄧鍾玉等纂《光緒金華縣志》：

> 寶積觀在縣東北二十里赤松山。舊稱赤松子廟（見舊書地理志）。即皇初平叱石成羊處。吳越錢武肅王（852–932）修（據舊經）。宋大中祥符元年（1008）改今額。丹山上有雲巢庵，其側有太清殿。大黃山下有二皇君祠（赤松山志）舊宮殿宇，為江南道宮之冠。後燬於火。（明）成化戊戌（1478）道紀余永福募，雙溪驛永程、自信等重建玉皇殿並像，如舊規（萬曆府志）。萬曆甲申（1584）知縣汪可受重建（□王三□碑文）旋圮。……皇朝道光元年（1821）道士龔廣佳、錢德有復募建（道光志）咸豐季年（1853）毀。[60]

59　倪守約撰，《赤松山志》〈宮宇類〉，載於胡宗楙輯，《續金華叢書》（民國十三年 [1924]），頁 5。

60　（清）鄧鍾玉等纂，《光緒金華縣志》（第三冊・卷五・寺觀）（影印本），頁 76。

赤松山上寶積觀舊稱赤松子廟，雖未言供奉神明是誰，但廟宇是建於叱石成羊的大仙皇初平修真成仙之地，相信是最早的黃大仙祠，於唐末五代興建，宋時改名「寶積觀」，後經明一代兩次重修，道光年間再重修，於咸豐年廢，曾一度為「江南道宮之冠」，可見規模不小。[61]

據上引（宋）倪守約撰《赤松山志》，寶積觀另一名稱是赤松宮，這個宮的具體位置據傳是在今赤松鄉鐘頭村和山口馮村。惟 1958 年因建造山口馮水庫，宮址淹於水庫之下，只存一大鐘和部分石碑。水庫後稱「大仙湖」。[62] 1991 年鐘頭村熱心人士主動邀請嗇色園參訪鐘頭村赤松宮遺址。同年，金華政府於金華山雙龍洞重建金華觀。[63] 1993年，嗇色園捐助廿六萬元於湖的北岸赤松宮遺址建成二仙殿。[64]

1992 年金華蘭溪縣黃湓村熱心地方人士成立調研組，發掘黃大仙故居歷史，終於黃湓村發現二仙井遺跡。青石六角形井圈上刻「二仙井」三個大字，為崇禎年間所鐫。井旁尚存鑿刻「仙井」二大字的青石一塊，署「乾隆庚戌（1790）夏月」。據《光緒蘭溪縣志》記載，二仙井相傳為「晉黃初平兄弟所開鑿，泉極甘美。」於是當地發起以黃大仙出生地名義建造黃大仙宮，[65] 剛開始時為蘭溪黃湓村的村民所建，後由浙江蘭溪政府接管。1993 年村民又於金華山建起自己的黃大仙廟，為北

61　明代萬曆《金華府志》卷二十四〈寺觀〉載赤松宮：「昔年宮殿、臺亭、廊廡、碑碣、誥敕、御墨及名公巨卿題跋墨蹟為江南道流冠冕。」雍正《浙江通志》卷 232〈寺觀〉七：「舊宮殿庭院廊廡甚盛，為江南道宮之冠。」

62　蔣明智，〈香港黃大仙信仰的認同價值〉，刊於《文化遺產》第 6 期（2019 年），頁 100；參佚名，〈江南道宮之冠——浙江金華赤松宮〉，金華雙龍旅遊發展有限公司網站：http://www.shuanglongdong.com/news/show-2382.aspx，擷取於 2022 年 3 月 17 日；參 Selina Ching Chan, "Temple-Building and Heritage in China," *Ethnology* 44.1 (2005): p. 68.

63　據金華黃大仙文化研究會舊網站「中華黃大仙文化」，民國二十二年（1933 年）由金華鄉紳黃維時等籌資再度大規模重修。1991 年，雙龍風景名勝區管理局又對金華觀進行了擴建重修。另據高致華，金華觀是金華政府旅遊部門雙龍管委會與商人合建，見高致華著，《金華牧羊——黃大仙傳》，頁 107。

64　據蔣明智，〈香港黃大仙信仰的認同價值〉。

65　參 Selina Ching Chan, "Temple-Building and Heritage in China," p. 68.

山第一廟，又名「徐公廟」。[66] 1995 年，浙江蘭溪黃湓村內緣源園觀群的主殿黃大仙宮，在香港嗇色園、香港道教聯合會、儒釋道功德同修會共同捐助下竣工。[67]

1996 年金華地方政府又決定於金華山，海拔 600 米高山湖泊鹿田湖（原名「鹿田水庫」）東側山腰，改址重建赤松宮，並命名為「黃大仙祖宮」。

1997 年，一名在港營商的臺灣女企業家羅美玉又於大仙湖北岸高坡上建成赤松道院。[68] 道院內黃大仙像是以香港元清閣內的大仙像為藍圖，是唯一不以嗇色園內大仙像為參考的一所大仙祠。2003 年道院旁還建了度假酒店。[69] 羅美玉後來出家成了赤松道院當家住持。

香港的黃大仙信仰源頭在浙江金華，但內地學者相信，金華黃大仙信仰的復興，是國家改革開放帶來的機遇，而「這個機遇的源頭，則在香港黃大仙信仰的興盛而給金華人民的直接刺激和啟示。」[70] 另一種說法是「粵港的地方性知識與地緣文化成了黃大仙重新勃發的契機，並反哺於金華的皇初平。」[71] 據香港學者陳蒨及其團隊於 1999、2000 及 2003 年在浙江杭州、金華、蘭溪等地的研究，1990 年前金華

66　據高致華，此為村廟，且為非正式宗教場所，故有爭議。見氏著，《金華牧羊 —— 黃大仙傳》，頁 107。

67　見〈黃大仙港信眾浙江尋根、蘭溪捐建宮觀供奉廿載〉，刊於香港《文匯報》，2015 年 11 月 29 日，A5 周日專題。據高致華，剛開始時大仙出生地蘭溪黃湓村的黃大仙宮為村民所建，後由浙江蘭溪政府接管，見氏著，《金華牧羊 —— 黃大仙傳》，頁 107。

68　據高致華，赤松道院為臺灣與香港的企業家所建。見氏著，《金華牧羊 —— 黃大仙傳》，頁 108 註 22。另據金華黃大仙文化研究會舊網站「中華黃大仙文化」，赤松道院又名「赤松黃大仙宮」，是以香港服裝業的一名臺商羅美玉為首投資所建，贊助的還包括她於 1994 年在香港成立的「香港赤松黃大仙學會」、香港九天玄女堪輿學會、臺灣中國崇通會、臺灣大仙協會、金華尖峰集團等。2000 年，羅美玉更出家親任赤松黃大仙宮的住持。現時該項資料已被移除。

69　Selina Ching Chan, "Temple-Building and Heritage in China," p. 68. 參元清閣，網址：https://www.wongtaisin-yck.com/，擷取於 2022 年 3 月 17 日。

70　陳華文，〈衰落與復興：黃大仙信仰歷程 —— 以金華黃大仙信仰演變為例〉，刊於《民俗研究》第 3 期（2017），頁 106。

71　閻江，〈嶺南黃大仙考辨 —— 以羅浮山野人傳說為中心〉，頁 162。閻江，〈嶺南黃大仙溯源考 —— 從黃野人到黃大仙〉，頁 45。

當地人對黃大仙並不熟悉，金華地區之所以出現五所重建的黃大仙祠是沿於 1984 年香港黃大仙祠的尋根活動，並解讀成一種對現代性、現代社會中的疏離之一種懷舊回應。[72] 這是重建的因。重建的緣則在於地方政府的「文化搭臺、經濟唱戲」，以文化活動帶動經濟發展的一種手段。用陳蒨的説法就是「販賣文化以創造條件吸引朝聖者和旅遊眾。」[73] 重建的廟宇若有科儀的話，都是外聘來為廟宇增加吸引力而設。外聘的儀式專家可以舉行早、晚課，但他們所行儀式與廟中的神明無任何關係，信眾對他們的科儀亦毫不理解，也不感興趣。但若願意，信眾也可以僱用他們做一些儀式，是一種增值服務。至少他們做的儀式會增加廟宇的莊嚴感，所以有些廟宇管理人甚或會聘請專家，來改善聘回來的「道士」之詠唱技巧。[74] 因此，這些新建、重建的廟宇都屬於為旅遊和經濟發展而打造的文化遺產；在過程中借用了香港黃大仙的文化象徵為他們服務。但利益不是單方面的。香港方面，亦樂於借此機會與祖國各層面建立更緊密關係。

　　梁景文（Grame Lang）、羅思（Lars Ragvald）與陳蒨組成的國際團隊，對黃大仙在香港、廣東和浙江的研究，可説是同類研究中的翹楚。他們主要的研究背後的理論架構和視角是「宗教經濟學」。他們的觀點是：人類與廟宇相關的行為，不能光從宗教動機去理解和分析，還要把廟宇看成一所在宗教市場中經營的「公司」，這樣利用市場營運原則去分析方能明白，為甚麼有些廟宇經營成功，香火旺盛，收入豐厚，而有些廟宇則門可羅雀，慘淡經營，入不敷支。總括來説，就是取決於廟宇選址、面積與設計、服務貨品提供的多樣性，一如一所「零售

72　Selina Ching Chan, "Temple-Building and Heritage in China," p. 66.

73　"put their culture (including themselves) on sale in order to create an appealing package to attract pilgrims and tourists," Selina Ching Chan, Ibid.

74　Graeme Lang, Selina Ching Chan, Lars Ragvald, "Folk Temples and the Chinese Religious Economy," in *Interdisciplinary Journal of Research on Religion* 1.1.4（2005）, pp. 20-21.

店」一樣。[75] 梁景文團隊的論據來自八間分佈於廣東（共三所）和浙江（共五所）黃大仙廟，[76] 還加上梁景文與羅思在八十年代研究的香港黃大仙祠。他們示範了如何用「宗教經濟學」的方法來解釋、評估甚至預測一間廟宇成功與否。他們亦相信這套分析方法，大可應用到預測其他廟宇的成敗。不過若以入廟人數和香火收入論成敗，八間廟宇的成績是有目共睹。相信梁景文團隊的分析是解釋現象多於預測成效。此外，八間黃大仙廟中，兩間被研究團隊認定經營最成功的，都是由在商界中有業績的商人負責去營運，這也應包括香港的黃大仙祠，他們不只以公司董事會制度來管理，其管理制度，並早已獲「香港認證服務有限公司（HKCSLtd）」的 ISO9001:2009 品質管理認證審核的認證。[77] 所以三間被梁景文團隊認定為經營「成功」的廟宇，都是借用了商業管理模式。確實三間廟宇都運用了商業市場的策略，以增加人流和收入。須指出的是，即使在商業世界，也不能單從顧客和收入數目來定奪公司的成敗。街角的雜貨店顧客數目肯定不如大百貨公司，但不能斷定小型雜貨店必定經營不善，比不上大百貨公司。「宗教經濟學」還有一個盲點就是完全忽略宗教的面向，還可能給人一個錯覺，以為所有經營廟宇的人主要目的都是「名聞利養」，為「股東」謀取最大利潤，相信梁景文團隊也不一定同意。由一位臺灣企業家創立，位於金華山山頂處之赤松道院（即赤松黃大仙宮），其創辦人後來出家成了赤松道院

---

75   Graeme Lang, Selina Ching Chan and lars Ragvald, Ibid, pp. 3-4, & footnote 2. 此觀點早已見於梁景文、羅思 1993 年著作，參 Graeme Lang and Lars Ragvald, *The Rise of a Refugee God: Hong Kong's Wong Tai Sin*, pp. 149-160.

76   Graeme Lang, Selina Ching Chan and lars Ragvald, "Folk Temples and the Chinese Religious Economy," pp. 7. 文中表列了八所中國內地黃大仙廟。在他們 2002 年作品中，則共表列了十所，見 Graeme Lang, Selina Ching Chan and Lars Ragvald, *The Return of the Refugee God: Wong Tai Sin in China*（難民神祇回歸：道教黃大仙在中國），pp. 41-42。高致華針對此表以為「統計與現實情況有所出入」，補充和修正其表，共列九所，刪去黃溢村的一所，刊於《金華牧羊 —— 黃大仙傳》，頁 107–108。

77   李耀輝，〈監院隨筆（四十四）—— 香港道教的宮觀管理文化〉，刊於《東周刊》第 898 期 2020 年 11 月 10 日，頁 94。

當家住持，[78] 也難說成是單單出於市場考量，為廟宇廣開客源。

　　梁景文與羅思曾把香港黃大仙稱作「攀上社會階梯的難民神祇」，表示昔日的香江「難民」生活水平隨香港經濟起飛急速變化，生活上大小景遇，多歸功於大仙的庇佑，故云大仙是「難民的神祇」。[79] 他們的英文著作《一位難民神祇的崛起：香港的黃大仙》早已成為香港黃大仙祠研究的典範，享譽國際，並於十多個殿堂級的學術期刊中的書評被廣泛討論，備受關注。在大部分肯定與讚揚之餘，有兩點批判意見值得注意。曾在香港大學任教的已故南加州大學顧尤勤（Eugene Cooper, 1947-2015）人類學教授以為，在黃大仙為何能在戰後成功吸引信仰，提供一個理性解釋以外，梁景文與羅思的書缺少了一個運用儀式象徵理論的分析。顧尤勤說：

　　　　人類學文獻中有大量針對神話與儀式的詮釋之著述，可能有助作者不致於下一個太機械和通俗平凡的分析。葛茲（Clifford Geertz, 1926-2006）和布洛克（Maurice Bloch, 1939-）兩位大家的著作是馬上被想到的。[80]

　　加拿大阿爾伯塔大學的文化人類學教授白瑨（Jean DeBernardi）在她的書評中指出，由於「梁景文與羅思沒有給讀者提供一個更寬廣的中國民間信仰作背景參考，非漢學家的讀者或會被誤導而高估了黃大仙祠的獨特性。」[81] 又「該書驚奇地極少運用中國宗教中研究成果」。[82]

78　中華黃大仙文化研究會：http://www.huangdaxian.org/newsdetail.aspx?id=30，擷取於 2022 年 3 月 17 日。

79　Grame Lang and Lars Ragvald, *The Rise of a Refugee God: Hong Kong's Wong Tai Sin.*

80　顧尤勤的書評刊於 *The Journal of Asian Studies* 53.3 (Aug 1994), pp. 919-920.

81　白瑨的書評刊於 *American anthropologist* 96.3 (Sept 1994), pp. 760-761.

82　白瑨，同上註。

撰寫書評，往往只能言簡意賅，未能展開論述。關於黃大仙祠的科儀，是本書討論的重點。按白瑨的建議，把討論放於更大的歷史框架中去關注。

黃大仙在廣東降乩度人，又移師香江，確實並非獨立的案例。正如另一位為梁景文與羅思的書撰寫書評的加拿大學者格雷姆（Thomas E. Graham）所言，雖然黃大仙的故事中，大仙好像「來歷不甚明」（appears almost out of nowhere），但我們「很困難去識別祂和祂的廟宇，與其他類似的神明或廟宇的分別。」[83] 他的意思是說，同類型的神明和廟宇並不罕見。我們上文研究回顧中所展示，有關黃大仙信仰在嶺南存在的不同版本，以致在浙江金華當地所搜集到超過十五個與黃大仙相關的民間傳說故事，[84] 充份說明大仙類型信仰的普遍性。

游子安在其《香江顯迹 —— 嗇色園歷史與黃大仙信仰》一書中，運用了「鸞堂運動」的視角來看嗇色園的發展，如何從「扶鸞遣興」過渡到清中葉以後的「鸞堂運動」，[85] 卻沒有展開討論。志賀市子在她的《香港道教與扶乩信仰：歷史與認同》則有精采闡述。[86] 香港黃大仙祠，在志賀市子研究中，是以其作為眾多現代香港道堂之一來討論，[87] 她以為現代香港道堂的源流可追溯至清末廣東流通的善書、鸞書，又指出清光緒十六年（1890）以後，在廣東主要城市，特別在珠江三角洲，普遍

83　托馬斯・格雷姆的書評刊於 *Canadian Journal of Urban Research* 3.2 (December 1994), pp. 201-202.

84　陳德松、張樂初，〈有關黃大仙的民間傳說〉，刊於陳德松、張樂初編著，《中華大僑文化》（上海：上海文化出版社，2015），頁 86-117。當中只有「叱石成羊」的故事流傳於香港黃大仙祠。這些故事收集的背景雖有「攀附」和借助香港黃大仙祠的名氣，以發展本地文化旅遊之嫌，然而故事在短期內憑空臆造杜撰的可能性不大。

85　游子安編，《香江顯迹 —— 嗇色園歷史與黃大仙信仰》，頁 16。

86　志賀市子著，宋軍譯，《香港道教與扶乩信仰：歷史與認同》（香港：中文大學出版社，2013），頁 145-215。

87　志賀市子著，宋軍譯，同上註，頁 211-212。到 2018 年止，香港登記道堂約有 96 個，見李大華，《香港全真教研究》（北京：人民出版社，2018），頁 170，註 3。

出現「善堂」、「善院」、「善社」的結社。志賀市子對香港道堂研究的主要視角，是把香港道堂置於發端於清末的「宗教慈善結社運動」中考察；她以為二者是一脈相連，並把香港道堂的發展稱之為「道堂運動」。[88] 不過這絕非她的創見。德國漢學家柯若樸（Philip Clart）在他臺灣鸞堂的研究中，早已注意到臺灣鸞堂蓬勃發展，與十九世紀下半葉在中國各地的扶鸞結社運動相關。[89] 所以，志賀市子研究的廣東珠三角「鸞堂運動」與柯若樸研究的臺灣「鸞堂運動」事實上與一個影響更廣泛的「慈善結社運動」相關。日本學者夫馬進（Susumu Fuma）以為，中國的「慈善結社」始於明末清初。[90] 據梁其姿的研究，宋以前濟貧工作多由宗教團體負責，如唐代的佛寺。到了宋代，由於經濟發展，出現都市貧民，政府設立安濟坊、居養院，收容都市中貧窮老病和棄嬰。明末江南一帶，一些具有全國聲望的士紳建立同善會，濟助貧苦，士紳代替政府。明中期以後，政府救濟機構腐敗，加上商業經濟發展，城市帶來更多移民和新貧，新財富亦帶來各種焦慮，救濟貧民成為紓解方法。[91] 明清之際，士紳商人漸漸在慈善組織中主導地位。從 1655 年至 1724 年，全國各地育嬰堂、普濟堂創立者多半是商人或中下層地方士紳。[92] 余英時以為宋以後，士多出於商人。才智之士吸引到商界，社會公益從士大夫轉到商人身上去。自明中葉以來的四民關係發生的實質性轉變，

88　志賀市子著，宋軍譯，《香港道教與扶乩信仰：歷史與認同》，頁 146。

89　Philip Clart, "The Ritual context of Morality books: A case-study of a Taiwanese Spirit-writing Cult," PhD thesis, (University of British Columbia, 1996), p. 16. 另參李大華，《香港全真教研究》，頁 61，他以為十九世紀華南扶鸞結社以及慈善運動，是道教一次世俗化運動。

90　夫馬進著，伍躍、楊文信、張學鋒譯，《中國善會善堂史研究》（北京：商務印書館，2005），頁 15。

91　梁其姿，《施善與教化：明清的慈善組織》（石家莊：河北教育出版社，2001），頁 45–46；參 Thomas D DuBois 杜博思，"Welfare provision in China from late empire to the People's Republic," in Handbook of Welfare in China, ed. Beatriz Carrillo, Joanna Hood and Paul Kadetz (Cheltenham, UK: Edward Elgar, 2017), pp. 29-44.

92　梁其姿，《施善與教化：明清的慈善組織》，頁 76–79。

「士商相雜」、「士商同大」。明中葉以後，士與商界線模糊，形成「新四民論」，士、農、工、商在「道」之前完全平等。[93] 到了清朝，甚至發生士不如商的情況。這些商人也有同時是地方士紳，實際上是商紳合稱。[94] 士紳商人在慈善組織中佔主導地位的轉變，受清政權猜疑。雍正二年（1742）皇帝下令各地設育嬰堂、普濟堂；乾隆中後期，施棺、清節（年輕寡婦）善堂、惜字堂，遍及各大城市，漸及鄉鎮，梁其姿稱之為「慈善組織官僚化」。政府雖然於慈善工作中財源籌措、規章制訂、人員會務監督等方面介入，主導仍是士紳，實際是官督民辦。這是因為十九世紀清中葉以後，國家權力式微，社會動亂，特別是太平天國以後，中央無力，於是地方士紳收拾殘局。明末或十九世紀紳權茁壯、地方菁英角色加重，和國家力量式微有關。嘉慶帝（1796—1820）、道光帝（1821—1850）年間，正是王朝由盛轉衰的關鍵時刻。「善堂」的興起，除與清帝國制度的漸漸衰落以致瓦解有關，又與天災連年有關。

　　1876 年至 1879 年，華北大饑荒，奪去一千三百萬條生命。清朝光緒元年至四年間（1875—1878）特大旱災饑荒，主要在河南、山西、陝西、直隸、山東，尤以山西最嚴重，「丁戊奇荒」又稱「光緒大祿」，尤以 1877 年（丁丑年）和 1878 年（戊寅年）為最烈，總死亡人數佔清朝人口約 2-4%。1894 年 2 月，鼠疫病開始在廣州大規模爆發，廣州和香港均成為鼠疫流行的中心，是 19 世紀末至 20 世紀初「鼠疫第三次全球大流行」中的一次重要爆發。1910 年鼠疫蔓延到東北，這次鼠疫波及 69 個縣，共死亡 6 萬餘人。[95] 1920—1921 華北再鬧饑荒，華北四省區死 1,000 多萬人。

93　余英時，《中國近世宗教倫理與商人精神》（臺北：聯經出版，1997），頁 97—121，同時收於余英時，《中國思想傳統的現代詮釋》（臺北：聯經出版，1995），頁 259—404。

94　余英時，《中國近世宗教倫理與商人精神》，頁 98。

95　參曹樹基，〈1894 年鼠疫大流行中的廣州、香港和上海〉，頁 72—81。

清中葉以來，善堂在富庶的江南，特別是江蘇南和浙江北首先興起。明以後江南的富庶可從市鎮產生的數目，略知一二。正如范毅軍所說，傳統江南市鎮逐漸興起於明中葉，盛於晚明，而於乾、嘉時期臻於鼎盛階段，已成為學界共識。[96] 明後期的正德、萬曆年間到清乾、嘉之際，江南各府市數量平均多增長一、二倍。[97] 十九世紀以後，江南市鎮的數量，由於通商口岸的開放而進入一個快速增長的時代。[98] 光是蘇州、松江、太倉二府一州地區（簡稱「蘇南」），即相當於今天部分沙洲縣以及上海和蘇州市全部範圍，明中葉以來，前後有 928 個市鎮出現。[99] 明末清初江南經濟起飛的同時，也是民間慈善組織的興起之時，特別在蘇南與浙北。[100] 清朝被推翻後，南京的國民政府著手立法管理私人慈善組織，地方軍閥如北方的段祺端（1865–1936）、吳佩孚（1874–1939）、張作霖（1875–1928）等亦大力以官方身份參與支持和掌控地方的慈善工作。[101] 控制廣東的陳濟棠（1890–1954）於 1934 年成立了「仁愛善堂」。[102]

新興慈善結社道堂，又多與扶鸞（在廣東多稱為「扶乩」）活動結合，扶乩結社是小運動，借助慈善結社大運動，又以商人為主體，而且因為城市發展，善社善堂多發生在城市如杭州、上海、成都、廣州。

96　范毅軍，〈明中葉以來江南市鎮的成長趨勢與擴張性質〉，刊於《中央研究院歷史語言研究所集刊》第 73 本第 3 分冊（2002 年 9 月），頁 443–552。樊樹志，《明清江南市鎮探微》（上海：復旦大學出版社，1990）。

97　范毅軍，同上註，頁 448。

98　參劉石吉，《明清時代江南市鎮研究》（北京：中國社會科學出版社，1987），頁 157。

99　范毅軍，〈明中葉以來江南市鎮的成長趨勢與擴張性質〉，頁 461。

100　Thomas D DuBois 杜博思，"Welfare provision in China from late empire to the People's Republic," p. 31.

101　Thomas D DuBois 杜博思, Ibid, p. 33. 廣州花埭黃大仙普化壇傳說是 1930 年出掌廣東軍政的南天王陳濟棠和他的姨太太莫秀英主力興建，還有贈醫施藥，並開鑿有「黃仙井」。見吳麗珍，《香港黃大仙》，頁 39。參游子安，《香江顯迹 —— 嗇色園歷史與黃大仙信仰》，頁 33。

102　Thomas D DuBois 杜博思，"Welfare provision in China from late empire to the People's Republic," pp. 34-35.

扶乩在民國時代被視為迷信活動，1900−1930 年間，就曾有五次取締破除迷信運動。[103] 新興與扶乩活動結合的慈善結社道堂，樂意辦社會慈善，試圖爭取合法身份，演教變成普濟勸善、博施濟眾。商人把商界模式帶進宗教團體，把原來子孫相傳的「子孫廟」管理，變成民主化的理事會、董事會制度，[104] 有學者甚至稱之為公共領域的「市民社會」出現。[105]

以上研究回顧可見香港黃大仙信仰的出現，嗇色園的產生既非偶然，亦非一孤立案例，以扶乩、結社、慈善來回應整個時代需要。黃大仙信仰源頭雖在浙江金華，大仙信仰形態與嶺南惠州羅浮山黃野人、東莞企石黃仙翁、江門新會黃佛翁、江門新會黃雲元禪師、以至番禺屏山簡公佛等地方信仰都有相似之處。前四者雖往後與香港黃大仙信仰有「攀附」關係，但這是因為獨特政治、經濟及歷史等原因所造

103　1900−1930 年期間，五次取締迷信運動包括：（1）光緒 24 年（1898），張之洞產興學；（2）辛亥革命後不久；（3）1923 年廣州市政府強制投標公產；（4）1928 南京政府公佈「廢除卜筮星相巫覡堪輿辦法」、「神祠存廢標準」後之破除迷信運動；（5）1931−1936 年期間，陳濟堂總司令統治廣東失勢後，恢復反迷信風潮。見志賀市子，〈地方道教之形成：廣東地區扶鸞結社運動之興起與演變（1838−1953）〉，收於黎志添主編，《十九世紀以來中國地方道教變遷》（香港：三聯書店，2013），頁 205。

104　以嗇色園為例，該園《嗇色園之組織章程細則》（根據 2017 年 5 月 17 日通過的特別決議採納，原 1965 年 6 月 14 日）第 25（B）收錄有首批董事名單：黃允畋（本德置業有限公司執行董事）、李元炳（教師）、陳立（商人）、黃水（警察）、衛仲虞（教師）、盧佐榮（商人）、方蔭庭（商人）、唐子良（商人）、陳汝錡（商人）、馮講庵（商人）、馬成德（商人）、湯仰魁（商人）、吳廣智（商人）、黃燊華（商人）、陳進傍（商人）；15 人中商人佔了 12 位，即 80%。筆者鳴謝嗇色園行政總裁冼碧珊小姐（Doris）借閱該園章程。另據資料顯示，黃大仙早期的一乩手黃筱煒（1883−1956）也是一名殷商，他是香港永利威船務洋行之大老闆，在港經營「永利威酒莊」，主要生產五加皮酒及玫瑰露酒，行銷海外。黃大仙乩示，用聖藥救了他姪子的腹疾後，令黃氏深信不疑，黃氏更當了乩手，但後來他遠赴上海皈依印光法師門下。1928 年，黃筱煒在蒲崗村組織哆哆佛學社，1930 年購入大埔半春園。參 The Industrial History of Hong Kong Group, "Eternal Fortune and Fame—The 140 Year old Saga of Chinese Winemaker Wing Lee Wai（永利威）," 網址：https://industrialhistoryhk.org/eternal-fortune-and-fame-the-140-years-old-saga-of-chinese-winemaker-wing-lee-wai-%E6%B0%B8%E5%88%A9%E5%A8%81/，擷取於 2022 年 3 月 17 日。另《金華風貌》（卷三），頁九，亦有記載半春園和哆哆佛學社之成立，謂黃揮覺（據《普宜壇同門錄》「揮覺」為黃筱煒道號），因意見不合而退出普宜壇，另起爐灶，另建新壇名曰半春園。

105　夫馬進，《中國善會善堂史研究》，頁 17−18。李大華亦言：「善堂善會的意義在於它既不屬於國家的官僚機構，也不屬於私人，在此意義上，它成為了開創了公共領域的先端。」見李大華，《香港全真教研究》，頁 51。

成，不能說全都是為了「攀附」而憑空杜造的信仰。而香港黃大仙祠的成立又與清中葉以來的慈善結社運動有關。慈善事業曾掌控於帝國政權之中，卻因帝制隨清政權衰落而瓦解，落入地方士紳和商人手中，以回應二十世紀初之天災。這些慈善結社，部分與宗教團體結合，於廣東遂有所謂「道堂運動」。這些新興慈善結社道堂，又多與扶乩活動結合，參與活動和提供經濟支持的又以商人為多，這正是王賡武說的「亦商亦教」。[106] 黃大仙祠早期科儀與清中葉以來的慈善結社，特別是華南的道堂運動扶乩結社所做的科儀雷同。今天我們在黃大仙祠中所看到的科儀是 2000 年改革以來的新面目。要了解這場改革的來龍去脈，得倚賴有限的文獻資料，並輔以「口述歷史」。

---

106   王賡武，《香港史新編》（香港：三聯書店，1997），頁 787。

第三章

普宜壇科儀歷史

普宜壇和普慶壇的建立都與普濟壇早期入道弟子 —— 梁仁菴（原名華興，別字仁生，號敬孚，道號傳道）有關，他亦是普濟壇的主要乩手。1901年，相傳梁仁菴得黃大仙乩示，須離開普濟壇，返鄉南海稔崗創普慶壇。結果十二年後普濟壇被沒收。[1] 1915年，梁仁菴再得到黃大仙突然降下乩文，指示須連夜乘船經廣州到香港，安頓後方接到家中信函，得知當晚有綁匪計劃綁架他。1921年，梁仁菴在香港嗇色園黃大仙祠今址創立普宜壇。[2] 二壇同一人創辦，普慶壇創立在前，普宜在後，後者繼承前者的特色實屬自然。是以欲了解普宜壇科儀特色，該由普慶壇著手。

要重構普慶壇科儀情況，資料實在不多。八十年代中期，嗇色園道侶曾專程遠赴廣東的西樵稔崗作尋根之旅。在當地鄉親協助下，結果只找到一個石匾（稔崗普慶壇黃大仙祠門額）、一塊石符（石符樣式現置奉於嗇色園盂香亭）、一顆銅印、一組經櫃（寫有「西樵普慶壇」字樣）和部分石柱等建築構件，只能供作憑弔而已。[3]

關於普慶壇所行科儀，幸有梁仁菴後人，憑耳聞目睹印象所記，彙集成《金華風貌》小冊，有片語記載。據該書卷二所記：「普慶壇開壇初期，旦夕飛鸞不停，所降經書無數。」[4] 這裡指的「經書」，是通過扶乩所記錄下來再編集成書，除善書《醒世要言》外，還有《三寶明經》和《赤松黃大仙寶懺》等科儀用書，特別是後者，「黃大仙寶懺」至今仍是嗇色園黃大仙祠定期舉行的核心宗教儀式。《金華風貌》卷二中還有兩段有關普慶壇之科儀歷史重要描述：

1　陳晨，〈黃大仙信仰在嶺南的初傳及其本土化 —— 以廣州普濟壇為例〉，《世界宗教文化》2016年第6期，頁112。

2　《金華風貌》（卷二），頁11；另參陳晨，〈嶺南黃大仙信俗的形成與香港嗇色園的創建〉，收入《善道同行 —— 嗇色園黃大仙祠百載道情》編輯委員會，《善道同行 —— 嗇色園黃大仙祠百載道情》（香港：中華書局，2021），頁206–217。

3　游子安主編，《香江顯迹 —— 嗇色園歷史與黃大仙信仰》，頁34–39及46。

4　《金華風貌》（卷二），頁6。

圖9、10：1986年，嗇色園道侶遠
赴廣東西樵稔崗尋根時，所找到的門
額及銅印。

圖9、10：1986年，嗇色園道侶遠
赴廣東西樵稔崗尋根時，所找到的門
額及銅印。

民國初年，廣東一帶，時疫盛行，延綿十載，死人無數。眾弟子等，以濟生渡死，拯拔亡靈，乃屬玄門大法，因請於師，開辦經懺。但因附近一帶道觀，皆以牟利為主，似是而非，因此乃派遣弟子，遠赴省垣，及羅浮山一帶，求師學道，研習經懺。其後學成回壇之經生，因所學者，無論禮儀法制，俱與一般牟利者絕不相同，所以西樵一帶，不論大小道觀，俱仰為泰山北斗。所有經生，只限服務本壇，對外間之借用，必須由仙師批准，否則一律不得參與。[5]

據這裡的描述，普慶壇創壇之初，除扶乩活動以外，本無科儀，但有感當時廣東疫症流行，死人無數，遂求仙師准以開辦經懺，目的是超度亡靈，更為此派弟子往省城和羅浮山一帶拜師學法，學成之後，

圖 11：普慶壇時期，通過扶乩而輯錄成的《醒世要言》。圖示書籍乃嗇色園普宜壇於園慶七十周年（1991）所重印。

圖 12：嗇色園珍藏《黃大仙寶懺》早期經本。經本已於 2020 年邀得「香港大學圖書館保護與修復中心」進行修復。

5　《金華風貌》（卷二），頁8。

因在科儀中能自成一格，與坊間一般藉科儀謀生者大有不同，在西樵當地創出名堂，被人競相學習。普慶壇所行科儀自始只服務本壇，嚴禁外傳。此外：

> 每年本壇（普慶壇）法事頗多。如正月之修建玉皇寶懺，為期九天。除採用子、午、卯、酉四正禮拜之外，更加步虛散花繞道，儀式莊嚴肅穆。十五日乃元宵佳節，早上舉行供天大典，所有經生道侶，俱自動參加。中午則讚星禮斗，競投星牌，相當熱鬧。七月乃中元勝會，拯拔各姓先靈，以十四晝連宵為主，分內經壇及外經壇，各有師表領導。內經壇除誦經禮懺外，每日早午朝參，莊嚴肅穆。由於早朝，乃五更時分，天尚未明，所以沿途火炬通明，光如白晝。外經壇除禮拜東嶽寶懺為主外，早午晚更加誦經朝靈，超渡亡靈。結壇之前，外壇施放水陸超幽，以紙船乘載天燈及香燭等，放入鵝湖湖中，隨水飄流，數里之外，有若繁星點點，蔚為奇觀。[6]

這裡提及普慶壇的科儀有：

（1）正月為期九天的玉皇寶懺；

（2）正月十五日元宵節早上供天、中午讚星禮斗；

（3）七月十四日中元節十四晝連宵法會。

十四天的中元勝會分內、外壇進行。內壇每天舉行早、午朝，朝的是天尊，也有禮懺。外壇早、午、晚也是誦經拜懺，但拜的是東嶽寶懺，朝的是亡靈。結壇之際還進行超幽。足見普慶壇已發展一套成熟的科儀體系，足以舉辦展演十四天之法會。

6　　《金華風貌》（卷二），頁9。

關於後起的普化壇科儀情況，資料更為稀少，《金華風貌》卷四中有：

> 普化壇雖然地方不大，但經懺不絕。由譚景山師傅指導，頗為出色，但亦不准經生外出，承接功德，違者開除道籍……普化壇由開壇至被毀，僅三十餘年而已……但因文革關係，已被收為化工廠，其後更因開築芳村大道，一切皆成歷史陳跡。

雖是寥寥數語，已點出普化壇歷史甚短，前後僅三十多年，但「經懺不絕」，且「頗為出色」，與普慶壇一樣，其科儀「只限服務本壇」，不得承接功德，違者將被嚴厲處分，開除道籍。足見普慶、普化二壇，科儀活動相當發達。

《金華風貌》從卷三開始，記錄了普宜壇自成立以來，至上世紀四十年代為止的科儀情況：

> 1923 年（歲次癸亥）四月，（仙）師命啟建「萬善緣勝會」，酬答天恩，及超薦先靈，一連三屆。一切費用全由負責人承擔，收入則全部捐作壇費。按照道教規格，凡舉辦萬善緣勝會，先要有過萬善信簽名，聯名上奏天庭，方符規定，而法會一律定為廿一晝連宵。除誦經禮懺外，如早晚朝參，供天讚星，超幽及謝恩等等，一切不能缺少。[7]

足見從 1923–1925 連續三年，普宜壇舉辦了一連 21 天的「萬善

---

[7]　《金華風貌》（卷三），頁 6。另參考嗇色園珍藏手抄本《本壇以往各事登記部》（頁 7〔該手抄本並無標示頁數，由筆者自行補上〕），亦提及癸亥年（1923）「是年佛祖誕開始建萬緣醮務並附薦先靈。」

圖 13：1923 年，攝於嗇色園舉辦「萬善緣勝會」期間。（相片由 Alistair Gow 捐贈）

緣勝會」，目的是酬報天恩和超度。在年底舉行酬答天恩大典，是嗇色
園至今仍維持的一個傳統。關於萬善緣勝會，流行於上世紀二、三十
年代，是慈善團體、佛道宗教團體用以籌集善款賑濟受災者，救生度
死的大型科儀，詳見本章下文的討論。《金華風貌》卷三還記載：

　　　　1926 年（歲次丙寅）四月佛誕，（仙）師命啟建天壇大醮，
　　以謝佛恩。並命人於園門之外，搭建三層高臺。上層供奉佛祖，
　　作為行臺，中層乃眾弟子誦經所在，以三人為一組，七日七夜，
　　輪流持誦大悲神咒，日夜不停。下層乃休息室，除經生外，不論
　　道侶或善信，一律不准入內參拜。[8]

8　　《金華風貌》（卷三），頁 8。另參《本壇以往各事登記部》，頁 10—11，也記載丙寅年（1926）：
　　「佛祖誕建天壇醮，此壇醮七日七夜不停聲誦大悲神咒。」

1926 年佛誕，普宜壇舉辦了連續七天的大醮，且輪流誦唸大悲咒，日夜不停。兩年後：

> 又從是年（1928）起，一連三屆，每年七月，俱啟建盂蘭勝會，而每次皆定為十七連宵。因非萬善緣勝會，所以規模較細。[9]

1928－1930，連續三年，舉辦一連 17 天的盂蘭勝會，雖比 1923 年萬善緣勝會少了四天，但連續十七天的法會不能說是小規模。到 1941 年，盂蘭勝會又改用萬善緣勝會的形式：

> 是年（1941）七月仙師命啟建善緣勝會，超薦歷年兵燹水火遇難同胞，及海陸空三軍陣亡戰士，並附薦各姓先靈。法會定為十四晝連宵。[10]

雖同為萬善緣勝會，但現以超度亡靈為主要目的，縮短為 14 天，可能是為與兼有報天恩的天壇大醮區隔出來。關於上世紀四十年代普宜壇的大法會還有一段記載：

> 又是年（1945 香港重光）十月，仙師命啟建錫福消災法會，酬答天恩，並超薦淪陷中之各姓道侶先靈，早登極樂。[11]

這也是與超度亡靈有關，但沒有詳細資料。據《金華風貌》的記錄，普

9　《金華風貌》（卷三），頁 9。另參《本壇以往各事登記部》，頁 12－15，也記載戊辰年（1928）：「開始盂蘭建醮並附薦先靈。」己巳年（1929）：「第二年盂蘭勝會並附薦超幽。」庚午年（1930）：「盂蘭勝（會）第三年。」

10　同上註，頁 19。

11　同上註，頁 23。

宜壇成立最初的二十年，在佛誕和中元節期間，舉辦了不少大型科儀，都兼有祭幽科儀。

關於普宜壇早期科儀情況，除梁本澤（1928－2012）的《金華風貌》外，還可參考嗇色園珍藏手抄本《本壇以往各事登記部》（以下簡稱《以往各事》），該書選擇地記錄自民國四年（1915）至民國三十七年（1948）年園內發生事宜，當中有提及科儀情況。另有李少夔（盧覺）於民國癸酉年（1933）所集《普宜壇文事》為儀式用表文、文書彙編（以下簡稱《文事》），劉宇文（舉覺）負責校對。據稱《文事》乃抄自西樵普慶祖壇，對重建普宜壇早期科儀情況甚有幫助。比如《文事》中就收有〈壬申年 [1932] 十一月十六建天醮表文〉（頁 97），從而得知當年建醮是四晝連宵，除誦經禮懺外還有水陸超幽。

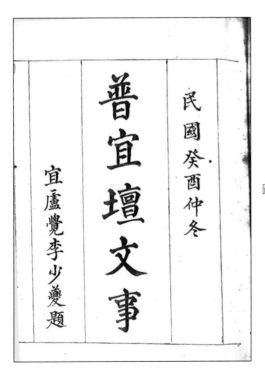

圖 14：《普宜壇文事》首頁掃描版本。

若假定《文事》所收相關儀式的文書，均為三十年代普宜壇所用，則據《文事》所收神佛賀誕意文，當時舉行的神佛寶誕有八種：

文昌（頁 43）、關帝（頁 45）、鍾離權（頁 47）、呂祖（頁 49）、燃燈佛（頁 51）、恭祝大慈悲誕禮式（頁 53）、三元、仙師誕建醮榜文（頁 58）。

這共八種賀誕為當今普宜壇 33 種佛道寶誕專用賀誕的雛型。但當年三元與仙師誕是以隆重的建醮儀式來慶賀的。另《文事》所收 53 項文書中，與濟煉超幽法事相關的頗多，計有十三項：

朔望超幽疏文（頁 26）、朔望超幽金籙文憑（頁 28）、朔望超幽符（頁 29）、放燄口超幽（頁 30）、超幽圖式（頁 31）、濟煉科超幽疏文（頁 32）、濟煉科十傷符式（頁 33–42）、建醮附薦攝召疏文（頁 71）、攝召催亡牒（頁 75）、朝靈請信超度符（頁 76）、黃籙資薦功德文榜（頁 86）、祝陰壽意文（頁 88）、祝陰壽榜文（頁 91）。

此外從〈賀誕通用意文〉（頁 13）中有「外壇大施斛食，普濟孤幽」，足見三十年代普宜壇行賀誕科儀中除「誦經禮懺」外，還有幽科的節次。雖然筆者所見影印本中，上述各項只存於目錄中，但應足以證明三十年代的普宜壇頗注重幽科，與當代除遣喪發靷科儀和清明、中元祭嗇色園先道侶以外，基本上不行幽科迥異其趣。另一特色是佛教類型的懺儀佔有一定篇幅，目錄中所收計有：

禮萬佛懺文（頁 61）、禮萬佛懺榜文（頁 69）、禮大悲懺禮式（乩示）（頁 55）、禮三千佛懺文（頁 83）。

當今普宜壇的 6 種神佛專用懺儀中，只有觀音懺與佛教有關，三十年代所行的萬佛懺、大悲懺和三千佛懺再不見有演化。

上世紀四十年代，普宜壇科儀又有一個新的發展里程碑：

> 過去，凡遇重要法會，俱由普慶壇派遣經生來港，代為主持法事，但因廣州經已失守，交通阻塞，因此無法派人來港。乃由陳程覺出資，禮聘羅浮山白鶴觀道士來港，聯合舉行法事。由於白鶴觀乃本省四大名觀之一，所用科儀俱屬道教山門規範，所以本壇後期之功德，亦一律改用山門儀式。[12]

1938 年 10 月 21 日，日軍攻陷廣州。11 月初，日軍更封鎖羅湖橋（香港和廣東深圳邊界），普慶壇無法再派經生來支援香港的普宜壇，除禮聘羅浮山白鶴觀道士來港，聯合舉行法事外，普宜壇在科儀上要獨立自主、自力更生了；遂出資到羅浮山拜師，學得一套「山門規範」的道教科儀，游子安也以「玄門正法」和「玄門正規」來形容普宜壇往後的科儀。[13] 關於這一點，我們必須放回當時的歷史背景中去考察。

據黎志添等人的研究，1950 年代末，香港著名的道堂科儀道長包括有梁本澤、潘可賢、羅恩錫和吳耀東，堪稱「四大天王」。梁本澤不但為梁仁菴之孫，也是嗇色園道長。潘可賢父親雖入道西樵山雲泉仙館，他自己於 1930 年來港後皈依為嗇色園弟子。羅恩錫和吳耀東均是雲泉仙館弟子。[14] 黎志添等人節錄了一段吳耀東很有意義的談話：

---

12   《金華風貌》（卷三），頁 20。

13   游子安主編，《香江顯迹 —— 嗇色園歷史與黃大仙信仰》，頁 74 及頁 112。

14   黎志添、游子安、吳真等著，《香港道堂科儀歷史與傳承》（香港：中華書局，2007），頁 47–48。

四十年代，香港道堂有道家〔教〕經懺是極少的。當時，包括雲泉仙館、嗇色園（黃大仙祠）和抱道堂都是請佛家和尚做法事。道堂弟子入壇學習的都是釋家儀式。沙田西林寺住持浣青大師也有來教。〔另外〕平大師（容達平）當年亦逃難來港，沒錢，便將一擔法器箱賣給雲泉仙館，內有佛像、法器、道具經書等，而我們就賣米給他，他就教我們釋家唱讚。道家〔教〕和釋家的讚〔腔〕差別並不大，釋家的特色是柔和、較沉，而道家則要求高曠。當時平大師教釋家〔儀式〕，我也學懂做瑜伽焰口。[15]

　　李大華後來在他的《香港全真教研究》指出，三元宮、沖虛觀有一套不外傳的科儀。做法會要到他們的廟裡頭做。香港道堂諸位，無從學這一套，只能學香港佛教音樂經懺，再做些變化、變腔。佛教的經懺傳承得較廣的原因，除了佛家在儀式方面不保守，可以普傳以外，還有當年買辦何東爵士（1862—1956）平妻信佛教，跑馬地有東蓮覺苑，為傳承廣東佛教經懺提供許多方便。[16] 香港道堂早期科儀，從佛家科儀入手，再回歸道教，似是不同研究得出的共識。所以凡是提到香港早期道堂演習「純正道教科儀」，我們都要格外小心解讀。另黎志添等人研究指出：

　　　　二十世紀四、五十年代以來，香港道堂科儀再次接承廣東茶山慶雲洞和西樵山雲泉仙館兩者的科儀，這是香港道堂科儀的淵源背景和早期傳承。我們持這種觀點是立足於香港道堂科儀歷史傳承的連續性。[17]

15　黎志添、游子安、吳真等著，《香港道堂科儀歷史與傳承》，頁42。
16　李大華，《香港全真教研究》，頁150。關於何東，參鄭宏泰、黃紹倫著，《香港大老：何東》（香港：三聯書店，2007）。
17　黎志添、游子安、吳真等著，《香港道堂科儀歷史與傳承》，頁50。

關於香港道堂科儀的源頭，我們也需要參考不同的研究成果。比如，源頭之一的茶山慶雲洞，李大華據周和來的訪談，講述了這樣的故事：

在 1915 年廣州曾經發生一些大的水災……過去慶雲洞的人自己不會唸經的，只是修道的一些人……這些人都只有興趣搞一些慈善事業，不會唸經，每一年他們都要找三元宮派一些道士到他們那邊去唸經……正好呢，這一年在廣州水災以前呢，他們也是請三元宮的人過去唸經，唸完了以後就是水災，結果三元宮道長說，現在水災我們帶來的經書先不拿走，東西就放在慶雲洞……他們就找一些人，每個人負責抄寫一本……還是再請三元宮法師過來，再唸經……然後他們就派人看著他們怎麼做，記錄下來，又找一些人記錄他們怎麼唱……我們現在說法叫「剽竊」，「偷學」了很多，中間有了很多我們要唸咒，那個地方要畫個符，他們完全不會的，就是做個模樣……下一年還請三元宮來，又加深他們的印象。[18]

李大華說：「這應當就是茶山慶雲洞全真科儀的真實來源。」[19] 從裝經書法器的擔箱中偷學科儀的故事，不只聽到一次。以後侯寶垣在蓬瀛仙館養病時，又再發生，詳見本章下文討論。這樣得來的科儀自

18　周和來，道名「周崇晉」，1956 年 9 月 26 日出生於香港，1991 年拜香港青松觀主侯寶垣道長學習道教全真科儀，經侯寶垣推薦，曾於 1990 年跟隨著名高道閔智亭學習全真十方韻高功科儀，歷任香港青松觀董事局總秘書，其訪談紀錄見李大華，《香港全真教研究》，頁 257。

19　李大華，《香港全真教研究》，頁 145，註 1。黎志添據香港雲泉仙館館長吳耀東（1930—）的口述記憶，指出 1940 年代香港通善壇從茶山慶雲洞請來譚少舫和鄭希甫兩位道長，他們所演習的是「純正的道教科儀」。後來鄭希甫傳授道教經懺科儀予麥幸（1965 羽化），麥幸入道西樵雲泉仙館，再傳授予羅恩錫、吳耀東和潘可賢。見黎志添，〈道教地方科儀研究─香港道堂科儀及其歷史傳承〉，刊於林富士主編，《中國史新論 ── 宗教史分冊》（臺北：中央研究院、聯經，2010），頁 362。這裡產生的問題是若李大華所據周和來的記憶口述，以及黎志添所據吳耀東的記憶口述均正確、無誤、可靠的話，未知譚少舫和鄭希甫所傳的一套「純正道教科儀」傳承來自那裡？因為茶山慶雲洞全真科儀，據稱是不完整地「偷學」自三元宮，以致在關鍵的咒和符都「只做個模樣」，故若存在「純正科儀」，想必另有未知傳承。

然有點大打折扣。說到源頭之二,西樵山雲泉仙館的來歷,李大華謂雲泉創始於道光二十八年(1848),創始人為李明經(道號宗簡)。李大華引《西樵山專集·西樵雲泉仙館史記》:

> 早有南海石岡李攻玉於清乾隆四十二年(1777)建起攻玉樓……自從攻玉樓建成……士子們聚集這裡攻讀……明、清兩代,西樵山形成文人學者薈萃之「別有天地」……(後來)主事人不在,院舍荒蕪,需僱員工看管,時日久了,員工為求補助日常生活之需……於是在玉樓書院外,搭起茅棚,安古神像,讓人參拜,漸而香火興盛……再將玉樓書院擴建為雲泉仙館。[20]

加入雲泉仙館者名曰道教,但眾人:

> 一不齋戒,二不束髮,三不穿袍,四不念經,五不蒲團打坐。只不過是自己科錢入籍,頤養天年,各界人士均可參加,是一種民間群眾團體組織。若有誕節日,或需開壇做法事,經生主要向外僱請。[21]

李大華進一步指出:

> (雲泉)仙館在光緒乃至民國時期做誕節法事時,都是延請外來的道人(經生)來做,自己只是根據個人的音樂愛好,參加經嘸伴奏而已……為雲泉仙館做齋醮法事的道士來自廣州三元

20　李大華,《香港全真教研究》,頁106,註1。

21　《南海文史資料》第三輯,頁51–52,所謂「頤養天年」是指「入道三年,可常住館內食宿,養老終身。」引於李大華,《香港全真教研究》,頁106,註1。

宮，其經懺的科本也來自三元宮……雲泉仙館是經由扶乩結社，後來自動皈依，轉正為全真教派……香港雲泉仙館刊印的資料也顯示，雖有用全真教派之經懺科儀，但非與全真支派或正一派等教派相關。[22]

李大華在訪問青松觀的周和來時，記錄了他的一番話：「西樵山雲泉仙館、南海慶雲洞，比較大的宮觀傳到香港基本上都是佛家的科儀。」[23] 李大華又從嗇色園 1918 年版《普慶幽科》一書中發現當中提到有關西樵道腔改以禪腔的記載，這是 1928 年曾任嗇色園副協理的林邊覺所記。[24] 林發現當時嗇色園所傳西樵道腔實與西樵所用不同，究其原因，主要是無師承所致，故常被參觀者譏為不倫不類，因此決定請教於廣州楞嚴佛學社沈允州先生，用正禪腔，反令外界生欽羨云云。[25]

經過多方面訪談，又結合前人的研究，李大華對香港道教科儀的發展歷史，下了一個中肯的結論：

> 香港的道教科儀，主要來自大陸的南海西樵山、茶山洞、廣州三元宮、至寶臺、惠州的沖虛觀等地，卻大膽地學習佛教的經懺，再結合香港地方音，如南音、木魚腔。在香港道教科儀建設方面，青松觀的侯寶垣道長居功至偉，他從 20 世紀 50 年代初以

22　李大華，《香港全真教研究》，頁 109。由於日軍入侵，西樵山地區淪陷，1944 由西樵山祖館道長吳禮和在香港成立香港雲泉仙館，參李大華，《香港全真教研究》，頁 108。

23　李大華，同上註，頁 147。同時李大華根據青松觀葉長清的講述，說到侯寶垣當年曾跟隨松蔭佛道社學過科儀。不僅如此，葉長清說：「在唱腔方面，侯寶垣也跟佛學學過。使用的手訣也是佛教的。即使在民國時期的至寶臺，在懺科方面也使用佛教的大悲懺。」(李大華，《香港全真教研究》，頁 147—148。)

24　李大華，同上註，頁 147。按《普宜壇同門錄》「林仲甫」條：林邊覺，原名「林仲甫」，於 1924 年入道，曾於戊辰年（1928）任「正協理」，筆者感謝吳漪鈴女士提供此條資料。

25　李耀輝（義覺），〈《普宜幽科》之三教思想探究〉，刊於《善道同行 —— 嗇色園黃大仙祠百載道情》編輯委員會，《善道同行 —— 嗇色園黃大仙祠百載道情》（香港：中華書局，2021），頁 23—24，筆者感謝陳焜煜先生提供此文。

圖 15：嗇色園珍藏《普慶幽科》經本。

來，博採廣納，在四十年裡建構起目前香港普遍採用的道教科儀。
據青松觀葉長清道長的敘述：香港道教的科儀是從廣東傳過來，
卻又不完全是。1949 年前，香港有三個道堂，道士舉行經懺法
會，往往借經僧來支持。學了佛教的經懺，再經過變腔，套進道
教的音腔。侯老從古董商人那裡搜羅到很多的經懺本，一些是不
完整的道教經懺，另一些是佛教的經懺本。一直到 20 世紀 90 年
代中期，又經閔智亭道長到香港親自教授，才比較完整和成熟，
有了一個全真的，特別是北方全真的一個流承。從上述可知，道
教的宗教儀式及其戒律從來都是開放的，處在變化和調適的過程
當中，沒有一個從來如此的規制。[26]

26　李大華，《香港全真教研究》，頁 232–233。另李大華有這樣的觀察：香港的正一道火居道
　　士、全真道宮觀、先天道觀、黃大仙觀等都各有自己的經懺科儀，只是這些科儀並不成系統，
　　或者說沒有一套完整的科儀，相互之間互借互通及佛道雜陳的情況也比較普遍。見李大華，
　　《香港全真教研究》，頁 145。李大華的結論與黎志添、游子安、吳真的結論有部分吻合之處：
　　「香港道堂道教儀的傳承過程是在二十世紀下半葉開始，從原來以釋家經懺和禪腔為主的面
　　貌改變為重新接源於廣東南海的道教儀傳統」及「通過我們上述科儀經本的考證，可說明香
　　港道堂科儀經本來源是多元的」即源頭包括：(1) 始自唐宋以來靈寶派或清微派流行的懺本、
　　(2) 從清嘉慶《重刊道藏輯要》選取懺本、(3) 從廣州三元宮藏板而來的懺本。見黎志添、游
　　子安、吳真等著，《香港道堂科儀歷史與傳承》，頁 36 及 58。

前人對香港道堂科儀的研究給我們研究普宜壇科儀時，提供了一個重要的歷史框架。這種佛、道交雜、多源頭、「從來都是開放，處在變化和調適的過程中」的科儀大氛圍，不能說對香港的普宜壇沒有影響。關於普宜壇的科儀歷史，上世紀 50 年代到 60 年代，普宜壇所舉行的大型科儀，香港報章多有記載，以下先主要據香港《華僑日報》[27]分別表列如下：

	節期	科儀形式	天數	舉行日期（年、月、日）以公曆計算	正誕日（月、日）
1	佛誕	經懺、幽科	2	1955 年 6 月 4 日至 6 月 5 日	公曆 5 月 29 日
2	中元節	三元寶懺、三教幽科	?	1955 年 9 月 1 日	公曆 9 月 1 日
3	佛誕	建醮	9	1957 年 5 月 4 日至 5 月 13 日	公曆 5 月 7 日
4	黃大仙誕	功德法事	3	1957 年 9 月 16 日至 9 月 19 日	公曆 9 月 16 日
5	酬報天恩	禮懺；三教幽科	?	1958 年 1 月 29 日	農曆十二月初十
6	下元節	功德法事	3	1958 年 11 月 23 日至 11 月 25 日	公曆 11 月 25 日
7	黃大仙誕	法會、祭煉幽科	3	1959 年 9 月 24 日至 9 月 26 日	公曆 9 月 25 日
8	佛誕	萬緣勝會、祈雨、超幽	9	1960 年 4 月 26 日至 5 月 4 日	公曆 5 月 3 日
9	黃大仙誕	不詳	4	1960 年 10 月 9 日至 10 月 13 日	公曆 10 月 13 日

27　《華僑日報》是香港一份已停刊的中文報章，創刊於 1925 年 6 月 5 日，曾為香港銷量最高的報紙，在華人社會有舉足輕重的地位，為當時香港最主要的三大報紙之一，亦是親國民黨的報紙。由於其歷史關係，亦成為香港歷史事件翻查的主要對象檔案之一。可惜不敵於九十年代激烈的報業競爭，從 1955 年運作到 1968 年期間幾度易主後，終於 1995 年 1 月 12 日停刊。參丁潔，《『華僑日報』與香港華人社會（1925–1995）》（香港：三聯書店，2014）。舊報紙收藏於香港公共圖書館，多媒體資訊系統，網址：https://mmis.hkpl.gov.hk/zh/old-hk-collection，擷取於 2022 年 3 月 17 日。

〈續上表〉

	節期	科儀形式	天數	舉行日期(年、月、日)以公曆計算	正誕日(月、日)
10	黃大仙誕	經懺、四十周年	3	1961年9月28日至9月30日	公曆10月2日
11	佛誕	萬緣勝會	7	1963年4月26日至5月2日	公曆5月1日
12	佛誕	萬緣勝會	7	1968年4月29日至5月5日	公曆5月4日
13	黃大仙誕	禮懺(燃燈佛八月廿二)	3	1968年10月12日至10月14日	公曆10月14日

　　從上表可見，從 1955 年到 1968 年十三年中，《華僑日報》共報導了十三場在嗇色園中舉行的科儀，其中的 1956 年、1962 年及 1964－1967 年等六年，沒有任何報導。而所報導的也不見得是該年園中舉行的所有科儀，所以應屬選擇性報導。選擇的原則可能是社會關注程度較大的科儀，比如有四場是七天到九天的萬緣勝會。關於萬緣勝會，游子安、潘淑華與蔡志祥都有研究並發表專文。[28] 萬緣勝會有廿一晝連宵、十四晝連宵、九晝連宵、七晝連宵。1930 年代風行一時。以廣東地區為最盛，香港方面，游子安指出：

　　　　漸多慈善團體、佛道宗教團體通過萬善緣勝會以厚集善款賑濟受災者，度死救生，如東華三院、嗇色園普宜壇，又或籌款興辦善舉，尤以東華三院等慈善團體所舉辦者影響至大。[29]

28　游子安，〈萬人緣法會 —— 從香港到越南的華人宗教善業〉，刊於《輔仁宗教研究》第 38 期（2019 春），頁 113－130；潘淑華，〈英靈與餓鬼：民國時期廣東地區的盂蘭節與萬緣會〉，刊於蔡志祥、韋錦新、潘淑華編，《迷信話語：報章與清末民初的移風易俗》（香港：香港科技大學華南研究中心，2013），頁 ii－xvi；蔡志祥，〈從反迷信到萬緣會：廣州到東南亞的城市救贖儀式〉，刊於李孝悌、陳學然主編，《海客瀛洲：傳統中國沿海城市與近代東亞海上世界》（上海：上海古籍出版社，2017），頁 30－42。

29　游子安，同上註，頁 115。

從 1935 年到 1958 年二十年間，東華三院便舉行了七次萬善緣勝會。[30] 蔡志祥以為：

> 這是清末民初以來，為對應新的社會文化思潮、國家的反迷信、紀念國家烈士的政策而發展出來的萬緣會，從廣州的醫院、和寺觀的籌款和功德活動開始，一方面很快為鄰近鄉村學習……另一方面，這種新的祭祀幽魂的形式，通過各種方法，為海外華人社團所模仿。[31]

潘淑華也認為萬緣會是「民間為了迴避（民國時期）政府『反迷信』政策所造成」，「藉著超度三種『幽』（死去的親人、慘劇後的孤魂、以及民族英雄〔筆者按：指為國捐軀的烈士和殉職海陸空軍警〕）」，「在萬緣會中通過附荐這種商業活動來籌款以發展慈善事業。而只有邀請高僧高道，才能以廣招徠」，[32] 潘淑華繼續指出「對民眾來說超度『餓鬼』比追悼『英靈』更重要」。如是，民族英雄被利用來把政府認為是「迷信」的宗教活動合理化了。梁本澤在他的《金華風貌》對萬緣勝會也有介紹：

> 按照道教規格，凡舉辦萬善緣勝會，先要有過萬善信簽名，聯名上奏天庭，方符規定，而法會一律定為廿一晝連宵，除誦經禮懺外，如早晚朝參、供天、讚星、超幽及謝恩等等，一切不能缺少。所以凡舉辦此類法會，不論大小山門，一律皆依照道教科儀，絲毫不能苟且也。[33]

30　游子安，〈萬人緣法會 —— 從香港到越南的華人宗教善業〉，頁 118。

31　蔡志祥，〈萬緣勝會：從華南到東南亞〉，新加坡廣惠肇碧山亭編，《新加坡廣惠肇碧山亭 140 周年紀念特刊》（新加坡：廣惠肇碧山亭，2010），頁 25。

32　潘淑華，〈英靈與餓鬼：民國時期廣東地區的盂蘭節與萬緣會〉，頁 ix–xiv。

33　《金華風貌》（卷三），頁 6–7。

普宜壇於上世紀五、六十年代經常舉辦的萬緣勝會，可說是受到一個地區性的歷史氛圍所影響。即使不用萬緣勝會的形式，但所舉辦的科儀都是傾向較大型，天數較多，至少舉行三天，相信也是同一氛圍下的效果。普宜壇大型科儀集中在兩個節日中進行，即佛誕與黃大仙誕，而且超幽是必備的項目，一般安排在末端。按 1933 年嗇色園定下壇規十七條，第五條規定：「仙師寶誕，五年未見捐簽或不親到恭賀者，即將其道號註銷。」第十四條為：「每月逢朔望日及各神誕並乩期，同人等切宜踴躍依時到壇。」第十七條則為：「列聖寶誕及塑望日朝賀，均定子初刻行禮。」[34] 從這些壇規，可見普宜壇一直有定期的神誕科儀，弟子有責任參與，重中之重是黃大仙賀誕。至今（2021 年）嗇色園黃大仙祠共有 33 個恆常賀誕，敬奉儒、釋、道三教仙真神佛。而禮懺誦經、祭祀先賢，亦是嗇色園每年舉辦之恆常科儀。2021 年便安排了 18 場禮懺。[35] 這還未把祭祀該園先道侶、送迎太歲、團拜、酬答天恩等其他 9 場科儀計算在內。

普宜壇七十年代及其後所舉行的科儀，報章再沒有報導，我們只能靠與嗇色園的道長們的訪談，從他們口中重構。[36] 還有監院李耀輝在《東周刊》自 1 月 15 日出版第 855 期開始執筆的專欄〈監院隨筆〉也記載了不少嗇色園的歷史。[37]

---

34 《金華風貌》（卷三），頁 15。

35 嗇色園，〈科儀月曆表〉，網址：http://www2.siksikyuen.org.hk/zh-HK/religious-affairs/calendar-of-religious-events，擷取於 2022 年 3 月 17 日。

36 由於私隱的原因，本文中所訪談嗇色園道長，除監院以外，一律不採用真實姓名，敬希垂注。又因篇幅關係，訪談內容不用逐字稿形式，只用撮述。

37 東周網，李耀輝，〈監院隨筆〉，網址：https://eastweek.my-magazine.me/main/hkgraden/，並轉載於嗇色園，網址：http://www2.siksikyuen.org.hk/cultural-affairs/whats-new，擷取於 2022 年 3 月 17 日。

嗇色園道長談科儀

　　嗇色園道長的訪談從 2019－2021 年間因社會事件和新冠疫情而斷斷續續地進行，共完成了二十多次的深入訪談，每次兩到三小時；下表為受訪者名單，因私隱原因，並應受訪者要求，只列出受訪者道號字輩和入道年份，當中監院身份特殊，論述中將直接引用，不以受訪者代號代表，另下表訪談名單中包含兩名資深職員，身份雖非嗇色園道長，惟因訪談對撰寫書稿非常有幫助，故併列於此。另有一名道長和一名資深職員的訪談，[38] 由於內容較少涉及科儀，只好暫且割愛，未列入下表。

受訪者編號 （按受訪 日期排列）	身份	道號字輩 （排列順序： 覺、醒、知、修、德）	入職 / 入道 年份	訪談日期
不適用	監院	覺	1985	2019 年 8 月 31 日 2019 年 9 月 20 日 2021 年 3 月 21 日 2021 年 4 月 10 日
受訪者（1）	普宜壇道長	醒	1959	2020 年 2 月 12 日
受訪者（2）	普宜壇道長	知	2003	2020 年 7 月 5 日
受訪者（3）	普宜壇道長	知	1989	2020 年 9 月 12 日
受訪者（4）	普宜壇道長	知	2001	2020 年 9 月 12 日
受訪者（5）	普宜壇道長	覺	1986	2020 年 9 月 17 日
受訪者（6）	嗇色園職員	不適用	2008	2020 年 9 月 26 日
受訪者（7）	普宜壇道長	覺	1986	2020 年 10 月 15 日
受訪者（8）	普宜壇道長	知	1998	2020 年 10 月 24 日
受訪者（9）	普宜壇道長	知	2006	2020 年 11 月 7 日
受訪者（10）	嗇色園職員	不適用	1999	2020 年 11 月 14 日
受訪者（11）	普宜壇道長	修	2010	2020 年 11 月 21 日
受訪者（12）	普宜壇道長	知	1980	2020 年 11 月 28 日

38　　訪談分別於 2021 年 1 月 2 日和 2021 年 1 月 8 日進行，資料未列入表中。

〈續上表〉

受訪者編號 （按受訪 日期排列）	身份	道號字輩 （排列順序： 覺、醒、知、修、德）	入職／入道 年份	訪談日期
受訪者（13）	普宜壇道長	知	1998	2020 年 12 月 19 日
受訪者（14）	普宜壇道長	修	2010	2021 年 1 月 7 日
受訪者（15）	普宜壇道長	修	2014	2021 年 1 月 9 日
受訪者（16）	普宜壇道長	修	2010	2021 年 11 月 23 日

　　普宜壇科儀的執行者是嗇色園的眾道長。如前文所述，按章程規定，會員不能超過四百人。以上表格以訪談先後為次序，以下訪談紀錄將按受訪者參與普宜壇科儀的年代作順序。

（一）七十與八十年代早期皈依道長

受訪者（1）

　　受訪者（1）業已移居紐國，訪談利用 Zoom 軟件以遙距形式進行，從其道號可知他是早期皈依弟子。他解釋說：「早期道號按覺、醒、知、修、德排列，若家族中第一人入道的便是『覺』字輩，所以同字輩的人不一定同年入道。」受訪者（1）於上世紀七十年代隨父輩入道。[39] 父親除了在上環有金舖生意，還在嗇色園外租有籤檔，替人解籤。他父親是大仙「覺」字輩弟子，道號「舉覺」，他是「醒」字輩。後來從「知」字輩開始，嗇色園便公開招收會員，不用由家族成員帶入會。

　　上世紀六十年代，受訪者（1）還是中學生，雖有隨父親到嗇色園，但並無參與活動。他印象中六十年代到園的道長數目不多，比如年底還神宴，參與的道長只坐滿三桌，即不足四十人，另一桌是供在園服務之醫師、書記、會計參與。當年還有扶乩，乩手是衛仲虞（清覺），

39　　其父親為《普宜壇文事》校對者，道號「舉覺」，筆者感謝吳漪鈴女士提供此項訊息。

主席是黃允畋（友覺）。但因他以前家住近大佛寺，即在嗇色園附近，故周末（特別是短周時）常到大殿門外觀看科儀。

受訪者（1）入道雖早，但他親身參與科儀是在上世紀九十年代，他說在「監院改革之後，辦經懺班時開始參與」，還在九十年代被選作董事。

受訪者（10）

1999 年入職嗇色園的受訪者（10），原從事中國內地製衣工作，後來任職於嗇色園，先後擔任廟務助理、二級工人庶務員、駕駛員、助理管工、管工、高級管工等不同職系和職級。

受訪者（10）對園內事務稔熟，職員按規定不能入道，但他十歲多已於年頭年尾，隨家人來廟拜神。他見證於嗇色園最忙的是每年大仙誕，以前會舉行祭煉，三旦連宵，又於七月十四日祭幽。而各神誕前會舉行拜懺，種類有《關帝懺》、《呂祖懺》、《觀音懺》、《千佛懺》（燃燈佛誕前，共三天或一天半，並於盂香亭內有拓石符鎮宅，供會員請回家，以前會員約有 100 人）。當時的賀誕共約有 26 個，以前會扶乩決定舉辦那些賀誕，現改由宗教事務委員會決定。

在科儀方面，受訪者（10）一直幫忙佈壇、安排法器、排練等工作。他解釋說，若拜「單清」（即做大三清卻只有一位主科臨壇）只須放一行樁，一位道長，一位坐煉，多由棠道長（勞兆棠）[40]擔任，現已移民美國。2002–2003 年起，當時徐守滬出任主席，由溫增游道長擔任主科，潘可賢當二手，陳成昌董事（2000 羽化）當三手。三聖堂唸

40　據黎志添訪問香港道壇「四大天王」之一的羅錫恩表示，1940 年代香港道堂懂做濟煉幽科能當加持（高功）和經生的只有六、七眾，他們四處受邀施演濟煉幽科，包括羅恩錫、麥幸、陳澗、張佑覺、黃松及勞兆棠。見黎志添〈道教地方科儀研究 —— 香港道堂科儀及其歷史傳承〉，頁 365。

圖 16：在李耀輝監院進行宗教科儀改革前，三聖堂內有進行「拜七真」的科儀。七真畫像現時已作為嗇色園保育文物。

經往往亦三旦連宵。鳳鳴樓是舉行祭煉之地、要拜七真。2005 年，李監院接任宗教事務委員會，嗇色園科儀有大改變，令人耳目一新。

受訪者（7）

　　1986 年入道的受訪者（7），於上世紀九十年代曾當主科，據他介紹當年誕期酬神，一般參與人數只得十多人，舉行大型科儀往往須請「外援」。長達 2 至 3 天的科儀，早朝晚供、禮拜、超幽、祭煉，祭煉約有 7-9 人參與。

　　上世紀九十年代，園內有教誦幽科，有 20-30 人參與，當時的祭幽由「外援」勞兆棠當主科。2000 年，潘可賢（性醒）道長羽化，梁本澤（見醒）道長亦年屆 80 多歲高齡，2000 年起園內醮儀就禮聘勞兆棠為主科。

受訪者（7）也於 2003 年完成主科訓練，並參與「上表科儀」，當時共有十二位主科一同畢業，全部師承勞兆棠，學習施符施食。據受訪者（7）以為，畢業學員中真能獨當一面做主科的只有現時已移民加國的鍾少泉（泉醒）和溫增游（燊覺）等。

嗇色園 1997 年被政府特許舉辦法定道教婚禮。受訪者（7）憶述當時宗教事務委員會因未找到道教婚禮儀式的相關文獻作參考，故未能對婚禮儀式提供意見，最終由董事會盧偉強及溫增游等董事議定一套科儀色彩並不濃厚的婚禮程序。[41]

受訪者（3）

受訪者（3）於 1989 年入道。他入道因緣是在任職事宜上得仙師指點，找到合適的工作，隨後也在上世紀八十年代末正式入道，適逢當時園內有經懺班，由當年主席黃允畋（友覺）請來科儀界「四大天王」之一的梁本澤（見醒）任教。梁本澤是梁鈞轉（勤覺）兒子，弟為梁福澤（福醒），曾任園內董事。

經懺班在星期天上課，由梁本澤親自傳授經懺腔口，也會錄音，課後派發錄音供學員帶回家複習。星期天也是拜懺日子，學員可以進行實習。通常由已故盧炳年（連醒）道長當主科。拜懺的種類包括有《大仙懺》、《關帝懺》、《大聖懺》、《玉皇懺》、《千佛懺》、《北帝懺》、《北斗懺》、及《大悲寶懺》，往往自中午開始至五時多結束。一年後任課老師又換上「四大天王」的另一位：潘可賢（性醒）（人稱「賢叔」）

41　吳漪鈴女士代查宗教事務小組會議當年紀錄：2001 年 11 月 10 日，出席者有：溫增游、潘可賢、王順、黃廣、黃錦鴻、黃自立、王毓齡；列席：蔡兆、盧炳年；紀錄：梁佩雯、孔仲勤。董事會最後議定的婚禮程序共有九項：1. 新人向當天行鞠躬禮，主禮人向當天上香。2. 主禮人向赤松黃大仙師上香，新人向赤松黃大仙師行三頂禮。3. 新人「上供」，主禮人誦讀「祝文」。4. 新人宣誓及簽署結婚證書。5. 主禮人送上利是予新人。6. 新人行三頂禮向赤松黃大仙師謝恩。7. 鐘鼓齊鳴。8. 主禮人致「祝賀詞」。9. 禮成。

圖 17：2001 年，於鳳鳴樓舉辦上幽臺儀式，主科為「外援」勞兆棠道長。

圖 18：2003 年，12 位嗇色園會員完成主科訓練，由勞兆棠道長主持「上表科儀」。

任教，他又邀請人稱「棠叔」的勞兆棠協助。[42] 當年，潘可賢常擔任園內科儀的二手。

受訪者（3）說，當年經懺班並不公開招生，甄選學員嚴格，只有少部分人能接受成為經懺班學員，擇徒全由老師決定，其餘人士只能站在舉行科儀的場地「三聖堂」門口「偷學」。據受訪者（3）記憶所及，七十周年（1991）、八十周年（2001）祠慶之際，嗇色園大仙誕前還有長達三天、七天的拜懺活動，晚上還進行四小時的幽科，由黃燊華（考覺）當主科、潘可賢當二手、陳成昌（信醒）[43] 當三手。主席黃允畋逝世（1997 年）後，改由溫增游（燊覺）當主科。受訪者（3）跟隨梁本澤、潘可賢學習兩年後訓練成經生。導師潘可賢過生後便無訓練二手，要待監院當政之年云云。

受訪者（6）

2020 年 9 月 26 日，筆者從與於園中工作而非會員的受訪者（6）的訪談中得知，在香港以開班講學的形式，傳授經懺科儀，並非始於嗇色園。

受訪者（6）早年曾於青松觀工作六年，現任職於嗇色園。據他憶述，蓬瀛仙館的創立與三元宮主持麥星階（宗階）應邀來港舉辦科

42　勞兆棠為茶山慶雲洞弟子，據羅恩錫（1928–2016）的口述訪問，當年懂做濟煉幽科的前輩道長包括有：麥幸、陳泗、張佑覺、黃松、勞兆棠及羅恩錫。羅恩錫年僅十四歲時，隨父於西樵山雲泉仙館入道，入道後師從香港雲泉仙館和茶山慶雲洞駐港通善壇多位資深道長李聖、陳懷、麥幸等學習經懺。容達平大師曾在香港雲泉仙館傳授釋家經懺，為羅恩錫習釋家禪腔的恩師。羅恩錫二十多歲已在多間道堂和釋家佛堂擔任全職儀式法事和醮司音樂工作。見黎志添，〈道教地方科儀研究 —— 香港道堂科儀及其歷史傳承〉，頁 365；道站專頁，黎志添，《《先天濟煉幽科》前言（一）》，刊於翠柏仙洞 2014 重印《先天濟煉科》，網址：https://www.facebook.com/938272622860374/posts/1273549475999352/，擷取於 2022 年 3 月 17 日。

43　陳成昌，新會人士，於 1972 年入道，道號「信醒」，不只是 2005–2007 年嗇色園董事，並曾為香港多所道堂之董事，父親陳欽，道號「照覺」，旭照有限公司董事長，2005–2007 年曾任嗇色園理事、副總理、董事及司庫等職，父子對香港道壇貢獻良多，陳成昌為旭照有限公司董事，業已仙遊。筆者感謝陳焜先生代查嗇色園內部資料《會員名冊》。

禮典業結屆首班懺經
祠仙

犖堅泉心啟信悟興康考燊見慧
知覺醒知覺醒知知醒覺覺醒知

圖 19：己巳年（1989）嗇色園普宜壇經懺班首屆結業典禮。（相片由受訪者（3）提供）

儀有關。他路經蓬瀛仙館今址，愛其龍真穴的，欲於此風水寶地設立「下院」，後來願望達成之後，又曾遺下科儀箱，[44] 眾道長紛紛從中抄經學習。

上世紀六十年代，青松觀侯寶垣道長（人稱「侯爺」）曾於蓬瀛仙館養病，閒暇之餘決定向館中道眾傳授科儀，眾人中見麥炳基（1928—1998）聲音最好，宜誦經唱詠，後終於培訓他成為蓬瀛仙館經懺主任。受訪者（6）憶述麥老師（炳基）仍不能登座，不能當三清主科，只能當二手。1985 年，是麥老師以經懺主任的身份在館內主持經懺講習班，應是香港最早的一個經懺科儀班，超越昔日傳統師徒之間秘傳的方式，以開班講學形式公開傳授。麥炳基於 1990 年更與一班老道長，禮聘珠海書院的幾位大專老師（李志文、蘇文擢）在蓬瀛仙館辦起道學研習班，可惜只能維持一年。蓬瀛仙館停辦道學研習班後，在麥炳基道長努力周旋下，又由青松侯爺接手辦理，並於 1991 年發展成香港道教學院，[45] 又於 1992 年起分期開辦經懺訓練班，1997—98 年更增設暑期班，由麥炳基道長、侯寶垣道長等負責上課。因當時受訪者（6）在道教學院上班，他憶述現在當下道教界很多人才，都曾參加道教學院訓練班，包括嗇色園李耀輝監院。受訪者（6）總結他自己對嗇色園科儀傳統的認識，以為在歷史上有幾個關鍵的源頭：

（1）道教學院麥炳基道長；

44　據李大華與青松觀周和來做的採訪，情況大致相若，只在細情上有些差異。周和來說當時三元宮派了一些人準備到香港成立分壇，經書寄存到一個小店，後來這個店要關閉，新中國成立後又與廣州無法聯絡，店主跟蓬瀛比較熟，便把經書法器放在蓬瀛。50 年代侯爺在蓬瀛住了一段時間，便有機會學習到三元宮的科儀傳統。

45　詳見李永明，〈思前想後 —— 香港道教學院成立 20 周年的感想〉，刊於《弘道（季刊）》總第 50 期（2012 年 3 月），頁 1–7。網上版見青松觀網頁：http://www.daoist.org/BookSearch(test)/pdf%20-%20hungdao.htm，擷取於 2022 年 3 月 17 日，李永明曾任香港道教學院行政主任。

（2）現時仍在嗇色園教授科儀的顧芳貞老師；[46]

（3）上海城隍廟陳蓮笙道長（1917－2008）；

（4）道教協會副會長閔智亭道長（1924－2004），特別在罡步方面。

嗇色園的大獻供、拜斗、步罡等都在以上所學的基礎上加以變化。

（二）八十年代末、九十年代初至今的經懺班

受訪者（5）[47]

受訪者（5）於 1986 年入道，經營塑膠生產生意。在他的年代，嗇色園會員只通過內部招收，多父傳子。他父輩是會員，所以有幸成為會員入道。關於嗇色園上世紀經懺班的情況，從受訪者（5）的訪談中也得知一、二。確實如上述受訪者（3）所言，經懺班由潘可賢道長在三聖堂任教，許多未能成為正式學員的道長只能站在門口偷學，未能進內正式參與學習。大家都說這是一種「子孫廟」的做法，科儀擇人而授，並不廣傳。

受訪者（5）也見證當年梁本澤道長和潘可賢道長所教授的經懺班，基本上採口口相傳的教導法。他也同樣描述大仙誕前一天的祭幽科儀，得花上四小時，祭煉幽科腔口非常多。上午十時白粥素麵為早餐，隨後開懺。中午亦提供素飯，下午會再拜一堂懺，大約四時許結束。晚上若聚餐就要自費。所拜的懺種類有「佛懺」、「道懺」：《仙師懺》、《觀音懺》、《千佛懺》、《關帝懺》、《呂祖懺》等。受訪者

46　顧芳貞（景一、顯善）老師乃香港道壇的「女高功」、經懺科儀文化班的導師，曾在青松觀香港道教學院任教「道教科儀文化班」，及後得嗇色園監院李耀輝（義覺）道長誠邀出任嗇色園宗教組「經懺科儀文化班」義務導師多年，十多年來更心於培育道壇經懺科儀人才，現在桃李滿門，學生遍佈香港的經壇。

47　受訪者（5）道長已於 2022 年 6 月 29 日羽化，筆者深表哀悼。

（3）曾於 2009 年當上董事，也於 2010 年參與由監院主辦的第二屆經
懺班。

受訪者（8）

訪談的眾道長中，受訪者（8）於九十年代（1998）入道。他在音
樂上造詣很深。1969 年考入廣東劇團，負責吹小號，演樣板戲。父親
後來往香港做塑膠生意。香港道堂多無音樂人才，進行科儀時須外聘
醮師，道樂亦口口相傳。嗇色園由 2006 年起從子孫廟運作形式改成登
報公開招募會員。申請要過四關：

（1）面試約見，通過後公佈名單，需三星期內無人反對；
（2）參與入會申請文化課程，並須達八成出席率；
（3）通過考試，內容含道教文化與經懺兩大部分；
（4）參與第二輪面試，面對七人考核，會淘汰二成人，通過者要
　　　繳交三萬元會費。

2005 年顧芳貞（景一、顯善）老師任教由監院主辦的「第一屆經
懺科儀文化班」，受訪者（8）任班長。至第四屆，顧老師停止任教，到
第九屆方再於園內重執教鞭。

第一屆學員約有 27 人，當中 6 名已仙遊，[48] 舊經生仍有 16 人，但
不參與活動。

因有經懺科儀文化班的培訓，嗇色園 2006 年大獻供、2007 年與
青松觀合辦禮斗慶回歸迎奧運，方能派出 60 人的陣容參與科儀。

48　訪談後吳漪鈴女士幫忙查證，1989 年第一屆經懺班人數為 26 人；2005 年由監院主辦的第一
　　屆經懺班為 24 人。另監院主辦的第一屆文化班，至今共有 5 人仙遊。

圖 20：1978 年「運元威顯普濟勸善赤松黃大仙師寶誕（大仙誕）」科儀，當年主席黃允畋（友覺）道長擔任主科，掌木魚的二手為潘可賢（性醒）道長。

　　按受訪者（8）描述，2005 年經懺班上課地點在可藝中學：由顧老師示範唱誦，學員一句一句地學習，有錄音提供以便於課後複習，共教授約二十多首旋律。上課每月兩課，後來的第四屆學員上足兩年，成為現時園內科儀主力。

　　事實上，在監院主辦的經懺科儀文化班前，在九十年代已有一班經生，他們容許於道服內穿皮鞋、牛仔褲；現入壇拜懺要穿著整齊道服，中衣、道袍、道帽，缺一不可。科儀前要先排班，要有隊型。仙師誕還得請一班樂師（醮師）助陣，最後更於 2006 年開始辦醮師班，決定自行培養醮師。2008 年，又把樂章整理成樂譜。樂師團從第四屆開始有五十到六十人，現只有十四人，採半義工制，有津貼 $300－$500 元發放，還曾組團到上海城隍廟、泰國、大馬、佛光山、蘇州元妙觀、浙江蘭溪、澳門大三巴哪吒廟等地學習。

圖 21：2006 年，除大獻供外，嗇色園亦有於黃大仙廣場舉辦「禮斗科儀延生心經法會」。
圖為法會佈置。

受訪者（13）

　　受訪者（13）於上世紀九十年代入道，現時經營飲食業生意。他分享經驗說：41 年來經歷霍亂，瘋牛症，禽流感，亞洲金融風暴，2014、2019 社會騷動，2020 新冠病毒，生意均受打擊，可謂飽經風霜。幸好在大仙加持下，均能化險為夷，渡過難關。因此，個人對大仙深信不疑。

受訪者（13）當年入道，只求能為生意上「頭炷香」（於初一上香）。當時，經懺主任是四大天王之一潘可賢（人稱「賢叔」）。受訪者（13）說自己雖然對經懺興趣濃厚，很想求學唸經，但苦無人授，只能站在三聖堂外偷學，遂與新入道兄林康泰（應知）[49]等十多人，自行組織一起自學唸經拜懺做法事，又收集懺本，碰到賢師兄（潘可賢）有空，會偶爾指點。後來李監院領導，破舊立新，改革宗教事務委員會，先由林康泰負責組織教授經懺，同時邀請顧芳貞（景一、顯善）老師幫忙。因此，從第一屆經懺文化班開始，受訪者（13）方正式學習經懺。

當時，第一屆經懺文化班出席率要求 80%，一般在星期五晚上6:00－9:00 上課，那是飲食業黃金生意時段，受訪者（13）因此經常無奈缺課。幸好第二屆改為周二上課，故有機會追回一年所學。第三屆則重覆第一、二屆課程。第四屆改由葉長清道長任教，以《觀音懺》為主要教材，但也只教了一段短時間。三年前（2017 年）顧老師重回嗇色園執教鞭。顧老師以三本經懺：《仙師懺》、《呂祖懺》、《關帝懺》為基本教材，共有 20 多個腔口（曲調、旋律 melody 之意）。

受訪者（13）自學經懺以來，不論公幹出差在飛機上，抑或在店鋪下午 3:00－5:30 閒餘時間，都會練習誦唱經文，又在店鋪中練習打木魚和打磬，傳言店鋪中同事耳濡目染，也都懂得經文。

打木魚先學三叮一板，即四拍。打魚花式多，以前只能偷聽學習，後來可以通過上課，正式學習。而誦經要自己先把經文背熟，朝神共有十首經（十首旋律）：〈開經讚〉（即〈琳瑯讚〉）、〈淨水讚〉、〈八大神咒〉、〈淨天地神咒〉、〈請聖讚〉、〈香讚〉、〈獻五供〉、〈大仙寶誥〉等；到高功班，主科要熟習四十首經，也都先要背熟，方能考試及格。平均一年只能成功訓練一至兩位二手。

49　林康泰，2001 年入道，道號應知，康時有限公司董事，曾任宗教事務委員會副主席、朝賀拜懺小組組長等職務，據悉已移民澳洲。筆者感謝陳焜先生代查嗇色園內部資料《會員名冊》。

受訪者（13）説「喃經」（即「誦經」）有南方、北方之分，講求高開低收，又接低開高。以前在門口聽「老道」如何唱經，緊記其調、「捉其音韻」，反覆練唱 200－300 次，方能琅琅上口，隨時可唱。基本懺本有：《仙師懺》、《呂祖懺》、《關帝懺》、《觀音懺》。成為經生，基本必須學會二十多種腔口，用於三十種神誕科儀上。

受訪者（4）

同是第一屆經懺科儀文化班畢業的還有受訪者（4），他於 2001 年入道。2004 年 9 月自警界退休後，更積極參與園中事務。受訪者（4）介紹説：「文化班中學的是經文含義、唱經的節奏、腔口、木魚、磬（罄）的敲打。二手負責帶唱腔、打木魚，如樂隊中的指揮。也要學習每本懺拜懺時的不同動作。」

受訪者（4）憶述 2005 年（應為「2009 年」），擔任宗教事務委員會主席，參與李監院帶領的改革，導致舊的一批道長漸漸離去。先是服飾的改革，以前可穿牛仔褲，現時規定道長要穿中衣（白衣）、白褲、黑鞋，非常規範。進行科儀前，必須先在鳳鳴樓列班，穿袍帶帽，鳴鑼開道，俄然進殿。2006 年，嗇色園開始公開招募會員。新會員須經一年訓練。隔一星期天晚上 6:00－8:00 上課。2006 年，開始在大殿中增設電子螢光幕，展示經文懺本，大殿外亦可清楚看到。另一改革是於 2009 年與東華三院達成協議，廢除入園善信捐獻「一毫子」（一角）予三院的做法，再依一般宮觀做法，供奉王靈官護法，增設護法亭。2005 年起，嗇色園董事會通過，道長夫人可列席經懺科儀文化班，每星期兩晚上課，惟手訣、主科不傳授女學員，即使如此，參與女學員人數仍達 70－80 人。上課的三十多位道長中，後來只有二十人能畢業。據受訪者（4）介紹，顧老師師承先夫，口口相傳，輔以光碟教授，

周二、周五上課，學員每位均獲配給木魚，學習三叮一板（四拍拍子），規範認真，從此嗇色園科儀形象大為改善。

受訪者（9）

受訪者（9）是第三屆經懺班畢業生，亦是首屆通過公開招募的會員，於 2006 年入道。受訪者（9）分享說他自幼多病，得靈媒指示往求黃大仙，並上契於大仙。嗇色園第一屆公開招新會員及設入會申請文化課程，共招 30 人，主要由監院上課。第二屆入會課程便有年資較長的道兄幫忙教授，受訪者（9）也於此時開始幫忙上課事宜。

事實上，第一屆入會課程和第二屆經懺文化班是一起上課，於平日晚上 6:00−9:30，中間有自助餐半小時。從第二屆入會文化課程（第四屆經懺班）開始，改在可立中學上課。

受訪者（11）

受訪者（11）是第四屆經懺班學員，有佛家皈依背景，曾參與 2015 年於紅磡體育館舉行的大型科儀。2009 年在《東方日報》看到嗇色園第二次公開招收會員，當年共招 110 人，結果只剩下 55 人。當時，申請入會人士共同於可立中學禮堂上課，學習道教知識。

入會課程約一年：逢星期一晚上 6:30−9:00 上課，每人獲分配一樣樂器學習；星期天於可立中學上的是道教理論課，由早上 9:00 到中午 12:00 ，由七、八名董事任教，內容包含三清四御、全真正一、宮觀介紹，共三十堂；而科儀共二十堂，逢星期三晚上課，內容有唱經：如〈小讚〉、〈仙師讚〉等。顧芳貞老師教了大半年，後由園內資深二手楊魏德（珩知）道長續教。從第五屆到第七屆，每屆只有十五到十六堂，差不多少了近一半課程。科儀課也是以《仙師懺》為基本，畢業要

圖 22：大殿內增設電子螢光幕，展示經文懺本。

圖 23：2009 年，於可立中學舉辦入會申請文化課程（即「第四屆經懺科儀文化班」）。

經筆試、唱經、面試。

顧老師為侯道長徒弟，她所教授的是舊腔、打木魚、打磬技巧。唱腔學「丫口」（即重唱位）及三叮一板（即四拍拍子）。每兩至三堂學一首經，包括有〈琳瑯讚〉、〈淨水讚〉、〈祝香咒〉等各為一首經。因旋律並不太複雜，大概五、六堂後便可跟隨一起唱。考試要從〈琳瑯讚〉、〈獻五供〉、〈淨水讚〉、〈吊掛〉、〈玉皇讚〉、〈祝壽讚〉……中選五首經誦唱，兩人一組，一位充當二手、一位當三手，再倒輪角色。五首必修經中，必須選一首考試，再隨意自由選一首演示，方算完成。《仙師懺》內已包含有十首經，而要學的有四種懺，分別為：《仙師懺》（需 1.5 小時）、《呂祖懺》（需 2 小時）、《觀音懺》（需 2 小時）和《關帝懺》（需 1.5 小時）。初九所唱的《玉皇懺》最長，需三小時，當中的〈玉皇大讚〉、〈祝壽讚〉、〈仙家樂〉、〈祝香讚〉均與其他經懺非常不同，其中「七字經」並不常用。受訪者（11）曾獲特別批准往青松觀學習科

儀。他說，青松觀的科儀基本共有 30 首經。

　　嗇色園進行禮懺科儀時，穿藍袍的經生不會如紅袍經生一般站在壇檯前。懺儀一段佈置八卦壇，即「八張壇檯」，每檯前站兩位紅袍經生，加上侍香、引禮共十八人，歡迎所有會員報名，紅袍經生、董事優先入壇。要申請成為紅袍經生，除需要於經懺科儀文化班畢業外，亦需要於太歲元辰殿當值（合共六十小時），再加上每年參與三次拜懺及五次誕期，包括大仙誕、頭炷香、清明祭。

　　受訪者（11）說，二、三手班平均每年訓練出一至兩名道長，現可當二、三手的舉例有：梁文傑（玄修）、鄧鈺琳（玉修）、梁理中（修知）、梁延溢（濬知）、梁錦和（冰修）等等。主科一般由監院指派，常擔任主科的有監院、郭耀偉（泓知）、盧燊河（河知）、梁宇華（群知）、余君慶（謙知）、馬澤華（華知）等。2021 年，開始辦有高功班，共有 40 人報名。

受訪者（14）

　　受訪者（14）也是看到報章招收會員廣告而報名入道，後來還報讀了中大道教文憑班（正式名稱「道教文化文憑課程」）。他是第四屆即 2009－2010 年度經懺文化班學員。每兩星期到可立中學上課，由行政總幹事冼（碧珊）小姐負責講第一課，介紹嗇色園機構；顧老師則講經懺（顧老師為麥炳基太太，侯爺〔寶垣〕徒弟），經懺班課堂均有錄音及錄影。初期共 100 多人上課，但最終只有 55 人能入道，各自繳交三萬元會費。

　　受訪者（14）解釋，太歲元辰殿開殿（2011）後，需要道長當值。嗇色園眾多外訪活動也需要大量紅袍經生，例如到浙江金華、龍虎山、閣皂山開光等活動。現時，太歲元辰殿中輪值的 30 位常務道長中，便

有 24 位來自第四屆經懺班。而元辰殿正月最忙，因為有拜太歲活動，平日人流則較少。而園內高功人數一直不足，當年舉行萬緣法會便要邀請廣東省宮觀道長助陣。

受訪者（14）表示，嗇色園唱腔，都是跟顧老師學來的。《玉皇懺》有六、七個懺腔；《觀音懺》有四個；《關帝懺》還加上佛家結尾；《呂祖懺》加了跪拜。他以為科儀非單靠經本內容，還靠形象上整齊、用心、純乾道等特色，故嗇色園能別樹一幟。園內經常舉行大型禮懺，相信善款捐款較穩定亦與此有關。

受訪者（14）估計過去一年信眾捐獻應用的比例分配大約是：醫療用 35%（中醫局、眼科、物理治療）、社福 23%（政府資助未算其中）、教育 20%（學生文化活動、獎學金、幼稚園）、義工（制服等開支）2%、宗教 15%（供品、外訪、捐款予海外宮觀）、文化委員會 5%。

圖 24：2021 年，香港正經受新型冠狀病毒肆虐，但正月期間到訪太歲元辰殿的善信仍有一定數量。

可見嗇色園信眾捐獻大部分用於普濟慈善方面，用於宗教文化類開支不足兩成。

受訪者（16）[50]

受訪者（16）於 2009 年申請入道。他夫人經營香燭買賣小本生意，曾患病暈迷很久，多賴仙師庇佑，奇蹟康復。

受訪者（16）也是第四屆經懺班學員，於可立中學上課一年半。逢星期天早上 9:00 到中午 12:00。上課一半時間學打魚，三叮一拍。利用《善門日用（誦）》學唱腔，包括〈小讚〉、〈吊掛〉、〈祝壽讚〉、〈琳瑯讚〉、〈淨水讚〉，均由人稱麥師母（即顧老師）任教。主要學習《觀音懺》、《關帝懺》、《仙師懺》、《呂祖懺》。下課一起練習。考試輪流當二手（打魚）、三手（打磬）。周三還有音樂老師陳汝軒，教授二胡、笛子、鼓樂、嗩吶、柳琴等樂器，學員可自由選擇樂器。畢業前須經考試，並要具備八成出席率。經懺班由第一至第三屆師兄幫忙授課，如李家星（晤知）、沈墨揚（默知）等輪流教授，董事也幫忙授課，內容有全真七子、科儀等，還由李監院親自教授畫符。

第四屆經懺班有 150 人申請，受訪者（16）憶述，結果約只有 52 人成功入道。發了學員證仍不代表能進大殿，只能在殿外參拜。最後要通過五人面試小組，成員包括官委董事、一般董事、陳炎培老道長（已羽化）和行政總裁冼碧珊小姐主考。

受訪者（16）認為嗇色園的拜懺莊嚴、整齊、認真、舒服，每次都吸引 20—30 人在殿外參與。2010—2011 年度經生班與二手班開始由楊魏德道長主教。以前二手不足，要請外人。2015 年設公開教授非會員的「廣結善緣祈福習經班」，而女學員方面多是道長親屬，可當女

50　受訪者（16）道長已於 2021 年 9 月 6 日羽化，筆者深表哀悼。

義工，有會員附屬卡，可在殿外一起拜懺，亦可進鳳鳴樓參與拜懺。擁有學員卡者會有拜墊提供，在殿外參與拜懺。出席率若達八成會享有福利，仙師誕獲燒肉供品分發，隔一年會舉辦外地參學旅遊。現時，學員年紀偏大，男女參半，勤力認真，學費全免，上課時間是星期天上午 9:00－12:30。課程由李監院設計。

太歲元辰殿有管理組，輪值為二小時一更，一天四更，上午 8:00－下午 4:30。[51]正月每更要 20 多人，淡季每更 2－3 人即可；而禮懺組、賀誕組負責 30 多個賀誕、10 多個懺，儀式前一星期自由報名參與，張炳泉為組長、梁文傑為委員，加六名經生，負責壇的供品、稟文、化表及安排二手、三手、主科、侍香引禮等；新建財神宮將會額外需要「新血」20 多人，協助信眾為財神貼金箔。園內還設中央義工組，現有 400 多名義工，當中女親屬成員有 100 人，最能幫忙。

受訪者（12）

受訪者（12）於上世紀八十年代入道，他父親與爺爺同於 1923 年入道，[52]爺爺經營酒莊生意很成功，但為人所騙，父親要白手興家，改經營紙品廠生意。營商以外，父親曾於華松仙館幫忙唱乩和抄乩，又曾捐助興建黃大仙祠。

受訪者（12）雖於上世紀八十年代入道，但是他遲於 2000 年，待從教育界榮休後才能多花時間於園裡義務工作。適逢第五屆經懺班招

51　A 組負責 8:00－10:00。B 組負責 10:00－12:30。C 組負責下午 12:30－2:00。D 組負責下午 2:00－4:30。受訪者（15）表示常務經生現有 50 多人。每月安排有聯誼會、大食會等。每三月會選勤力常務經生，發禮品、獎狀，以資鼓勵。

52　父親先於 2 月入道，道號「經覺」，爺爺於 4 月入道，道號「菊覺」，叔父比父親年輕，亦於 1923 年 5 月入道，道號「徘覺」，伯父同時於 1923 年 5 月入道，道號「徊覺」，一門四弟子，入道時可能未及考慮輩份關係，只考宗族中第一人入道號即為「覺」。一年後於甲子年（1924），父親改道號為「經醒」。叔父也於同年改道號為「徘醒」。伯父轉為「徊醒」。以前以宗族中第一人入道號即為「覺」。至監院年代方轉為以年份算，為同一屆。

生，遂報名參與。當時由楊魏德（珩知）任教經懺班，傳授運腔口和敲打木魚的方法；腔口方面由〈琳瑯讚〉教起，再學〈仙師讚〉，主要學「掌魚」（敲打木魚）和誦唱技巧，並以《仙師懺》作為基本教材。受訪者（12）表示，自己平日愛好粵曲和卡拉OK，在學期間亦曾參與合唱團和朗誦，天生音域闊，故唱誦方面很快上手。受訪者（12）解釋說：「由一字一魚（誦一字敲打木魚一次），到1/4拍的敲打和『密魚』（快速敲打木魚），要慢慢掌握和領會，這是『掌魚疏、密』技巧。」至於唱功，要學習運腔運氣，但先要熟習經本的程序。當年上課是每星期一課（每次2.5−3小時），每月有兩至三課。光是《仙師懺》要學一年，再學《關帝懺》志心朝命禮。《觀音懺》木魚技巧變化多，唱腔也複雜，相比《仙師懺》只一唱腔複雜多了。《觀音懺》有四個唱腔，當中只有一腔和《仙師懺》相同，行科儀時還要加上繞場。當時一同上課有三十人，事實上只有四位能跟上進度，可以從初班升到二手、三手班，最後也只共有10−8人能升班。

受訪者（12）於2010年開始正式成為二手。舉行儀式時，一般道長只能穿藍袍。經懺文化班畢業的方擁有「經生」資格，可穿紅袍，但必須有50小時服務太歲元辰殿的當值紀錄，和每年參加拜懺三次和賀誕數次。若被選上當董事可免此責。一般會員可以選擇單單參加嗇色園的醫療、教育、社會服務，不參加宗教、不學習科儀，亦無不可。

受訪者（2）

現時已較少返園服務的受訪者（2），以前常於園內科儀當主科，筆者與他訪談時也談及開放科儀予信眾參加一事。受訪者（2）談到當年嗇色園到臺灣高雄佛光山考察之際，對善信一起參與莊嚴的懺儀，印象深刻。回來時遂於監院的領導下進行改革。現時信眾已可報名參

與拜懺，首次開放已有三百人報名，結果出席的也有二百人，懺儀得改在地方較大的鳳鳴樓禮堂舉行。

受訪者（2）說現時公開予大眾學習的懺儀包括《大仙懺》、《觀音懺》、《呂祖懺》和《關帝懺》四種。受訪者（2）於2003年正式入道，他笑言自己與著名影星陳百祥是同期入道，比他年長的舅父早於2002年已成為嗇色園的道長了。

受訪者（15）

受訪者（15）經營電器批發生意，已屆退休年齡，雖然入道時間是眾受訪者最晚一位，不過他以前家住黃大仙祠附近，其經驗反映一般信眾情況，加上父子四人先後正式入道，分別參與第六、第七和第八屆經懺文化班，成為大仙虔誠信徒。受訪者（15）表示自己於黃大仙徙置區長大。由於體弱多病，故常到大仙祠受其贈醫施藥恩惠，往往先求藥籤，再去領藥。生活上有問題也會去求籤請教大仙。每逢大仙誕、年尾必到大仙祠還神。他憶述黃大仙牌坊前曾有藥材舖十多間，花費一元便可按藥籤取藥。另有金舖五、六間，信眾可以「做黃大仙會」，這是民間一種小額信用貸款，參與者每人每月付五元會費，每月都要進行一次「標會」，出價最高者（急需用錢的人）可取走當月所有的會費（按會費減去出最高價金額 ＝ 每會員實際所付會費金額），會員年尾還有金戒指或燒豬分發。

因緣際會，2013年左右，受訪者（15）在妻子姐姐的引領下，申請許可證，到大殿外參與大仙祠星期天拜懺活動，曾參與過「觀音懺」、「呂祖懺」等。一年後由於勤出席拜懺而獲發福袋（有燒肉、壽包）。由於這個因緣，受訪者（15）便走上入道之途，道號「圓修」。不只如此，其三位公子也受其影響，先後入道成為嗇色園的道長。他三

位公子於受訪者（15）接受訪問時，也一併聯袂出席。長子現年 41 歲，表示 1995 年曾舉家移民加國，父親留守香江，自己畢業後亦回流香港，跟隨父輩到大仙祠拜懺，後來碰到嗇色園會員招募，便毅然決定入道，道號「榮修」；二子現年 35 歲，憶述舉家移民時他只上幼兒園，後來回流香港上小學和中學。他分享說家中父、母、子都是大仙虔誠信徒，事無大小，均常到大仙祠求籤，請教仙師，母親亦常帶同他往大仙祠求學業進步。耳濡目染下二子也隨父輩入道，道號「禮修」；幼

圖 25：2018 年，《赤松黃大仙師寶懺》，善信於大殿外參與禮懺儀式。相片僅能拍攝當日部分善信。

子現年 30 歲，亦有類似二子經驗，常隨母親到大仙祠拜懺，發覺唱經可幫助減壓，也令他生起歡喜心，因而亦隨父、兄輩入道，道號「樺修」。2016 年還參與大仙祠證婚（道教婚禮），與愛人共諧連理。

小結

　　受制於疫情，筆者訪談的對象就只能限於嗇色園一些核心成員，不過這也是過去研究者較少注意的面向。大家都傾向注意到廟膜拜的信眾，而較少關注由過百名道長組成的核心成員（遴選會員），他們帶領著整個黃大仙祠的發展。

　　上文據報章報導和嗇色園一些內部文件紀錄，重構普宜壇從五十到六十年代間科儀情況，可說是受大環境影響，常舉辦七到九天的萬緣勝會。這樣的大型法事，必須依賴園外經生支援，當中佛教角色不少。七十年代到九十年代的科儀發展情況有賴以上訪談重建，受訪者可分成兩大批：一是於九十年代入道，從他們的回憶可重塑七十到九十年代普宜壇的科儀情況。另一批 2000 年後入道的則可反映九十年代以後普宜壇的新發展。

　　普宜壇七十、八十年代的科儀與當時香港一般道堂分別不大。首先香港道堂科儀的「四大天王」中的兩位均是嗇色園皈依弟子 —— 梁本澤、潘可賢。他們不只服務於普宜壇，還在嗇色園中開班授徒，不過採取的是擇人而授的「精英教育」，只培訓小眾。這也是受當時大環境的影響，道教在信仰方面普度，在科儀方面則密傳，一法不傳六耳。如上所述，其他學者的研究都指出當時全港「能當濟煉幽科的高功和經生就只得六、七眾」，[53] 他們是科儀演練的天之驕子，被邀到全港的道堂中去演化濟煉幽科。「六、七眾」中的勞兆棠也受聘於嗇色園內教授科儀，這樣可以想像當年道教科儀在不同道堂中的相似性。嗇色園八十年代皈依的眾道長都見證，當年科儀授小眾的情況，使有興趣而未被選中的道長們只能站門外「偷學」。這段時期的代表性科儀除恆

53　　見本章註 42。

常周日的拜懺外，重要的是大仙誕前的三天懺儀，重頭戲是最後一天的濟煉幽科。

2000 年及以後入道的道長都見證一場嗇色園普宜壇在李監院領導下的科儀改革。下文將詳盡分析和介紹監院這場科儀改革的來龍去脈。科儀改革後與前階段最大的不同是去除幽科作恆常科儀，這樣把普宜壇科儀進一步純「陽」化：即只做陽事不做陰事（有特殊貢獻的會員除外），並只由乾道來執行科儀。以上訪談明顯帶出嗇色園科儀另一大特色是從上世紀九十年代的「子孫廟」科儀密傳模式，走到姑且稱之為對「十方開放」的科儀普及化模式。並且在形象上，別樹一格，詳述如下：

（1）服飾整齊

嗇色園從前和大部分宮觀一樣，只要求道士外披道袍，現在是從首到足，中衣、道袍、道帽，全副道裝，缺一不可。服裝以外，亦建立制度，會員要定期參與科儀和到元辰殿等服務信眾，每年達一定時數（六十小時），方能當「紅袍經生」，展演科儀時，可佔中心位置，否則只能當普通的「藍袍經生」。

（2）隊型講究

嚴格要求排班進殿，配合鳴鑼開道，整齊隊伍，有攝眾效果。這點在大型科儀中尤見效果，詳見下章禮十方、禮斗等大型科儀的描述，隊型配合服飾，儼然如紀律部隊，井井有條。

（3）科儀簡化

宋呂元素在《道門定制》曾説：「至簡易者道，至詳備者禮。」[54]

---

[54] 《道門定制》序，南宋道士呂元素編集。十卷，收入《正統道藏》正一部，三家本（北京文物出版社、上海書店、天津古籍出版社，1988），冊三十一，頁 653、《哈佛燕京學社道藏子目引得》HY1234。《五種版本道藏經書子目聯合目錄》DZ1224。本書之後引用《正統道藏》統一採用《五種版本道藏經書子目聯合目錄》，並以 DZ 代表。見（法）施舟人原編、陳耀庭改編《道藏索引—五種版本道藏通檢》（上海書店出版社，1996）。

科儀能普及的原因之一是科儀簡化了，昔日長達數天的科儀不再，現在都是於兩小時內能完成的科儀，較適合鼓勵現代都市人參與。簡化的另一地方是會員集中在學習唱誦，繁複的步罡踏斗、演化手訣就留給主科。新會員要學的是基本十到二十「支（首）經」，相當於十到二十首曲調、旋律和唱法，包含在四種懺儀內，當中又以大仙懺、大仙寶誕科儀為核心。

（4）崇尚普及

子孫廟時代只讓一小撮人學習科儀，實行一法不傳六耳。有興趣學習科儀的，往往只能站在殿外偷學。現在則公開招生，正式的經懺班雖然仍限於會員，但會員也是通過不定期公開招收，不過經懺班畢竟是為訓練內部會員。一般信眾仍可報名作一般「學員」，學習四種基本經懺（大仙、觀音、呂祖、關帝），但要登記入會，拜懺時仍須在殿外，跟隨電子螢幕顯示的經文一起唱誦，這樣已較前大大開放了。

附表：「經懺班」及「入會申請文化課程」的整理時序如下：[55]

年份	入會課程	經懺班	備註
1989		嗇色園普宜壇經懺班 導師：梁本澤、潘可賢 對象：擇人而授，並不廣傳。	由「舊經生」主辦，曾舉辦2屆，為監院改革前的經懺班。
2005		第一屆經懺科儀文化班 主辦：李耀輝監院 導師：李耀輝監院、 　　　顧芳貞老師 對象：會員 參與人數：24人 合格人數：23人 結業年份：2006	監院於2005年任宗教事務委員會主席，隨即開辦「經懺科儀文化班」。 嗇色園於2007年與青松觀合辦「慶十載回歸·迎08奧運·祈福禮斗大典」，為準備法會，嗇色園邀請青松觀派員到嗇色園介紹科儀唱誦，嗇色園因而與顧芳貞老師結緣。
2006	第一屆入會申請文化課程 主辦：李耀輝監院 入道時間：2006年 入道人數：27人	第二屆經懺科儀文化班 主辦：李耀輝監院 導師：李耀輝監院、 　　　顧芳貞老師 對象：會員 參與人數：23人 合格人數：23人 結業年份：2007	嗇色園會員制度於2006年正式開放予公眾，當時的入會課程只有4課，主要為嗇色園簡介和學習三跪九叩等簡單參拜儀式。 2006年開始舉辦「樂師培訓課程」，有意識培訓嗇色園樂師團。
2007		第三屆經懺科儀文化班 主辦：李耀輝監院 導師：李耀輝監院、 　　　顧芳貞老師 對象：會員 （主要對象：2006年新入會會員） 參與人數：11人 合格人數：9人 結業年份：2009年	按嗇色園道長記憶，首三屆經懺科儀文化班實際並未有清晰的結業年份，曾出現二、三屆一同上課的情況，至2010年「第四屆經懺科儀文化班」學員入道前，課程才正式結束，但仍鼓勵已畢業的學員繼續參與往後屆別的經懺班，以作為個人進修。

55　本表由吳漪鈴女士協助製作，資料由陳焜和嗇色園道長梁延溢、梁理中、余大業共同提供，謹表謝忱。

年份	入會課程	經懺班	備註
2009	第二屆入會申請文化課程　暨 第四屆經懺科儀文化班 入道時間：2010 年 主辦：李耀輝監院 導師：顧芳貞老師、嗇色園資深道長 對象及備註：申請入會學員同時完成兩個課程 參與人數：110 人 合格／入道人數：55 人 結業年份：2010 年		太歲元辰殿將於 2011 年開殿，殿內需要大量紅袍經生當值，故 2010 年申請入會的學員需要同時完成「第四屆經懺科儀文化班」。 是屆課程近兩年，密集式上課。課程分為「道教文化理論」、「科儀唱誦」、「科儀樂師培訓」，期望培訓學員多方面發展。 首三屆經懺科儀文化班道長成為是屆課程的課堂當值道長，協助維持秩序及安排課堂。
2011	第三屆入會申請文化課程 主辦：李耀輝監院 入道時間：2012 年 入道人數：23 人		
2013		第五屆經懺科儀文化班 主辦：李耀輝監院 導師：嗇色園資深道長 對象：會員 （主要對象：2012 年新入會會員） 參與人數：27 人 合格人數：20 人 結業年份：2015 年	課程歡迎首四屆經生一同參與。 是屆經懺班分兩階段進行，第一階段於 2013 年完成，第二階段於 2015 年完成。期間，釐訂紅袍經生標準：每年太歲元辰殿當值 50 小時、參與禮懺三次等。因政策落實時較為短促，第五屆學員最終只有 5 人獲授紅袍，其餘合格者則需要於翌年完成「紅袍經生標準」後，方獲授紅袍。
2013	第四屆入會申請文化課程 主辦：李耀輝監院 入道時間：2014 年 入道人數：14 人		

〈續上表〉

年份	入會課程	經懺班	備註
2015	第五屆入會申請文化課程 主辦：李耀輝監院 入道時間：2016 年 入道人數：25 人	廣結善緣祈福習經班暨　第六屆經懺科儀文化班 主辦：李耀輝監院 導師：嗇色園資深道長 對象： 1.「廣結善緣祈福習經班」公開予公眾報名。 2. 2014 年入會會員與公眾一同就讀「廣結善緣祈福習經班」，至 2016 年共約有 10 位學員畢業及獲授經生紅袍。 3. 正式的第六屆經懺科儀文化班是 2016 年 12 月期間，與第七屆經懺科儀文化班同期舉辦。	首辦「廣結善緣祈福習經班」，公開予公眾報名參與，研讀及學習普宜壇禮懺經本。
2016		第六屆經懺科儀文化班暨　第七屆經懺科儀文化班 主辦：李耀輝監院 導師：嗇色園資深道長 對象：會員 （主要對象：2016 年新入會會員） 參與人數：20 人 合格人數：12 人 結業年份：2018 年	第七屆經懺科儀文化班學員於 2018 年獲授紅袍經生資格。
2018	第六屆入會申請文化課程 主辦：李耀輝監院 入道時間：2019 年 入道人數：53 人	經懺科儀文化班 主辦：李耀輝監院 導師：顧芳貞老師、 　　　嗇色園資深道長 對象：會員	當屆宗教事務委員會於 2018 年禮請顧芳貞老師重返嗇色園教授唱經，故於 2018 年 8 月再辦經懺科儀文化班，歡迎所有屆別學員報讀進修。 2019 年，經懺科儀文化班按學員表現及學習進度分為「一班」、「二班」。

年份	入會課程	經懺班	備註
2019		第八屆經懺科儀文化班 主辦：李耀輝監院 導師：顧芳貞老師、嗇色園資深道長 對象：會員 結業年份：2021年 （2021年上旬已有約20人獲授紅袍，並於2021年12月完成考試，合格人數尚待園方公佈。）	2019年10月正式邀請2019年入道的新會員參與經懺科儀文化班。 經懺科儀文化班依然按進度及學員表現分為「一班」、「二班」進行。
2020	第七屆入會申請文化課程 主辦：李耀輝監院 入道時間：2021年 入道人數：31人		嗇色園開設（全港性）經懺科儀公開班，招收全港道壇弟子。

關於科儀改革的內容，詳述於下章。

第四章

監院改革後的科儀

李耀輝監院（以下簡稱「監院」）於香港伊利沙伯中學畢業後到葛量洪師範學院進修，[1] 完成課程後任教於老虎岩上午小學（地區現稱「樂富」），[2] 負責教授體育、英文、算術等科目。1963 年轉投服務警界，曾當過刑事總督察，1976 年出任本地督察協會主席。在 1977 年警廉風暴事件中，為處於困難中的同僚發聲，不顧自身利益而深得同僚敬重和愛戴。之後六次升職不成，籤文一句「雪擁藍關馬不前」，[3] 道盡多少在晉升路上屢戰屢敗的辛酸。但這無減監院為大眾福祉而義無反顧、毫不畏縮的犧牲精神，如是成就他日後貴為一位出色的宗教領袖的條件；處事永遠不畏艱難，不懼權勢。監院的已故姨公錢遂初（差覺）是嗇色園創會理事之一，[4] 經營著名瑞士鐘錶摩凡度（Movado）生意，曾慷慨支持早期黃大仙祠的興建。監院父親藉此關係，常攜同童年的監院到黃大仙參拜，雖然當時年幼（只得幾歲），但也與大仙結下不解之緣。不過監院之大仙緣頗有一番波折。首先 12 歲那年母親因擔心兒子升中試成績強迫兒子跪在大仙前求加持。當年年紀小，不忿下跪，

1　伊利沙伯中學為香港首間政府男女英文中學，建校構思於 1953 年，時值英國伊利沙伯二世登基，故得名。1997 年香港回歸，校徽由原來的英國皇冠改為教育署（後稱教育局）標誌。註見該校網址：https://www.qes.edu.hk/Menu/sch_info/sch_hist/sch_history_c.html，擷取於 2022 年 3 月 22 日。香港師範學院繼有羅富國師範學院（1939）、葛量洪師範學院（1951）、柏立基師範學院（1960）、香港工商師範學院（1974）和語文教育學院（1982）。1994 年，四所師範機構和語文教育學院合併成為香港教育學院，並於 1996 年升格為大學。詳見香港教育大學，網址：https://www.eduhk.hk/zht/about/history-and-campus/at-a-glance，擷取於 2022 年 3 月 17 日。

2　樂富上午小學位於九龍城聯合道，前身為樂富（老虎岩）官立小學，校舍建於 1960 年，並分為上午及下午校，後因收生不足，在 1981 年便宣告關閉結束，於 1986 年改為實用教育中心，再於 2004 年改名為藝術與科技教育中心直到現在。見 https://www.facebook.com/groups/662805613775759/about/，擷取於 2022 年 3 月 17 日。

3　監院曾就自己晉升事宜請教仙師，結果得籤文：「雲橫秦嶺家何在？雪擁藍關馬不前。」整段的籤文是第 99 籤，內容是韓愈在諫迎佛骨後，觸怒憲宗，被貶潮州，途中恰逢大雪，籤文是他途中所寫七律《左遷至藍關示姪孫湘》：「……雲橫秦嶺家何在？雪擁藍關馬不前。……知汝遠來應有意，好收吾骨瘴江邊。」結果監院晉升一事，悉如仙師所預言而泡湯。

4　錢遂初於 1925 年入道，最早於 1930 年任值理，二戰時曾與一眾同道回壇，共渡時艱。按嗇色園內部紀錄，錢於園內的最後職務為 1952 年任本壇長老。筆者感謝吳漪鈴女士提供此項訊息。

心有怨言，結果求得籤文一句「庭前鴉亂語」，令他驚訝不已。往後生涯與仙師多有感應，續有多次籤文靈驗的經驗。1981 年，監院因事惹上官非，任職水警同僚陳章，[5] 帶領監院重臨黃大仙祠，求得一支好籤，官非果然逢凶化吉，遂與仙師再結更深善緣。據監院自己的憶述，於八十年代自警界退休後，他先入佛，再皈於道。1983 年監院正式皈依時任香港佛聯會秘書長 上大下光法師，[6] 法號「廣威」，並於法師位於銅鑼灣的千華蓮社，跟隨他出家弟子學習「大蒙山」、「瑜伽焰口」等法事，又請得錄音帶，學習一些佛家密語（如準提陀羅尼咒）。[7] 1985 年又有殊勝因緣，正式入道黃大仙。1994 年自警界退休後，監院先到中國北方經營生意，曾在仙師面前求得一籤「李太白醉草蠻書」，使他在生意上免招損失。後來輾轉到達蘭州，有機會造訪蘭州白雲觀。當時廟宇破舊，有位 70−80 歲老道士在打磬做法事，監院恭敬地給道士遞上供養一百元，但為道長婉拒，這使監院很感動，修道人真的不貪取名聞利養。這也啟發監院日後為道教發展而賣力。1997 年金融風暴影響生意，監院在仙師面前懺悔許願，若渡過難關，願在園內當義工五年，結果如願以償，監院亦以此因緣投身嗇色園工作，多次的靈驗籤文使他對仙師深信不疑，並常得仙師強烈感應。1997 年他開始擔任

5　據監院介紹，陳章為水警沙展，退休早於監院，退休後上午在三聖灣魚欄工作，下午回黃大仙服務，於 2005−2007 年間成為董事，見《嗇色園主辦可信中學：三十週年校慶紀念特刊》中錄有「嗇色園 2005−2007 年度董事芳名」，從中可見陳章為副主席、徐守滬為主席。

6　大光法師（1920−1997）曾任香港佛聯會第六屆至第八屆理事會理事，第九屆至第四十二屆董事會董事、常務董事、秘書長等職。法師二十四歲畢業於北京中國佛教學院，二十五歲任青島湛山寺內堂知客，親近倓虛老法師，為天台宗第四十五代傳人。1949 年，法師受倓老命來港協助於荃灣弘法精舍創立「華南學佛院」，1963 年與洗塵法師發起創辦香港佛教僧伽聯合會並任第二屆副會長。參〈監院隨筆（四十二）── 嗇色園的三教信仰文化、香港佛聯會〉、〈歷任會董〉，網址：https://www.hkbuddhist.org/zh/top_page.php?cid=1&p=chairman&ptype=1&psid=59&id=17，擷取於 2022 年 3 月 17 日。

7　監院師從大光法師外，曾在斯里蘭卡會見僧王，學習巴利語原始佛教、在斯里蘭卡求法於羅喉羅博士有關梵志梵行及補特伽羅（輪迴與解脫主體）等教義。佛門以外，監院參學甚廣，包括於陳湛銓教授門下攻讀儒家易學、拜董力行為師，修煉道家玄天氣功、又拜褐百昌為師，修讀紫微斗數、跟隨玄軒居易學會創辦人岑寶桂老師學習「周易文王卦應用」課程、在內地求教於陳耀庭教授有關道門科儀。

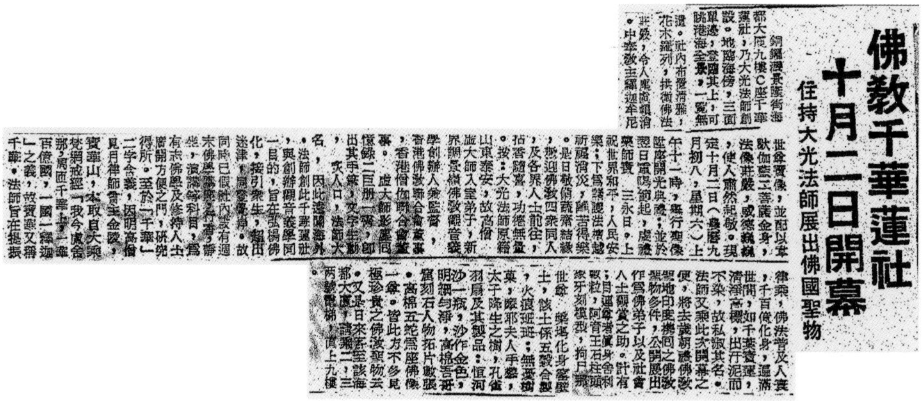

佛教千華蓮社十月二日開幕

住持大光法師展出佛國聖物

圖 26：《華僑日報》1965 年 9 月 28 日報導千華蓮社開幕的消息。（資料來源於香港公共圖書館多媒體資訊系統）

嗇色園董事，2005 年任嗇色園宗教事務委員會主席，2006 年更當上監院。

2009 年 9 月香港理工大學第一年開辦中國文化碩士課程，監院毅然報名進修。畢業第二年，隨即獲得理大聘書，[8] 留校出任碩士班講師（兼任）。由於碩士班學生人數不多，碩士生被安排在副學士班一起上課，所以學士學生反佔多數。除於大學裡任教外，監院也於道聯會客串講課，教授養生哲理。監院總結自己的職業生涯：「由早年的學校教師轉業為警務工作，再退休從商，後又研究道教文化，並進入大學開課。」[9]

宗教生涯方面，據監院的憶述，1997 年他已開始擔任嗇色園董事，[10] 在董事會中曾與一些董事爭論殺生問題。這牽涉到應否把「三牲」帶進仙師莊嚴的大殿裡。有人指出道教中神明，連黃帝也不反對殺生。

8 李耀輝監院曾獲授夏威夷大學名譽碩士及博士。

9 〈監院隨筆（四十四）—— 香港道教的宮觀管理文化〉，刊載於《東周刊》第 885 期（2020 年 8 月 12 日）。

10 據 2020 年 9 月 26 日與受訪者（6）的訪談得知，監院參與由青松觀侯寶垣道長主辦之 1997–1998 暑期科儀班。受訪者（6）入道於青松觀，早年曾於青松觀工作六年，現任職於嗇色園。

監院以大殿清淨道場為由而力爭，否定於大殿供葷。激辯之後，董事會終於同意規定「豬」、「雞」等屬葷之供品，不能再放進仙師大殿主供桌（實際上，現時大仙賀誕科儀中仍有少量葷供放置於側供桌上，但卻不可放於主供桌），以後改用鮮花水果作供。這大抵是監院在嗇色園科儀方面決心改革的先機。監院坦言自皈依大仙以來，常獲靈感，思如泉湧，並常有衝動去閱藏。1998 年開始，產生改革科儀的念頭。2010 年十二月的 120 期《香港道訊》中有林漢標撰〈從嗇色園看香港道壇的發展路向〉一文，當中談及了嗇色園對道教的改革，包括引入資

圖 27：《東周網》專欄「園繫香江・監院隨筆」界面。擷取日期：2022 年 5 月 10 日。

訊科技、提倡綠色廟宇、制度化的管理等。[11] 這裡沒有提及監院在科儀方面的改革。以下僅據多次筆者與監院個人訪談，[12] 輔以監院於 2020 年 1 月 15 日開始發表於香港《東周刊》的一個專欄著作「園繫香江・監院隨筆」[13] 重構這次科儀改革的來龍去脈。

上文據訪談資料說到早於 1998 年開始，監院已產生改革科儀的念頭。惟實質的改革應從 2000 年以後說起。2000 年，董事會遵照香港中文大學工商管理學院學者的建議，將轄下的事務委員會重新整合，由本來五個小組改為七個，包括四個服務委員會（教育、醫療、社會服務、宗教）和三個功能委員會（人事及行政、物業管理、財務），並配上資訊科技，這是改革的先兆。約於 2000 年前後，因前主席黃水逝世，主席空缺由副主席徐守滬替補，而副主席空缺則由李耀輝董事替補。監院於 2005 年擔任嗇色園宗教事務委員會主席，這正好成為他科儀改革的平臺。這一年，代表「舊派」經生，人稱「四大天王」之一的潘可賢道長於 2005 年 12 月 6 日仙遊。科儀改革之事緣於 2001 年嗇色園一場大法會，名為「辛巳年息災保安善緣法會」（據受訪者〔3〕憶述，法會長達七天）。游子安形容為「自 1968 年以來從未舉行如此大型宗

11　林漢標，〈從嗇色園看香港道壇的發展路向〉，刊於《香港道訊》第 120 期（2010 年 12 月），頁 2–5，香港道訊，網址：http://www.daoist.org/BookSearch(test)/list013/120.pdf，擷取於 2022 年 3 月 17 日。監院曾於 2005 年 2 月 15 日獲董事會委任為宗教事務委員會主席一職後，發信普宜壇各道兄，徵求改革建議，內容包括開設經訓科儀班（普及班、乾道經訓班、深造班）、開放意密堂（以前限於 1983 年 12 月 7 日修章前入道者或曾任董事方獲安奉蓮位於意密堂之資格），並於同年 2 月 26 日召開座談會，共商改革大計。詳參信件檔號：SSY/MA4/20050139。另監院曾撰〈開放改革建議書〉，內容含公司章程修章、選舉制度、董事任期、財政管理、開放園門、開放意密堂、開辦基礎科儀班、開辦儒釋道文化講座、開辦公眾人仕基礎科儀及德化教育班、環保嗇色園等項目，並附贊成／反對回條。足見監院之科儀改革構想是放在對嗇色園整體改革藍圖下考慮。限於篇幅，本書只集中討論科儀改革方面。

12　正式訪談前後共四次，分別於：2019 年 8 月 31 日、2019 年 9 月 20 日、2021 年 3 月 27 日和 2021 年 4 月 10 日下午假嗇色園悟道堂地下會議廳進行，每次三小時。另不正式訪談曾進行無數次。

13　《東周刊》，網址：https://eastweek.my-magazine.me/main/hkgraden，亦收於嗇色園，〈文化篇章及典籍〉（文化事務網頁），網址：https://www2.siksikyuen.org.hk/zh-HK/cultural-affairs/article-and-classics，擷取於 2022 年 3 月 17 日。

圖 28：2001 年「辛巳年息災保安善緣法會」，鳳鳴樓禮堂中擺放附薦牌位。

圖 29：2001 年「辛巳年息災保安善緣法會」，大殿內設懺壇。

圖 30：2001 年「辛巳年息災保安善緣法會」，鳳鳴樓廣場的壇場及大士殿。

圖 31：2001 年「辛巳年息災保安善緣法會」，鳳鳴樓禮堂外的公祭壇。

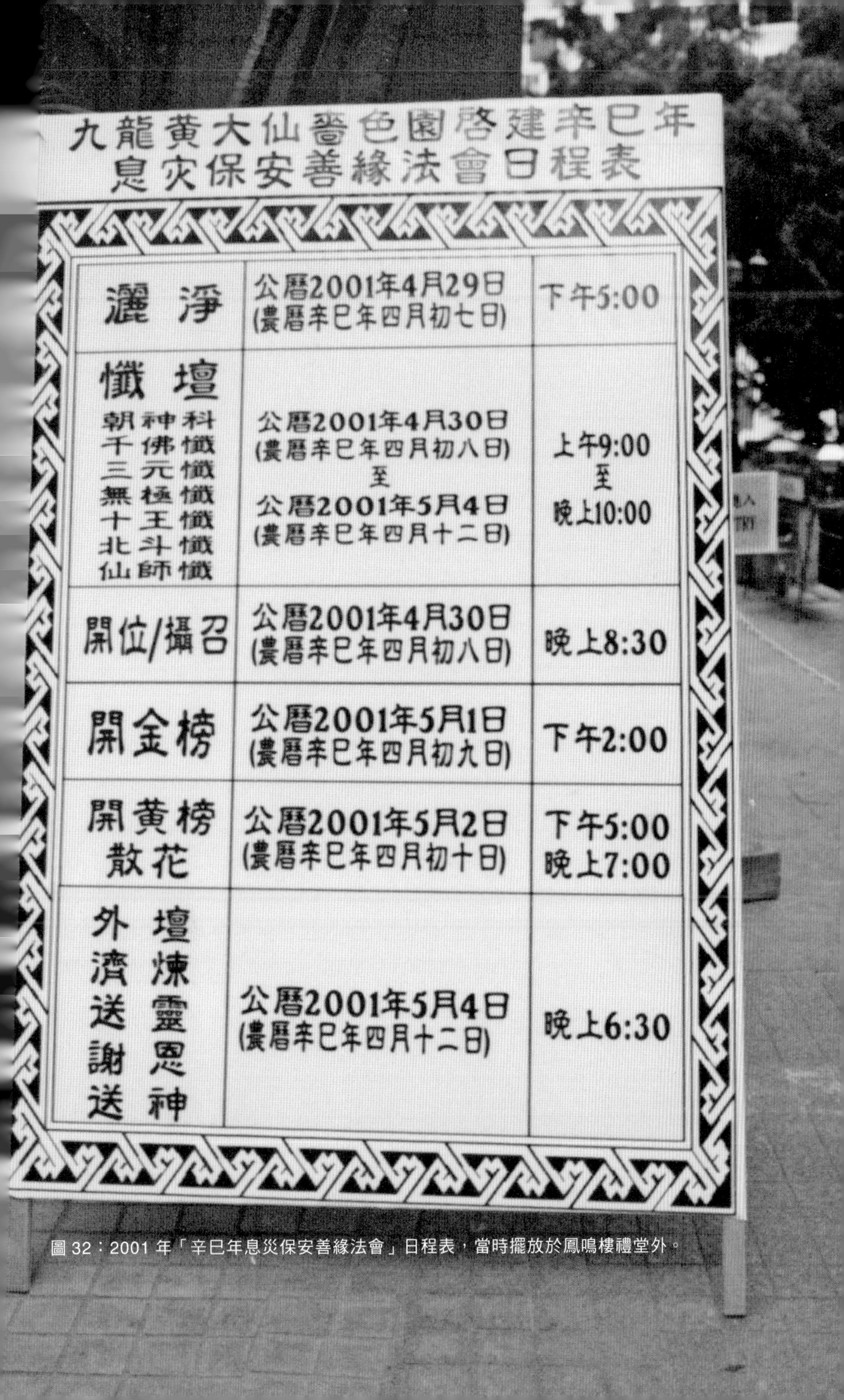
九龍黃大仙嗇色園啓建辛巳年
息災保安善緣法會日程表
灑淨
公曆2001年4月29日
(農曆辛巳年四月初七日)
下午5:00
懺壇
朝神科
千佛懺
三元懺
無極懺
十王懺
北斗懺
仙師懺
公曆2001年4月30日
(農曆辛巳年四月初八日)
至
公曆2001年5月4日
(農曆辛巳年四月十二日)
上午9:00
至
晚上10:00
開位/攝召
公曆2001年4月30日
(農曆辛巳年四月初八日)
晚上8:30
開金榜
公曆2001年5月1日
(農曆辛巳年四月初九日)
下午2:00
開黃榜
散花
公曆2001年5月2日
(農曆辛巳年四月初十日)
下午5:00
晚上7:00
外壇
濟煉
送靈
謝恩
送神
公曆2001年5月4日
(農曆辛巳年四月十二日)
晚上6:30

圖 32：2001 年「辛巳年息災保安善緣法會」日程表，當時擺放於鳳鳴樓禮堂外。

教活動」。[14] 嗇色園於當年四月廿九日，提早於下午四時正關閉園門，以配合「息災保安善緣法會」。是日下午五時先進行灑淨儀式，由於園內部分地方須騰空作搭建法會棚架之用，四月一日至五月四日期間，園內廣受歡迎的從心苑（花園）也暫時關閉。[15] 據監院憶述，當時法會分內、外壇舉行。內壇在大殿設懺壇，舉行朝神外，還有拜千佛、三元、無極、十王、北斗、仙師等懺。外壇設於三聖堂和鳳鳴樓禮堂中，進行濟煉、送靈、謝恩、送神（另開位攝召、開金榜、開黃榜、散花）等儀式。監院稱當時有「附薦牌位」，每個牌位收費一千到二千元不等。當年監院亦代友人附薦了五、六個牌位，故記憶猶新。

九龍黃大仙嗇色園啟建辛巳年息災保安善緣法會日程表：[16]

灑淨	公曆 2001 年 4 月 29 日（農曆辛巳年四月初七日）	下午 5:00
懺壇 朝神科 千佛懺 三元懺 無極懺 十王懺 北斗懺 仙師懺	公曆 2001 年 4 月 30 日（農曆辛巳年四月初八日）至公曆 2001 年 5 月 4 日（農曆年辛巳年四月十二日）	上午 9:00至晚上 10:00
開位 / 攝召	公曆 2001 年 4 月 30 日（農曆辛巳年四月初八日）	晚上 8:30
開金榜	公曆 2001 年 5 月 1 日（農曆辛巳年四月初九日）	下午 2:00

14　游子安主編，危丁明、鍾潔雄撰文，《爐峰弘善：嗇色園與香港社會》（香港：嗇色園，2008），頁 231。

15　錄自 2001 年 2 月 28 日，嗇色園董事會（2001–2003 年度）第二次會議紀錄。筆者感謝嗇色園職員吳漪鈴女士提供此條資料。從心苑位於嗇色園後方，是上世紀八十年代為紀念嗇色園開壇七十周年而建，取孔聖「七十而從心所欲」句內的「從心」二字命名，採用中國傳統園林式的建築模式，苑內有一迂迴長廊，更有小橋、瀑布流水及人工湖等，另有各式各樣的小亭，苑內放置由蘭溪市人民政府惠贈的「仙鄉吉羊群」漢白玉雕塑，象徵黃大仙師「叱石成羊」之神蹟。

16　筆者鳴謝嗇色園吳漪鈴女士提供照片。

〈續上表〉

開黃榜 散花	公曆 2001 年 5 月 2 日 （農曆辛巳年四月初十日）	下午 5:00 至 晚上 7:00
外壇 濟煉 送靈 謝恩 送神	公曆 2001 年 5 月 4 日 （農曆辛巳年四月十二日）	晚上 6:30

　　可是法會前，在幽科佈壇方面，監院總感覺有不對勁地方。據他憶述，當時幽科祭壇桌上擺放了三清、大仙，壇下則放全真七子，壇桌上還放十殿閻王，根據監院自己以前到內地道壇考察所得，[17] 這種佈壇方法於禮稍有不合之處。首先是掛在壇上三度鎮壇符式寫錯、黃榜上下款錯亂，最令他擔心的是法壇上所豎幡竿，在高度上「不過仙師頂」。眾所周知，醮儀中幡竿作用是召集境內孤魂，參與法會，以期陰安陽樂，所以苟且不得。幽科中所須紙紮鬼王，亦未盡善。總而言之，監院對嗇色園「舊派」經生主持的科儀有不滿之處，[18] 於是監院趕緊飛

17　2020 年 9 月 12 日受訪者（3）在訪問中表示，監院曾到北京隨任法融（1936–2021）學習，任法融是中國道教協會會長，陝西省道教協會會長，中國道教學院院長和樓觀臺道觀監院。監院又曾到山西財神廟考察，和到臺灣慈惠堂主持交流元辰殿設計。2021 年 4 月 10 日和監院的訪談中，他即提到嗇色園八十周年祠慶，任法融曾送他龍頭拐杖錫杖，行行破地獄法事時可擊碎瓦片。另慈惠堂奉祀「瑤池金母」，總堂位於花蓮縣吉安鄉。1967 年，道教 63 代張天師定位慈惠堂為道教「瑤池派」。參（臺灣）「文化部」，《臺灣大百科全書》，李世偉撰，「慈惠堂」條，網址：https://nrch.culture.tw/twpedia.aspx?id=4329，擷取於 2022 年 3 月 17 日。

18　關於「儀式的失效」和它補救的方法是一可獨立探討的有趣課題，參 Ute Hüsken ed. *When Rituals Go Wrong: Mistakes, Failures, and the Dynamic of Ritual* (Leiden: Brill, 2007).　與此相關的是儀式的靈驗與有效性，參 Johannes Quack and Paul Töbelmann, "Questioning 'Ritual Efficacy'," in *Journal of Ritual Studies* 24.1(2020), pp. 13-28. 這兩位德國學者建議分開處理儀式的效果與靈驗，前者意義廣泛，不一定指即時和預期效果，後者多從實施者和參與者角度來判斷。

圖 33：2001 年「辛巳年息災保安善緣法會」，壇場上擺放三清，兩周為十殿閻王，壇檯上則擺放全真七真。

圖 34：2001 年「辛巳年息災保安善緣法會」豎旛，燈籠上書「太乙救苦天尊青玄上天帝寶旛」。

往以前拜訪過的上海城隍廟，[19] 請教正一泰斗陳蓮笙[20] 改正之法。

在聽過監院詳述來意後，陳蓮笙決定親自授與法寶「九天大羅衣」[21]，以便監院回去行「補救」法事。但授與「九天大羅衣」要考慮接受者有否具備三個基本條件：

一、具備道教方面深的資歷及德行，即身為高功和有長久修行；

二、對社會有一定的貢獻及功績；

三、必須為道觀的當家或住持。

這是因為「九天大羅衣」並不是普通的道眾所能穿著。根據陳蓮笙以往對監院為人的認識，雖然他當年仍未當監院，但已是嗇色園副主席，因而認可他具備了受衣條件。授袍儀式除陳蓮笙外，還有多位正一道高功大德，一起在上海城隍廟的密室之中，三清殿下，上稟傳授。監院憶述，過程要下跪一小時多。「九天大羅衣」上繡有各式圖案，詳述如下：

---

19 上海城隍廟原名「金山神廟」，又名「霍光行祠」，建於明朝永樂年間（1403–1424），有著六百多年歷史，為「長江三大廟」之一。上海城隍廟歷來由正一派道士任住持來管理廟宇。2000年，陳蓮笙道長被推選為上海城隍廟住持。參上海市文獻委員會，《上海城隍廟》（上海：上海市文獻委員會，1948），頁 1–4 及火雪明，《上海城隍廟》（出版地不詳：青春文學社，1928）。監院表示他夫人原籍上海，到上海訪問，老道的上海話由她代為翻譯。

20 陳蓮笙（1917–2008），原名吳良敘，因自幼過繼給姨父而更名。為上海道教界知名法師，生前為中國道教協會原副會長、上海市道教協會原會長、對齋醮科儀和道樂的造詣都非常深，是德高望重的正一派一代宗師，有「正一陳蓮笙，全真陳攖寧」之說。1935年，蒙江西龍虎山第 63 代天師張恩溥頒授「萬法宗壇」和「都功籙」。1990年當選上海市道協會長。1992年3月，在中國道協第五屆代表會議上當選為中國道協副會長。2000年底，正式升座為上海城隍廟主持。參劉仲宇，《弘道八十年：陳蓮笙道長事略》（上海：上海辭書出版社，2008）及道教文化資料庫，「陳蓮笙」條，網址：https://zh.daoinfo.org/index.php?title=%E9%99%B3%E8%93%AE%E7%AC%99&variant=zh-hant，擷取於 2022年3月17日。

21 據本書一位匿名審稿人提供：「九天大羅衣的定制、贈送都經過上海城隍廟管理委員會的討論、定制和承擔費用。後來，管委會還派遣高功法師陸志平等赴港傳授道法。其間，為溝通滬、港二地出力最多的是周旭道長」，由於該項資料未曾在筆者訪談中被提及，故應匿名審稿人要求，補充於此。

圖 35：「九天大羅衣」正面。

圖 36：「九天大羅衣」背面。

嗇色園黃大仙祠儀式研究

領：太極圖及乾、坤二卦

背領下：三光（日、月、星）

背中：仙鶴大團，伴以五嶽真形圖

背左右：金烏、玉兔

前胸：暗八仙圖

袍腳：兩大孔雀開屏，左右龍虎相伴

全袍以小仙鶴、祥雲及壽字圖案為背景，皆寓意神光護身及瑞氣迎祥，為高功法衣中最為尊貴。在授衣過程中，陳蓮笙還因應嗇色園三教的背景，特別酌情認可監院於法事中，使用他當年從大光法師處所學密咒，以補短時間內未及完全學習整套正一幽科。監院引述陳蓮笙觀點以為：「出門三里不同道，方法不一，誠意方重要。」

得傳法寶後，監院即日起程，回到嗇色園，於 2001 年 5 月 1 日，獨自一人，待嗇色園關門後（約五時四十五分），穿起「九天大羅衣」，從三聖堂起壇，左魚右磬，口唸佛家密語，手散碎花，再邊做法事、邊行至鳳鳴樓壇場和附薦棚誦經。據當年已服務於園中的受訪者（10）作證，這場一人所行的祭幽「補救」法事，燒出了「蝴蝶」香（即兩枝香枝在燃燒後，燒成蝴蝶形狀），歎為觀止。監院分享說，自受法衣後，感覺它有靈性，穿起法衣，揚幡必起風，還可祈雨祈晴，令法事圓滿地進行。法事雖有靈驗處，卻惹來舊經生的不滿。法會結束後，於 2001 年 5 月 7 日，共二十名道長聯名投訴於董事會，謂本園副主席在善信、醮師及外壇道長前，「進行一項非本園一貫傳統之宗教儀式」，「有損害嗇色園於外界之形象」，投訴人以為此等行為，是對「薦壇內之所有薦位已經本壇經生一一開光及誦經……不信任」，所以「嗇色園之名譽定當受到極為嚴重之損害」。此事後來戲稱之為「怪衣事件」。當年監院的身份為嗇色園副主席，經董事會討論後，認為並沒有不妥

當之處。此段小風波卻奠定監院日後成功進行科儀改革的基礎。關於科儀改革，監院自己如此概括描述：

改革的根據來自經本、靈感、經驗，集合而成。賀誕、入道科儀方面，名義上屬全真，內容上卻是正一。受戒又是全真，正所謂「日出東方映海紅、瑤壇肇啟顯宗風、全真顯教談玄妙、正一行壇顯道風」。禮斗、拜斗有一大部分是創造，主要是把道教中「禮斗讚星」現代化。科儀的資料曾參考《道藏》上海三家本，也曾參考乾隆年間，四川青城山道士陳復慧所校輯《廣成儀制》等，[22] 比如當中有關灑淨之記載，據之組合而成今「嗇色園灑淨科」。而攝太歲也是道教原來就有之法事。「大獻供」是特殊的創造，一種「炒雜碎」，[23] 包羅萬有，內含全真科儀加正一步罡踏斗，寫符唸咒、誦經上表。大獻供在設計上可適用於任何神明。十供加誠意，百色生果，供品中無供葷，故佛、道皆宜，嗇色園無論在出席佛光山聯誼會上，或自身的財神宮開光都有應用。十供分別為：茶、食、寶、珠、衣、香、花、燈、水、果。供品不但環保，還適合各類宗教，包括基督宗教。[24]

22　陳復慧（1736–1795），字仲遠，號雲峰羽客，龍門派碧洞宗第十四代弟子，住持溫江盤龍寺，廣成儀制為他所校輯，卷帙浩大，分 275 個標題，是目前已見最為齊全的全真科儀彙輯。書中不少科儀為適應民間信仰習俗而製作，其中若干科儀帶有四川和長江流域地方特色。「廣成」沿自前蜀皇帝王建（907–918 在位）給唐朝上清派著名道士杜光庭（850–933）賜號廣成先生。

23　傳聞李鴻章在訪問美國時，因吃不慣西餐，其私人隨身廚師便將剩菜雜燴一鍋，恰巧有外國客人造訪，李鴻章挽留招待。外國客人品嘗後稱讚之餘，向李鴻章詢問菜名，李隨口一句「雜碎」（Chop Suey）。其取材肉絲炒菜絲，用豬肉絲或雞絲等，與綠豆芽、芹菜絲、筍絲、青椒絲、洋蔥絲、大白菜絲或者荷蘭豆等混炒而成，1903 年梁啓超遊歷美國時評為：「然其所謂雜碎者，烹飪殊劣，中國人從無就食者。」E. N. Anderson, *The Food of China* (New Haven: Yale University Press, 1988), pp. 211-212.

24　主要根據 2021 年 4 月 10 日的訪談，但輔以其他三次訪談所得，分別舉行於 2019 年 8 月 31 日、2019 年 9 月 20 日、2021 年 3 月 27 日。四次訪談均在嗇色園悟道堂地下大會議室於下午進行，每次三小時。

嗇色園科儀改革里程碑，記錄監院改革後的部分大型科儀及宗教活動：

年份	新增科儀／儀式典禮	備註
2006	遣喪發靷	對象為有特殊貢獻之羽化董事
	皈依冠巾證盟科儀	2006 年首次公開招募會員後舉辦
	大獻供科儀	85 周年園慶
	長者道教婚禮	官方名稱為「園證桑榆情」
	禮斗科儀暨心經法會	
2007	參與羅天大醮	慶回歸十年
	禮斗科儀	慶回歸及迎奧運
	第一次皈依冠巾證盟科儀	
2009	黃大仙廟會、仙師出巡	
2010	第二次皈依冠巾證盟科儀	
2011	大獻供科儀	大殿重修竣工 90 周年園慶
	太歲元辰殿開光	同年增設月老銅像、藥王殿、財神殿、福德祠、王靈官殿
	參與花車巡遊	道教日
2012	第二次廟會	
	參與花車巡遊	道教日
2013	大巡遊	道教日
	茅山供天科儀	紫光壇（元辰殿）開光
2014	情緣一線牽科儀	元宵節巧遇西方情人節同日
	第三次皈依冠巾證盟科儀	
2015	禮斗	道教日、紅館
	道經樂欣賞會	道教日慶典
2016	境外大獻供科儀	浙江蘭溪
	上契科儀	
2017	境外大獻供及出巡	澳門
	參與第二屆羅天大醮	
	高雄佛光山世界神明聯誼會	
2018	啟蒙開筆科儀	
2019	境外禮十方	高雄佛光山世界神明聯誼會

以下詳述嗇色園有關科儀及活動之內容：

2005 年第一屆經懺班：

　　由監院屬意開辦的經懺科儀班從 2005 年 4 月初開始是第一屆。猶如上文指出，經懺班之設並非始於嗇色園。1985 年，青松觀侯寶垣弟子麥炳基以經懺主任的身份，在蓬瀛仙館內已主持經懺講習班，可能是香港最早的一個經懺科儀班，這是為單一道場而設的經懺班。1992 年由青松觀接辦的「香港道教學院」，開始分期開辦經懺訓練班，這是由麥炳基力邀其師協助而玉成，並非為單一道場而設，屬公開性質。1989 年嗇色園也有自己的經懺班，當時嗇色園主席黃允畋請來創壇道長梁仁菴之孫的梁本澤任教，他還是當時科儀界「四大天王」[25] 之一。但只任教一年，又換上「四大天王」的另一位潘可賢（人稱賢叔）任教。由於賢叔只長於二手，未能培訓主科，他又找來人稱「棠叔」的勞兆棠幫忙。勞兆棠為南海茶山慶雲洞弟子。1998 年嗇色園已訓練出自己一班經生，能當主科的據說便有十二位，全部師承勞兆棠，能施符施食。這批舊經生據知仍有十六人，但現時甚少參與園內活動。

　　黎志添據 2005 年 4 月 28 日與潘可賢的訪問，指出香港科儀四天王中的吳耀東、羅恩錫和潘可賢均是跟隨西樵雲泉仙館麥幸（1965 羽化）學習道教經懺。而麥幸又是師從茶山慶雲洞譚少舫和鄭希甫。[26] 足見於上世紀九十年代，嗇色園負責訓練早期經生的兩位（潘可賢、勞兆棠）均師承南海茶山慶雲洞，這也恰恰是香港道堂科儀的一個重要

25　「四大天王」指：梁本澤、潘可賢、羅恩錫、吳耀東，當時香港道堂若有賀誕而欲放《濟煉幽科》者，必須邀請他們其中一兩位參與，方能開壇。參黎志添，〈道教地方科儀研究——香港道堂科儀及其歷史傳承〉，頁 365–366。

26　參黎志添，同上註，頁 362。

源頭。由監院屬意開辦的經懺班，主要請來青松觀侯寶垣徒弟麥炳基之夫人，顧芳貞（景一、顯善）任教，人稱「顧老師」，她師承親夫，其科儀源頭仍是青松觀侯寶垣，而侯爺「並沒有特別拜於某一位前輩道長門下……可以說他的道教科儀是出於自己的體會。」[27]又或說是集大成者，而且對香港道堂科儀影響至大。這樣看來，嗇色園的科儀絕不是與其他香港道堂科儀毫不相關或南轅北轍，而是非常有淵源。所以監院的改革首先並不在內容上，而是從外而內，先從儀表與隊型入手。從不同的道長訪談中可知，監院把紀律部隊的威儀帶進道教科儀。這不難理解，因為科儀的展演，特別是大型科儀，是講求整齊與莊嚴方能攝眾。監院的改革是先從服裝入手，講求統一。正如受訪者（8）所言：「現入壇拜懺要穿成道士模樣，中衣、道袍、道帽，要先排班，要有隊型。」中衣指道士袍內所穿的一套道士制服。以前只規定套上法衣，現必須全套服裝，內外統一。不只在服裝上，舉行所有法事須於鳳鳴樓集中排班，並以鳴鑼開路，列隊前往大殿，以增加莊嚴感。經懺班都會教授威儀一課。

從第一屆到第四屆，都是由顧芳貞老師上課。第一屆有 24 學員，到第四屆經懺班，已有 100 多人上課，但最終只有 55 人能通過考核，成功入道。受訪者（8）謂：「學員一句一句地學。由顧老師示範唱誦，除學腔口唱法外，還有木魚、打磬等技巧。上課地點在可立中學，有錄音提供課後複習。共教授約二十多首道樂旋律。上課每月兩課。」從第五屆到第七屆，改由園內資深道長楊魏德續教，他亦是顧老師之學生。

27　參黎志添，〈道教地方科儀研究—香港道堂科儀及其歷史傳承〉，頁 367。

圖 37：2018 年顧芳貞（景一、顯善）返嗇色園重執教鞭，宗教事務委員會廣邀過往各屆經生上課進修。

2006 年首次公開招募會員、皈依冠巾證盟科儀：

　　2005 年，監院開始擔任嗇色園宗教事務委員會主席。他重新將黃大仙祠的皈依入道儀式設計為「全真皈依冠巾證盟科儀」，表明嗇色園從此依循全真道的傳統皈依冠巾儀式，黃大仙祠參考《廣成儀制》所載的《冠巾經儀》等重新編訂，包括「禮十方」、「請聖」等 24 個程序。監院以為，道教最初是父傳子，後來發展至由兄弟或朋友介紹，隨師傅出家清修，各師各法。嗇色園在 2006 年起不定期公開招募，年滿 18 歲的男性經面試合格後，參加「入會申請文化班」，本至少需時一年，方正式入道。2006 年首屆入會課程只有 4 課，屬例外事件。入道須齊備證盟師、保舉師、引禮師及監度師等四大師。皈依冠巾先由主科監院帶領一眾穿著班衣的經生進入大殿上香、三跪九叩、請聖、上稟後，

四大師便引領各新晉弟子進入法壇。主科隨即帶領班衣經生演示「禮十方」儀式，禮敬十方神明，並灑淨壇場及誦經禮拜。嗇色園大型科儀如禮斗法會、大獻供科儀都會有「禮十方」儀式。主科還要步罡踏斗、請聖、宣讀疏文、上三寶香等。完成後主科逐一宣讀新皈依弟子姓名，和宣讀《皈依證盟籙》，並請新皈依弟子向黃大仙師發三大願，即：清靜心、大願心、堅固心。發願後，主科便教誡各人皈依道教「三寶」（道、經、師）的意義。之後，監度師及證盟師分別宣讀經文，始派發道袍及進行「冠巾」（即戴上道帽）。監院還透過清規戒尺「施戒」；警醒各弟子修德戒惡。各新皈依弟子同時須以左手恭敬放在三教聖典上（包括《道德經》、《般若心經》、《孝經》及《全真清規》），寓意謹遵三教聖訓及義理。最後，保舉師向各新晉弟子派發度牒，詳列道壇所屬宗派、所奉仙聖、宗旨、弟子道號等，各人正式成為玄門弟子。各弟子向主神黃大仙師上香後，眾等「送聖回鑾」；而引禮師則引領新晉弟子到園內各殿堂上香，並講解參拜的注意事項。[28] 黃大仙祠的道長不禁婚配，也不用定期返祠，屬義務性質，不少道長另有正職。學員須修讀完嗇色園之「入會申請文化班」，通過考試和最後面試及格後，方能參與皈依科儀。

2006 年八十五周年紀慶祭天大獻供：

2006 年嗇色園八十五周年紀慶活動，監院提出籌備一場富中國道教文化意義的大獻供科儀，他在全真道科儀彙輯《廣成儀制》中，參考《貢祀諸天正朝集》、《迎齋上供全集》，及《道藏》內所收錄的若干獻供儀範，編修成一套完整的「大獻供科儀」。大獻供科儀集「上供」、「祈

28　〈監院隨筆（三十六）── 嗇色園普宜壇皈依入道冠巾科儀〉，刊載於《東周刊》第 890 期（2020年 9 月 16 日）。

圖 38：2003 年的新會員入道儀式，會員於大殿壇前上香，後取紅供盤（內置「九樑巾」）
一揖，進行冠巾。

圖 39：2007 年舉辦第二次「皈依冠巾證盟科儀」，為已入道的舊會員補發度牒。

圖 40：2018－2019 年度入會申請文化課程，廣邀學者專家任教，圖為香港中文大學文化及宗教研究系兼任講師唐秀連博士，主講《心經》。

福」及「酬謝神恩」於一體，其中上獻之供品有十種之多：香、花、燈、水、果、茶、食、寶、珠、衣，以及百樣齋菜等不同的供品。[29] 在原本歷時四十九至一百天的大獻供中篩選精要的步驟，濃縮成為時兩個多小時的祭天儀式。適逢創祠八十五年紀念及黃大仙區文化藝術節，黃大仙祠於 2006 年 1 月 9 日破天荒封祠一天，以便進行首次「大獻供」的道教祭天儀式，[30] 並邀得四千二百名善信見證。主科（監院）指出，他為了今次儀式已齋戒了 49 天。製作費約四百多萬元，花了近一年訓練三十多名經生誦經，「十供養」由時任民政事務局局長何志平與十一

29　〈監院隨筆（三十四）──黃大仙祠的道教「大獻供」科儀〉，刊載於《東周刊》第 888 期（2020年 9 月 2 日）。

30　關於大獻供的分析，註見下章。

區區議會代表參與，依次向上天奉獻香、花、燈、水、果、茶、食、寶、珠、衣等十種供品。主科再為港人許下「人民康泰」、「繁榮安定」等十二個宏願，祝香儀式過後，再由時任民政事務局何志平局長代表全港市民朗讀一篇《祭天祝文》：

> 曩昔失地新還，當以祖祭洪荒；今者瑤壇啟醮，祈為至誠格天。蓋德不修則風教淪落，學不講則人心失持，[31] 香江雖謂寶山福海，吾民仍須養性護生。惜乎承平日久，耽於逸樂，放辟邪侈，[32] 亡其本心，以至倫常慘案，時有發生，瘟疫災異，紛至沓

圖 41：2006 年大獻供。

31　《論語‧述而》子曰：「德之不脩，學之不講，聞義不能徙，不善不能改，是吾憂也。」

32　《孟子‧梁惠王上》：「無恆產而有恆心者，惟士為能。若民，則無恆產，因無恆心。苟無恆心，放辟，邪侈，無不為已。」

圖 42：2006 年大獻供，百樣齋菜中的部分供品。

圖 43：2006 年大獻供，時任民政事務局局長何志平先生上香。

來，即使妄開刑政，濫殺牲禽，都如揚湯止沸，[33] 未得正本清源。
舟漂橫流，如樑上之巢燕；人立險地，若待哺之嬰兒。然則世事
有成必毀，尤幸天道無往不還。太上曰：「禍福無門，惟人自召；
善惡之報，如影隨形。」各宜正心誠意，敬神如在；修身齊家，
積德累功。天帝玄德，黃仙普濟，必垂眷蒼生，大發慈悲。已而
皇恩廣被，劫難永息，紫微正照，繁榮久享，始知天人相應，福
慧雙生。聖言「天道無親，常予善人」；[34]《詩》云「永言配命，
自求多福」。[35] 天運乙酉，臘月初九，志平眾善長信士稽首謹祝

33　《呂氏春秋》是戰國時代秦相呂不韋，召集門下食客完成的集體著作。在〈季春紀·盡數〉中提
　　到，如果把沸騰的熱水舀出來，再倒回鍋中，想要使其不再沸騰，這是無濟於事的，倒不如把
　　鍋子底下的柴火撤掉，沒了熱源，滾湯自然也就不會沸騰了。後來原文「以湯止沸」演變出「揚
　　湯止沸」這個成語。

34　《道德經》第 79 章。

35　《詩經·大雅·文王》。

2006 年長者道教婚禮之園證桑榆情：

這是為沒有正式辦理結婚手續的長者補辦道教婚禮儀式。從蘇州訂製百福衣，以金線繡上不同書法體「福」字，又有：和合二仙、福祿壽三仙、麻姑獻壽圖。儀式程序中有〈請聖讚〉、〈仙師讚〉、〈證婚功德〉。

道教新婚證盟科儀不常舉行，謹據嗇色園提供文本資料，詳記如下：

程序	唱誦摘錄	備註
鳴鑼開道		
主科上香、 三跪九叩、 洗魚		由主科帶領：三長老、主禮人、新人（手執繡球）、大妗姐、新人雙方家長及眾經生等經青雲路進入大殿。 （依次排列，親友預先進大殿就座。）
開經讚 （持簡）	琳瑯振響，十方肅清…… 常清常靜大天尊（三稱）	
主科敕水／ 灑淨	伏以仙境難通，以香為信，塵凡俗世，非水弗清……急急如律令	
淨天地神咒	天地自然，穢氣分散……凶穢消散，道炁常存，急急如太上老君律令敕	主禮人向黃大仙師上香 雙方證婚人向黃大仙師上香
小讚	巍峨寶殿，肅穆莊嚴……迎請真仙，驂鸞降法筵	新郎新娘面向壇外上香及行三跪九叩禮，再到壇前向仙師上香及行三跪九叩禮。
提綱	主白：金爐香透九重天…… 二白：石上三生緣早訂……	
大讚	黃道天開大吉祥，慶雲紫氣繞壇堂……家業有成同偕老，執子之手樂天年	

〈續上表〉

程序	唱誦摘錄	備註
請聖	主：伏以，望雲抒素，結秦晉之良緣，就日披丹締（XX）[新人姓氏]之好合，新郎脫褐以迎真，淑女簪笄而迓聖 二白：恭炷寶香，虔誠奉請 主請聖：虛生自然大羅三清三境三寶大天尊……雲空過往一切糾察威靈，悉仗真香，普同供養	
入意 宣意文	朝禮 登寶座天尊大天尊（三稱）	
仙師讚	金華洞化，眾聖傳經……朝禮，運元威顯普濟勸善大天尊（三稱）	
	主曰：伏以，道涵混元一炁之中，開天闢地，成肅雍之德，致福祿之祥……	請新郎新娘壇前下跪 長老為新郎加冠 （加冠插金花，宜室又宜家，百年慶好合，共用樂榮華。） 長老為新娘簪笄 （雲髻佩鳳簪，淑德且優嫻，夫婦如賓敬，千秋佳話談。）
結婚註冊儀式		1. 主禮人向新人解釋結婚要義 2. 新郎新娘宣讀誓詞 3. 新郎新娘雙方交換信物 4. 新人簽署結婚證書 5. 證婚人簽署結婚證書 6. 主禮人頒給結婚證書 7. 主禮人祝賀詞 8. 新人合巹交杯 （長老將紅繡球交予新郎新娘，由代表送上大利是、蓮子、百合……等好意頭。） （新郎新娘先向壇外叩謝天地，再向黃大仙師叩謝，最後分別向主科、三老、主禮人、父母、眾經生及家眷拜謝。）

〈續上表〉

程序	唱誦摘錄	備註
圓滿讚	結婚大禮，儀式週隆，祥光喜氣滿壇中⋯⋯朝禮增福慧天尊大天尊（三稱）	
禮成		眾人於大殿前大合照 主科引領新人前往月老像叩拜

圖 44：《東方日報》於 2006 年 11 月 20 日以〈耆英補辦道教婚禮　見證桑榆情〉報導「園證桑榆情」活動。（資料來源於《昔日東方》，擷取日期：2020 年 5 月 10 日。）

2006 年 7 月以《玄門封官殯殮儀》為辭世副主席盧炯年（1924–2006）舉行「遣喪發靷」科儀：

　　如前所述，嗇色園科儀改革的緣起在「幽科」，改革的一個重要方向是去除「幽科」。監院的理由簡單，道教儀式種類眾多，按目的可以分為陽事（清醮）和陰事（幽醮）兩類，而按形式則有：朝元、轉經、禮懺、拜表、讚燈、度亡等等。大部分的道教科儀對象是天尊神明，

只有度亡幽科的對象是「鬼眾」，甚至包括「孤魂野鬼」，故稍有差池，不但無福反會召禍。故監院規定，除祭本園先道侶外，嗇色園從此不做幽科，只保留「祭先道侶科儀」和「遣喪發靭」兩科。前者每年都做，後者自改革以來只做過兩次，都是為了園內資深和有特別貢獻的會員而做。

「遣喪發靭」科儀記錄如下：

2019 年 6 月 2 日（祭沈公墨揚董事〔 1934—2019 〕、默知道長）
舉行地點：紅磡世界殯儀館
內容：諷誦玄門封棺殮殯科，依科宣奉，追薦亡故，往生仙界。

　　嗇色園遣喪發靭科儀，由嗇色園李耀輝監院所編訂，難得一見，謹據當天田野考察和嗇色園提供文本資料，詳記如下：

程序	唱誦摘錄	備註
（一）升堂拜聖	初獻心香 香煙瑞靄香噴噴…… 二獻鮮花 滿蕊千葩嬗巍巍…… 三獻心燈 慧焰重重明朗朗…… 四獻鮮水 汪洋醍醐一點點…… 五獻仙果 荔枝圓葛甜甘甘…… 五獻皆圓滿，同昇大羅天， 眾等皈命禮，福壽永長年	主科率眾列隊入靈堂前，先到神壇請聖說法，持塵拂，上香三枝，另上三枝檀香於爐上，持朝簡，敬獻五供：香、花、燈、水、果。

程序	唱誦摘錄	備註
主白	浮生空作百年欺，夢斷黃粱未熟時，欲悟無生真妙理，端然道法是雲梯（二白） 為亡逝世，轉咒救苦⋯⋯ 恭對　東宮慈父太乙尋聲救苦天尊	孝信三跪九叩，持香跪壇外。
舉步虛韻（科儀經韻）	道眾詠唱：大道洞玄虛，有念無不契⋯⋯靜念稽首禮　太乙救苦天尊（三稱） （主白）伏以青華聖境，東極上宮⋯⋯道眾同誠，稱揚偈讚	全真常用科儀經韻
下水船（詞牌）	眾誦：救苦天尊妙難求，身披霞衣屢劫修⋯⋯誦經功德不思議，孤魂滯魄早超昇	全真常用科儀經韻
殯殮（穿衣下棺）	香供十方救苦天尊（三稱） 主白：維時祥鍾碧落。瑞啟青華⋯⋯嗇色園普宜壇壇下弟子義覺李耀輝率道眾謹同孝信。爐運真香。虔誠上啟。（孝信持香到壇前跪）	主持手爐，一炷紮腳香三枝。
主請聖	東宮慈父太乙尋聲救苦天尊⋯⋯十方太上靈寶救苦天尊⋯⋯聖駕光臨，迎聖楮儀，恭行焚化，一卷誥章，謹當持誦	持手爐
主意文	朝禮登寶座天尊大天尊（三稱）	孝信手持香，上香第一次，持寶帛繞棺三圈後出外化煉。
志心皈命禮	青華長樂界。東極妙嚴宮⋯⋯太乙救苦天尊青玄九陽上帝	眾直誦 誦畢後主科與眾回位坐下，由殯儀館人員負責買水程序。
買水後 （二）請師灑穢	稽首皈依東極宮，太乙尋聲救苦尊⋯⋯志心朝禮太乙救苦天尊（三稱）（眾人誦畢後跟主科入內堂灑淨） 眾誦：天地自然，穢氣分散⋯⋯侍衛我軒，凶穢消散，道炁常存，急急如律令	孝信手捧托盤（內有利是），至主科前鞠躬奉上利是，主科分發利是後，左右侍香奉上楊枝及水盂，然後眾直誦，主科劍指水盂。

〈續上表〉

程序	唱誦摘錄	備註
主白	人生在世總茫茫，善德傳家定吉昌，莫嘆黃粱初入夢，至今彷彿永翱翔…… （眾誦）志心朝禮 太乙救苦大慈尊（九稱）	主科入內堂灑穢，隨行隨唱。
（三）封棺說法	主白：世事猶如幻境。人生俱屬夢形……無常一屆入幽冥。成敗得失任誰評。謹按玄儀。繞棺轉咒。	內堂灑淨後，忤工推遺體出堂，待各瞻仰遺容後，主科與道眾至棺前，主科唱嘆文。
一嘆文	主曰：香燭花中不夜天，祥雲影裡黍珠懸，霞衾玉局臨仙界，靈章寶籙次第宣 眾誦：青華妙嚴。慈相億千……拔度沉溺。不滯寒淵。	眾誦及繞棺三次 二手持手魚打魚唸
二嘆文	主曰：自古花無久艷。從來月不常圓。任君堆金積玉。難買長生不死……生碌碌，死忙忙。要閒何時閒……法筵來歆饗。謹按玄儀。繞棺轉咒。	
	主白，嘆文 楊枝淨水灑靈堂，六塵凡界化仙鄉，血屍厭穢悉潛藏，死魂受煉上南昌 眾誦：靈寶天尊，安慰身形……眾持神咒，元亨利貞（主回位）	眾誦及繞棺三次 二手持手魚打魚唸
三嘆文	主白：且夫人生在世。命屬陰陽……謹按玄儀。繞棺轉咒。	
	主白：太乙慈尊廣度人，寶瓶法水挹天津，枝頭滴滴垂甘露，一點靈光際善因。 眾誦：元始符命，時刻昇遷……超凌仙界，逍遙上清。	眾誦及繞棺三次 二手持手魚打魚唸
小讚	眾唱：青華教主，太乙慈尊……接引群生，永出愛河津	眾唱
韻畢 高功說嘆文	生寄死歸。亘古今而如是。春去秋回。即時序以非差……參明個中玄意。克陟仙緣道果身。轉咒事畢本壇出給。太上敕赦生天寶籙。當堂宣給。	三手宣讀金剛篆 主科持三清譁入度牒放在棺上

程序	唱誦摘錄	備註
封棺説法	主白：向來轉咒功他，已遂云周。上明慈化。下副凡情。惟願東宮慈父。放祥光而接引……今時申追薦。亡靈早超昇。	主大喝「封棺」 眾齊應「封」 忤工推棺入內，做喃嘸封棺儀式。
	主（凌空寫六字諱及唸）：金光一道接引，至心稱念 太乙救苦天尊……隨願往生天尊。 眾誦：稽首皈依無上道回謝太乙救苦尊、稽首皈依無上經回謝十方靈寶尊、稽首皈依無上師回謝道壇諸聖眾。	
	主唸：天圓地方。律令九章。時逢黃道。封掩靈喪。吾奉元陽鐵教主。口宣靈咒伏魔精……亡者死魂落土中。 眾唸：天地自然，穢氣分散，洞中玄虛…… （主科持水碗，繞棺灑淨一次。）	內堂封棺後推出堂前，主科持大碗畫解穢諱、救苦諱、蓋坎卦，主科持大碗唸
	主朗唸：掩殮功德已週完……亡魂得道上生天 眾詠唱：稽首皈依。救苦慈容。東華妙嚴宮……度幽魂上往往上天宮。 （主科持劍）：日吉時良。玄範開張。吾奉祖師。當堂遣喪。奉請，五方開路神……八大金剛齊舉起，擁護喪車出堂門……此間只許人居住。不許人家久停喪。 天無忌，地無忌，陰陽無忌，百無禁忌，大吉大利（打瓦盆罕）起	高功執九品花環，寫救苦諱於環上，放棺上。
起棺	天煞出，地煞出，年煞出，月煞出，日煞出，時煞出，出不出（眾轉身面向門口然後齊喝）「出」一撒畢	法師用米撒朗唸
送聖讚	爐香馥鬱，送聖還宮……朝禮鑾輿返天尊大天尊（三稱）	

【本報訊】弘揚道教傳統文化的嗇色園，昨日首次在本港依據古籍《玄門封棺殯殮科》，為辭世的嗇色園副主席盧煥年舉行罕見的古法殯殮儀式，藉此教化世人看透生死。

德高望重九朵蓮花

嗇色園秘書長兼宗教事務委員會主席李耀輝昨日帶領 15 名穿着法衣的道長，在世界殯儀館按照古籍，依序舉行殯殮祭儀。堂官一聲「升堂拜聖」，主事的李耀輝手執朝敬祖師的朝簡，率同眾道長步入靈堂內的聖壇。他燃點三炷插在蓮座的清香，叩請太乙救苦天尊等神像。

隨着按序舉行「請師洒穢」，用柳枝沾上法水，向遺體灑淨。

靈柩移出靈堂後，各人站列兩旁。李耀輝率同眾道長「繞棺轉咒」，誦念警世教化死生者的「三嘆文」。待親友遺屬瞻仰遺容後，依次舉行「封棺說法」，在靈柩奉上象徵德高望重的九朵蓮花。手執法劍的李耀輝此時念念有詞，接着在靈堂內打破瓦盆，隨即護送扶靈者，將靈柩移出靈堂，完成「遣喪發靷」最後的祭儀。

李耀輝表示，昨日舉行的祭儀是濃縮版，假如照足古籍，整個儀式最少歷時四小時，因應今時今日的現實環境，祭儀合編縮短至一個多小時。

他指出今次按照古法舉行祭儀，一則是尊敬辭世、享年 82 歲的盧煥年，最重要是弘揚道教文化。日後除非有篤信道家善長仁翁，願意損贈巨款濟世助學，否則絕不會隨便舉行同樣祭儀。

■文革期間逃過災劫的《玄門封棺殯殮科》記載道教祭儀。

玄門封棺殯殮科祭儀程序	
1. 升堂拜聖	道長手執朝簡，叩請太乙救苦天尊
2. 請師洒穢	道長用柳枝沾水，洒淨遺體
3. 繞棺轉咒	道長唱誦警世三嘆文，感化死生者
4. 封棺說法	道長領引遺屬，向遺體獻上九朵蓮花
5. 遣喪發靷	道長揮舞法劍，引領靈柩步出靈堂

資料來源：嗇色園宗教事務委員會主席李耀輝

圖 45：《蘋果日報》2006 年 7 月 10 日報導嗇色園「玄門殯殮」科儀。乃李耀輝監院首次主辦「遣喪發靷」科儀。圖示為嗇色園收藏剪報。

圖 46：2019 年祭沈公墨揚董事遺喪發靭科儀，李監院以硃砂書於沈墨揚董事度牒封套上，並將度牒放置於棺內。

圖 47：李監院以中國道教協會前任會長任法融道長所贈龍頭拐杖錫杖，行破地獄法事，擊碎瓦片。

圖 48：2019 年祭沈公墨揚董事遣喪發軔科儀，嗇色園一眾資深道長為沈墨揚董事扶靈。

2006 年禮斗科儀延生心經法會：

　　2006 年 11 月 8 日響應黃大仙區節，依廣州三元宮藏板《禮斗科儀延生心經》舉行禮斗科儀延生心經法會，佈斗壇為全港市民祈福。

圖 49：2006 年「嗇色園禮斗科儀延生心經法會」，眾道長行禮十方。

圖 50：監院於法會中行步罡。嗇色園以輕煙特效，營造出科儀神秘飄渺的感覺。

2007 年香港回歸十周年羅天大醮：

是次羅天大醮長達十二天，主要為慶祝回歸十周年，亦為道聯會四十周年慶典，嗇色園派代表參與，並與青松觀合作。

2007 年 10 月 19 日慶回歸禮斗：

2007 依《禮斗科儀延心經》辦「慶十載回歸，迎 08 奧運，祈福禮斗大典」。

圖 51：2007 年「慶十載回歸，迎 08 奧運，祈福禮斗大典」乃嗇色園與青松觀合辦的禮斗法會。

2008 年 4 月 13 日裝修大殿封殿科儀：

仙師移至鳳鳴樓，進行三年工程。

圖 52：2008 年，為準備移鑾科儀，李監院帶領一眾道長灑淨鳳鳴樓臨時大殿。

圖 53：2008 年移鑾科儀，恭請黃大仙師畫像及一應神壇法器遷至鳳鳴樓臨時大殿。

2009 年黃大仙祠首個廟會：

　　適逢祖國六十周年國慶，在黃大仙師寶誕前夕，於黃大仙祠對出的廟宇廣場及黃大仙廣場，舉辦第一次的「黃大仙廟會」和第一次「黃大仙師出巡」。[36]

圖 54：2009 年黃大仙廟會，黃大仙師移駕至黃大仙廣場，供公眾參拜。

36　〈監院隨筆（三十一）——香港首次黃大仙出巡〉，刊載於《東周刊》第 885 期（2020 年 8 月 12 日）、〈監院隨筆（三十四）——黃大仙祠的道教「大獻供」科儀〉，刊載於《東周刊》第 888 期（2020 年 9 月 2 日）、〈監院隨筆（三十二）——黃大仙廟會的民俗文化〉，刊載於《東周刊》第 886 期（2020 年 8 月 19 日）。

圖 55：廟會吸引不少公眾參與，場面熱鬧，與民同樂。

圖 56：晚上於大仙祠外上演折子戲，不少市民特意前來欣賞。

2011 年嗇色園九十周年大翻修後大獻供：

2011 年嗇色園九十周年紀慶，當年亦是大殿重修及太歲元辰殿竣工之期；又首次安奉月老神。為隆重其事，2011 年 1 月 9 日再次進行大獻供科儀暨元辰殿開幕，如前所述，這是道教其中一項最高的祭天儀式，為全港市民祈福，並為太歲元辰殿揭幕，當日黃大仙祠暫停開放。嗇色園邀請逾千嘉賓觀禮，儀式前亦抽出六十名幸運善信，可以列席儀式，祠外的廟宇廣場則放置二百多個座位及大型屏幕直播揭幕儀式。

道教最高的祭天儀式「大獻供」，由十位嘉賓獻上花、香、燈等十款道教供品，是黃大仙祠史上第二次為全港市民求福蔭。三位主禮嘉賓，包括民政事務局局長曾德成、中央駐港聯絡辦公室協調部部長

圖 57：2011 年大獻供科儀。

圖 58：監院於大獻供科儀中步罡。

圖 59：獻供科儀正式開始前，先安排藝團進行民族舞表演。

沈沖、中國道教協會會長任法融（1936－2021）道長，及近千名觀禮嘉賓。當日又為太歲元辰殿揭幕，並為大殿重新開光。大殿已完成內外翻修工程，並重新刷上油漆，為神壇鋪上金箔。殿外金碧輝煌；殿內亦加裝冷氣空調，第一參神平臺亦已擴闊，以容納更多善信。為方便信眾參拜，黃大仙寶像於慶典的前一天，移奉至祠外的廟宇廣場，供善信及遊客於參拜區祈福，而寶像亦於典禮結束後，移鑾返回大殿安奉。

2011 年太歲元辰殿開光及上表、化表科儀：

「太歲元辰殿」圓形天幕由四支刻上「二十八星宿」的大柱支撐著；殿堂地面刻上正方框線，內有先天八卦圖，以象徵「天圓地方」。天頂有「四象」紋飾：東青龍、西白虎、南朱雀、北玄武。

宇宙中的太歲星神本無形相，元辰殿內壁上，配置了兩幅由天然半寶石雕砌、價值三百萬元的「六十元辰」壁畫，中間設斗姥元君，斗姥元君聖像前有「七頭小豬」拖著座駕，而圍繞牆壁置六十座以「脫胎技法」塑造的太歲神像，其形態各異，有別於傳統太歲形像均是正襟危坐的姿態，屬全國獨創。殿中央安放一座特別為香港市民設計的「道祖守護‧五行運轉護香江」銅雕，雕座中間最高者為太上道祖神像，五尊道士像分別豎於紫荊花上，代表五行運轉，寓意「太上降祥增福壽，五行運轉護香江」。元辰殿內天花設「星象天幕」，以中國傳統星象配合本港上空的天象，透過三萬條 LED 燈帶呈現出本港春秋兩季的星象。天幕四角配置四靈獸圖案，四邊亦佈置仿敦煌八音飛仙，而地面設兩儀及先天八卦透光地雕，與天幕相呼應。

元辰殿的參神廣場，豎立了十二生肖獸首人身銅像，前廳則置有景德鎮十二生肖全彩瓷畫。

圖 60：太歲元辰殿於 2011 年開幕，開幕接續於當年大獻供科儀後舉行。李耀輝監院為時任中國道教協會會長任法融，介紹元辰殿 LED 星空天幕。

圖 61：太歲元辰殿為迎 2021 一百周年紀慶而進行翻新工程。

「進表科儀」（或稱「上表科儀」），程序大致有三個部分，即：啟壇、請聖、拜表。「拜表」時，主科需要運神行事，進行「封表」、「送表」等程序；並要在「罡壇」上步罡踏斗，配合手訣、唸咒，再默念表文，稟告上天。在大型的科儀法會如讚星禮斗、大獻供等，我們都可見到主科步罡踏斗上表。道教一般表文的格式，須列明祈求者之姓名、住址，祈求內容及虔誦經文名目、恭請仙真聖名、日期等，以示「一誠上達」。監院編訂了嗇色園拜太歲的「祈福表文」及儀式，務求使善信在太歲元辰殿內不再焚燒大量寶帛及香燭，新編訂的「祈福表文」格式，內藏左輔右弼、斗轉星移等符咒。善信只要提供個人資料，由園內義務經生協助填寫於表文內，並於斗姥元君及本命太歲前上稟祈福；再由善信向星君默稟，及後親手把表文放進太歲神檯前的櫃內。「太歲元辰殿」內設置電子感應「上表」祈福系統，「表文」放進太歲神枱前的櫃內，神像身後會隨即冒煙，天花板亦會現出一道紅光照射善信面部，代表太歲神君已收納善信的訴求，故有紅光照面及輕煙噴出，象徵鴻運當頭，神明已收納了善信的意文。融合傳統道教儀式及現代科技的「上表祈福」，減省了焚燒大量寶帛帶來的環保問題。而收集各善信的「祈福表文」後，更會安排在每月的良辰吉日，進行「太歲元辰殿化表科儀」。一眾道長為善信誦經禮斗，送化表文，祈求上蒼庇佑，元辰光彩，福壽延年。善信更可透過網上登記，嗇色園便安排道長代辦上表祈福拜太歲儀式。[37] 場內禁燒衣紙，並向每名善信提供三枝檀香，作參拜之用。

37　〈監院隨筆（三十九）── 道教「祈福上表」科儀〉，刊載於《東周刊》第 893 期（2020 年 10 月 7 日）。

圖 62：善信在上表儀式期間，由園內義務經生填寫其個人資料於表文內，並於斗姥元君及本命太歲前上稟祈福。

圖 63：嗇色園每月擇一日舉行「進表科儀」，將善信的表文送呈予斗姥元君。

2011 年 3 月 13 日道教節花車巡遊
（彌敦道、尖沙咀）：

　　2011 年及 2012 年響應香港道教聯合會「道教節」的邀請，安排花車參與社區大巡遊；並恭迎黃大仙師分身登座，由深水埗一直巡行到尖沙咀，為香港市民祈福消災。2013 年的「道教節」，除了安排黃大仙師、斗姥元君、月老、麒麟造型的「地飄」出巡外，更虔請黃大仙師分身化炁，安奉仙師「移鑾」出巡。[38]

圖 64：2011 年道教日花車巡遊。

38　〈監院隨筆（三十一）——香港首次黃大仙師出巡〉，刊載於《東周刊》第 885 期（2020 年 8 月 12 日）。

圖 65：2012 年道教日花車巡遊，花車上擺放有黃大仙及斗姥元君神像。

2012 年第二次廟會：

　　藉著「慶回歸十五周年」，再次舉行大型廟會「黃大仙出巡」。2012 年第二次廟會，黃大仙師再度出巡，為社區蕩穢及祈福，現已成為「香港黃大仙信俗」的重要內容，同樣吸引眾多街坊沿路合十禮拜。[39]

39　〈監院隨筆（三十一）── 香港首次黃大仙師出巡〉，刊載於《東周刊》第 885 期（2020 年 8 月 12 日）、〈監院隨筆〉（三十二）── 黃大仙廟會的民俗文化，刊載於《東周刊》第 886 期（2020 年 8 月 19 日）。區議會就有關活動的討論錄音：
https://www.districtcouncils.gov.hk/wts/doc/2012_2015/common/committee_meetings_audio/CBC/3014/CBC_M5_04.mp3，擷取於 2022 年 3 月 17 日。

圖 66：2012 年「慶回歸十五周年黃大仙廟會」開幕典禮合照。

圖 67：2012 年「慶回歸十五周年黃大仙廟會」，黃大仙出巡。

圖 68：廟會期間，黃大仙師移鑾到黃大仙廣場，供市民參拜。

2013 年首屆香港道教日道教文化大巡遊：

　　隊伍由深水埗步行到尖沙咀；嗇色園更贊助當中的神仙「地飄」
出巡，包括黃大仙師、斗姥元君、月老、麒麟，虔請黃大仙師分身化
炁，安奉仙師「移鑾」出巡。[40]

40　〈監院隨筆（八）——香港道教日〉，刊載於《東周刊》第 863 期（2020 年 3 月 11 日）。

圖 69：2013 年道教日大巡遊。

斗姆元君

「斗」即北斗眾星，「姆」即母親，故斗姆元君乃六十太歲之首，統領太歲。據說斗姆乃「先天之氣」所□□□法相象徵「道體」：四頭應四象，八臂應八卦，手持日月應陰陽二氣，又執孤矢救劫消灾，振法鈴濟人□色園「太歲元辰殿」奉斗姆元君為主神，其安坐蓮上、手抉法印，法相莊嚴。該像以傳統「脫胎技□□□白燈光托於其後，如同斗姆神光，融合了中國傳統與現代科技，以展現道教文化。

圖 70：2013 年道教日大巡遊，嗇色園地飄。

2013 年茅山（乾元觀）供天開光科儀：

2013 年 12 月 1 日茅山（乾元觀）供天開光科儀，為紫光壇進行開光科儀，紫光壇乃參照太歲元辰殿地宮六十甲子建造。

圖 71：2013 年於茅山乾元觀舉辦「供天開光科儀」。

圖 72：2013 年「供天開光科儀」，為位於地宮的紫光壇斗姥元君及六十太歲神像進行開光科儀。

2014 年元宵節《祝願科儀》：

2014 年元宵節巧遇西方情人節（2 月 14 日），嗇色園舉辦「情人一線牽祝願儀式」，200 名情侶報名。為是次活動，監院編定《祝願科儀》。

圖 73：2014 年 2 月 14 日「情人一線牽祝願活動」。

圖 74：科儀完結後，有參與者成功求婚。

2014 年皈依冠巾證盟科儀：

2014 年 9 月 7 日黃大仙祠再次舉行道教全真派儀式「皈依冠巾證盟科儀」。

圖 75：2014 年「皈依冠巾證盟科儀」，監度師余君慶（謙知道長）、引禮師郭耀偉（泓知道長）、保舉師劉兆根（怡醒道長）、證盟師鄧立光博士（純通道長）。

圖 76：主科宣讀《皈依證盟錄》。

圖 77：2014 年「皈依冠巾證盟科儀」，證盟師鄧立光博士（純通道長）為新入道會員冠巾。

2015 年 3 月 8 日道教節禮斗法會：

2015 年 3 月 8 日與香港道教聯合會假香港紅磡體育館[41]（即香港體育館、俗稱「紅館」）合辦了一場大型的慶典 ——「香港道教日萬人祈

41　香港達世界級水準的的綜合室內多用途場館，坐擁完善的交通網絡，位於港鐵紅磡站平臺上，於 1983 年 4 月 27 日開幕，是少數可以開設四面臺的場地，室內結構，沒有一條支柱，內設 12,500 個座位，現時由康樂及文化事務署管理。除舉行體育賽事外，亦承辦無數本地及國際大型活動、會議及音樂會，更是香港流行音樂最具代表性的演出場地，在香港體育館舉行個人演唱會被視為香港歌手演藝事業上的一個里程碑。參香港體育館，網址：https://www.lcsd.gov.hk/tc/hkc/aboutus/abouthongkongcoliseum.html，擷取於 2022 年 3 月 17 日。

福讚星禮斗大法會」。「紅館」外還有其他道堂進行科儀。監院於禮斗法會上進行「開天門」儀式。

這是香港道教界首次在「紅館」舉行的大規模祈福法會，近萬名市民一起拜斗祈福。法會歷時四小時，道教的讚星禮斗法會還須配合揚幡請聖、步罡踏斗、星牌及斗桶開光、開天門等儀式。由誦經、拜斗到儀式尾段，監院步上兩米高的高臺，揮劍向天敕令「開天門」，全場星燈亮起，將祝願直送天庭。謂之「開天門」的場面震撼，而且莊嚴神聖，可說是整個科儀的高潮。最後，監院帶領一眾嘉賓、道長及善信走入九皇星燈及二十八宿星燈組成的 LED 燈「燈陣」，大家手捧「牡丹花燈」繞行，再步上「五星拱照祈福橋」，將福氣迎回家中。全場的 LED 燈佈置經過悉心的安排：「燈陣」中央以北斗七星為「主星」，內以「九皇星燈」圍繞，外圍以「二十八宿星燈」包圍。「九皇星燈」屬「值年星」，「二十八宿星燈」屬「值日星」。帶領一眾經師及嘉賓、善信在「燈陣」順行一回，以示遍啟斗尊，朝拜星宿，道門謂之「入斗」及「出斗」。「出斗」之後，參與者再經過「五星拱照祈福橋」，寓意諸事順暢，眾星護佑。[42]

42　〈監院隨筆（八）—— 香港道教日〉，刊載於《東周刊》第 863 期（2020 年 3 月 11 日）、〈監院隨筆（二十三）—— 星斗信仰文化之推廣〉，刊載於《東周刊》第 877 期（2020 年 6 月 17 日）、〈監院隨筆（三十八）—— 道教讚星禮斗科儀〉，刊載於《東周刊》第 892 期（2020 年 9 月 30 日）。

圖 78：2015 年「香港道教日萬人祈福讚星禮斗大法會」，監院揮劍向天敕令「開天門」。

圖 79：2015 年「香港道教日萬人祈福讚星禮斗大法會」，信眾於法會的最後手捧「牡丹

2015 年參與「香港道教日」的「道經樂欣賞會」：

嗇色園安排了多位道長演示「禮十方」儀式，同時伴與十多位經生集體誦唱〈祝香咒〉、〈上三寶香〉和〈瑤壇讚〉等經文，為第一次對外公開演出「禮十方」。[43]

圖 80：2015 年「香港道教日」的「道經樂欣賞會」。

43　〈監院隨筆（三十七）——道教的「禮十方」科儀〉，刊載於《東周刊》第 891 期（2020 年 9 月 23 日）。

2016年2月22日嗇色園「月老助緣科儀」:

　　適逢九十五周年舉辦「月老助緣元宵花燈會」，展演月老助緣科儀及贈送助緣信物鍍金戒指。

圖81：2016年「月老助緣科儀」。

圖82：當晚除「月老助緣科儀」外，更有一系列活動，與民同樂。

2016 年上契黃大仙科儀：

　　適逢嗇色園九十五周年紀慶，監院編制了一套「上契黃大仙科儀」，2016 年 9 月 11 日為 3－16 歲小朋友共 400 人首次舉辦上契科儀，以上契證書代替傳統用的香燭。嗇色園希望自此每年舉辦一次上契黃大仙師活動。第一年招收三歲至十六歲的兒童；第二年（2017）招收十七歲至六十歲的成人。第三年又是兒童，第四年便是成人，如此類推。第一年公開招募，反應熱烈，共有約四百位兒童一同上契。第二年成人上契的反應更大，有超過四百五十人。嗇色園特別準備「仙師上契信物」、「契書」及黃大仙師玉石吊墜，此吊墜乃經普宜壇道長誦經開光及灑淨，刻有契子女的姓名。[44]

圖 83：2016 年「黃大仙師上契結緣儀式」，儀式當時於第一參神平臺舉辦，至 2018 年始移師至鳳鳴樓禮堂舉辦。

44　〈監院隨筆（十）──上契神明文化〉，刊載於《東周刊》第 864 期（2020 年 3 月 18 日）。

圖 84：2016 年「黃大仙師上契結緣儀式」，監院代師説教。

2016 年嗇色園 95 周年紀慶迎祥賜福禮斗延生大法會：

　　自 2015 年紅磡體育館之禮斗法事後，嗇色園科儀名聲大噪，禮斗法事亦成為嗇色園作為重大活動的慶典之一。95 周年紀慶便再用禮斗法會作為慶賀，於 2016 年 10 月 9 日（星期日）於黃大仙祠內舉行。

圖 85：2016 年「迎祥賜福禮斗延生大法會」，為首次於黃大仙祠內舉辦禮斗法會。

圖 86：李耀輝監院開天門。

2016 年 10 月 16 日蘭溪黃湓村緣源園大獻供：

2016 年及 2017 年，嗇色園普宜壇道長分別前往浙江蘭溪黃湓村緣源園（黃大仙師出生地）及澳門，首次在香港以外進行大獻供科儀。嗇色園亦特別邀請國家宗教事務局、中國道教協會、民政事務局、各區領袖等代表在儀式中獻供祈福，服飾方面有班衣，包括紫色的九天大羅衣（主科袍）及紅、黃、白、黑、赤、藍、金、綠色等班衣。壇場則須有四靈旗、五嶽真形圖、七星燈及各式宮燈、八卦旗、十八般兵器、二十八星宿旗、大羅傘、長幡、賀旗等佈置，並需按指定方位佈陣。儀式中更有：禮十方、步罡踏斗、獻十供、沖表等傳統的道教儀範，亦是道教敬天祭祀之最盛大儀式。

圖 87：科儀當日舉辦有「2016 蘭溪市黃大仙故里文化節開幕式」。

圖 88：2016 年「蘭溪黃溢村緣源園大獻供」。

2016 年研發電子籤文機：

　　善信可列印籤文細閱；而現時更可使用手機「TAO-NET」程式查閱籤文，大大方便求籤善信。[45]

圖 89：「TAO-NET」的「説文解籤」版面。

45　〈監院隨筆（六十）── 黃大仙靈籤文化〉，刊載於《東周刊》第 914 期（2020 年 3 月 3 日）。

2017 年成人上契結緣儀式：

2017 年 10 月 2 日上午十時舉行成人上契結緣儀式。

圖 90：2017 年首屆成人上契結緣儀式。

圖 91：監院頒授上契證書。

圖 92：主科為象徵「豐衣足食」的上契物品開光。

　　成人上契結緣儀式，與兒童上契每年輪替舉行，謹按嗇色園提供文本資料，把丁酉年（2017）10月2日上午十時成人上契黃大仙科儀詳細記錄如下：

程序	誦唱摘錄	備註
鳴鑼開道		經雲衢路，從十二生肖平臺前往第一參神平臺。
上香		主科上香，再帶領眾契子女上香，由廟務職員及道長收香，插入香爐。
三跪九叩		
開經讚（琳瑯讚）	琳瑯振響，十方肅清……常清常靜大天尊（三稱）	
敕水文 灑淨 淨天地神咒	天地自然，穢氣分散，洞中玄虛，晃朗太元……凶穢消散，道炁常存，急急如律令。 法水蕩穢大天尊（三稱）	禁壇蕩穢 主科為象徵「豐衣足食」的上契物品：新衣服、碗、筷子、毛巾及福袋灑淨。

〈續上表〉

程序	誦唱摘錄	備註
金光神咒	天地玄宗，萬炁本根，廣修億劫，證吾神通……受持萬遍，身有光明……五氣騰騰，金光速現，覆護真形，急急如律令	上契物品開光（以火筆凌空寫符）
祝香咒	道由心學，心假香傳，香爇玉爐，心存帝前，真靈下盼，仙旆臨軒，弟子關告，逕達九天，大聖香雲浮蓋大天尊（三稱）	
請聖讚	道筵海會，鬱羅蕭臺，金童玉女兩邊排，香花滿金階，賜福消災，眾聖降臨來。賜福消災，眾聖降臨來。	
獻五供	初獻心香 香煙瑞靄香噴噴，龍鳳腦紫降真香， 真香奉獻蓮臺上 二獻鮮花 滿蕊千葩嬪巍巍，牡丹花芍藥蓮花， 蓮花奉獻蓮臺上 三獻心燈 慧焰重重明朗朗，光燦燦照徹虛空， 虛空照見原來性 四獻鮮水 汪洋醍醐一點點，一滴滴能潤焦枯， 焦枯天尊垂加護 五獻鮮果 荔枝圓葛甜甘甘，石榴果李柰蘋婆， 蘋婆奉獻慈尊座 五獻皆圓滿，同昇大羅天， 眾等皈命禮，福壽永長年	
黃大仙讚	金華洞化，眾聖傳經，驚迷普濟救群生，勸善達人心……朝禮 運元威顯普濟勸善大天尊（三稱）	
黃大仙寶誥	志心皈命禮 金華得道，童法修真，得葛仙引渡，苦行四十年，茯苓充飢，鍊道成真……敕封 玄妙普化養素淨正帝君赤松仙翁	
入意		
宣疏		
化表		

〈續上表〉

程序	誦唱摘錄	備註
恭請監院代師說教		監院講解仙師十美德（即黃大寶訓：孝悌忠仁義廉恥禮節信）、普濟勸善。
眾契子女恭領大仙信物		契子女排隊至監院前，恭領上契信物及契書。契書內有主禮人印章、仙師印章及嗇色園印章，監院以龍杖代仙師加庇。
眾契子女拜謝黃大仙師		契子女領福袋，道長派發《善門日用》，寓意保佑平安，又望加深了解道教文化。
請主科入壇復位		
上契功德	上契功德，不可思議，諸天諸地轉靈機，中華壽天齊，大道慈悲，萬化樂雍熙，大道慈悲，萬化樂雍熙。	
朝禮增福壽天尊大天尊		
結壇、禮成		
鳴鑼離開		從大殿到第一參神平臺，再經青雲路返鳳鳴樓。
眾契子女入壇領取上契信物		

2017 年澳門哪吒廟大獻供、儀仗隊出巡：

2017 年 6 月 11 日澳門道協交流，獲澳門大三巴哪吒廟之邀請，於「哪吒太子寶誕」當天參與「澳門祈福迎祥獻供大法會」。於澳門哪吒廟大獻供、大三巴牌坊演示禮十方、是黃大仙師首次「仙師移鑾」澳門，也是較大型的「禮十方」公開演示。嗇色園動員過百人之團隊赴澳門，進行大獻供法會及道教科儀，並參與飄色大巡遊。黃大仙聖像與哪吒聖像一同出巡，為澳門居民祈福。黃大仙師的「分身」及鑾輿第

一次離開香港，到澳門大三巴出巡，為澳門市民祈福，場面壯觀。[46]

圖 93：2017 年澳門哪吒廟大獻供，壇場設計及佈置因空間限制而有所調整。

圖 94：2017 年澳門哪吒廟大獻供，禮十方演示。

46　〈監院隨筆（三十一）──香港首次黃大仙師出巡〉，刊載於《東周刊》第 885 期（2022 年 8 月 12 日）、〈監院隨筆（三十七）──道教的「禮十方」科儀〉，刊載於《東周刊》第 891 期（2022 年 9 月 23 日）。

圖 95：2017 年澳門哪吒廟大獻供，嗇色園黃大仙鑾輿首次於香港以外的地方出巡。

2017 年參與第二屆羅天大醮：

　　香港羅天大醮十年一次。第一屆由圓玄學院主辦。是屆 2017 年 11 月 23 日由香港道聯會舉辦，地點在西環堅尼地城海旁，前後七天。有 1,200 名來自兩岸四地和海外的道長參與。場中設立了兩個壇和 10 個殿，道聯會在太乙殿和醜然十王殿附近張貼了一份榜文，詳列香港開埠以來逾 50 項的災難和嚴重意外，當中包括 1894 至 1914 年間的鼠疫、1899 年的新界六日戰爭、1941 年的香港保衛戰、1971 年的佛山（客）輪風災海難、1993 年的蘭桂坊慘劇、2003 年的非典型肺炎（「沙士」），以及 2012 年的南丫島撞船意外等，讓百多年來的逝去者得以安息。

圖 96：2017 年參與由道教聯合會舉辦的「第二屆羅天大醮」。

圖 97：2017 年參與由道教聯合會舉辦的「第二屆羅天大醮」，嗇色園於其中一晚舉辦禮斗法會。

圖 98：「羅天大醮」中的禮斗法會燈陣。

2017 年及 2019 年底參與高雄佛光山
「世界神明聯誼會」：

　　2017 年底監院率領逾一百位人員恭迎黃大仙師聖像前往臺灣佛光山出巡，參與一年一度的「世界神明聯誼會」，向寶島諸神禮拜，祈福迎祥。 2019 年，嗇色園一眾道長，更在佛光山佛陀紀念館前演示「禮十方」，三十六位經生手持朝簡，緩步踏上三十六張罡氈上（俗稱「罡單」，內有八卦及太極圖於氈布上），逐一朝十個方向禮敬神明，以表達祈願、懺謝及悔愆的心意。十方乃指：東、南、西、北、東南、東北、西南、西北、上、下等十方位之總稱，另有二十八位手持廿八星宿旗的經生分立兩側，誦唸經文。2019 年底這次展演的規格也是歷年之最。

　　禮十方共花了八分鐘，以兩首唱讚作結，分別為〈迎仙讚〉和〈仙

師讚〉。下圖以數字表示道長在罡壇上所站立位置次序，數字右邊箭咀表朝拜方向，每個方位持簡一拜。

1 ↓

3 ↘	2/6/10/12 ↓	↗ 7
8 →	11 ↑ 13 ←（從 12 踏前三步）14 ↘ 15 ↓ 16 ↓ ☯	← 4
5 ↗	11 ↓	↖ 9

　　禮十方結束後，眾道長列隊恭送仙師像返回住宿地，並於住宿大堂安放大仙畫像處唱誦〈送聖回鑾〉。

圖 99：2017 年臺灣佛光山舉辦的「世界神明聯誼會」，嗇色園道長恭迎黃大仙師移輿出巡。

圖 100：2019 年的「世界神明聯誼會」，嗇色園道長進行大型禮十方演示。

2017 年，設計「水晶琉璃牡丹供燈」
（2018 年首次奉燈）：

　　牧丹燈是監院為信眾設計之「本命星燈」，供奉於嗇色園太歲元辰
殿前殿內。善信可認領供燈，並按自身生肖放在所屬燈架，祈福祈壽。
在道教星斗信仰文化裡，人各有本命星主宰，燃點本命星燈可滌除罪
業，星光永照。嗇色園現時每逢農曆每月初一、十五日均會有經師在
太歲元辰殿內燃燈及誦經，有領燈科儀，凡供奉「牡丹供燈」之善信，
可點亮自身「本命星燈」，祈求平安順遂，元辰護佑，[47] 並於每月初一、
十五有供燈點燈科儀。

47　〈監院隨筆（七十九）——牡丹花於道教之意涵〉，刊載於《東周刊》第 933 期（2021 年 7 月
　　14 日）。

圖 101：2018 年 2 月 17 日，嗇色園首辦「水晶琉璃牡丹供燈開光科儀」，主科正點亮牡丹星燈。

圖 102：一眾燈主一同參與儀式，並於最後親手奉燈。

奉燈科儀為嗇色園眾科儀中最短的一項，但麻雀雖小，五臟俱存，謹據筆者於 2020 年 5 月 7 日牡丹供燈點燈科儀（元辰殿內），田野記錄如下：

程序	唱誦摘錄	備註
九魚九磬 九叩拜 三魚三磬洗魚		六紅袍經生站立斗姥壇前
琳瑯讚（唱誦）	琳瑯振響，十方肅清，河海靜默，山嶽含煙…… 常清常靜大天尊（三稱）	
步虛（唱誦）	照耀開明炬，氤氳道惠香，經塵歸紫極，元氣合元皇，臺座輝三級，罡光射七芒，歸真知命處，福壽自然長	
發燈神咒（唱誦）	上帝有敕，發點斗燈，七元來降，救護群生……斗燈一點，身宅光明，斗燈再照，永保長生	四名道長往後點燃牡丹燈，二名道長續在壇前唱誦，完成後回壇合唱誦完。
吊掛（唱誦）	北斗照曜鎮中天，斗轉旋璣福壽篇，本命星官來下降，命由天府消災愆，生天生地更生仙，延福延壽更延年，真人乃是皇人篆，經號金口字字宣	六道長續站壇前
斗姥寶誥（讀誦）	志心皈命禮，西天竺國，大智光中，真空妙相法王師，無上玄元天母主……大悲大願，大聖大慈，聖德巨光天后摩利支天大聖圓明道姆天尊	站立讀誦，伴以木魚。
上表 二手（清頌）入意 主科宣讀表文 唱誦	取出表文宣讀（紅紙） 朝禮　增福壽天尊大天尊（三稱）	讀信眾名字 放回表文於黃紙盒（書函桶）
化表		二道長持燈及表文往外化，壇續敲魚及磬。
結壇		壇前鞠躬、派利是，離壇。

2018 年 1 月 13 日，沙巴州黃大仙廟奠基：[48]

圖 103：2018 年，沙巴黃大仙廟奠基，李監院率普宜壇弟子前往沙巴辦理奠基儀式。

圖 104：沙巴黃大仙廟奠基典禮合照。

48　　吳漪鈴女士提供，因不同原因，有關議案現階段暫緩。

2018 年 9 月舉辦道教
《萬世師表孔聖先師啟蒙開筆禮》：

　　參與學童即場用毛筆撰寫「人」字，寓意學習「立人之德」。「非凡文化工作室」的一眾老師表演「琴箏太極吟誦」，既有古琴、古箏、太極拳表演，又有古書吟誦，讓大家賞閱中國傳統文化。隨後，一眾學童需前往園中「麟閣」，向孔聖先師參拜，上香祈福；然後由監院逐一為各學童點硃砂，寓意開啟智慧。儀式圓滿後，參與學童可領取證書及毛筆，更可獲一份文具禮品和蔥芹菜蒜，寓意聰明勤力。另外，嗇色園亦特別印製《道德經》、《般若心經》、《孝經》及《三字經》合訂精裝袖珍本，贈與各位學子；希望各位學子能秉承我國儒、釋、道三教優良文化。[49]

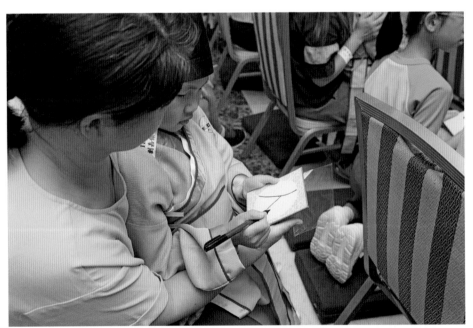

圖 105：參與學童即場用毛筆撰寫「人」字，寓意學習「立人之德」。

49　〈監院隨筆（十一）——開筆禮文化〉，刊載於《東周刊》第 865 期（2020 年 3 月 25 日）。

圖 106：儀式邀請學者教授向參與學童頒發證書。2019 年的開筆禮，請得筆者（譚偉倫教授）主持。

圖 107：監院逐一為各學童點硃砂，寓意開啟智慧。

開筆啟蒙科儀為嗇色園新創科儀，謹按 2018 年嗇色園提供錄像記錄，詳記如下：[50]

程序	誦唱摘錄	備註
鳴鑼開道		
上香（六炷）三跪九叩		
洗魚 開經（琳瑯讚）	琳瑯振響，十方肅清…… 常清常靜大天尊（三稱）	
淨水讚	天泉一派流，河海淵澄，指揮法界無垢塵，帝闕巍峨通傳奏，清淨瑤壇， 大聖清淨智海天尊大天尊	
敕水文 灑淨		經生灑淨壇場
淨天地神咒	天地自然，穢氣分散，洞中玄虛，晃朗太元……凶穢消散，道炁常存，急急如律令。法水蕩穢大天尊（三稱）	＝大獻供中禁壇蕩穢
祝香咒	道由心學，心假香傳，香熱玉爐，心存帝前，真靈下盼，仙旆臨軒，弟子關告，逕達九天，大聖香雲浮蓋大天尊（三稱）	
請聖讚	道筵海會，鬱羅蕭臺，金童玉女兩邊排，香花滿金階，賜福消災，眾聖降臨來。賜福消災，眾聖降臨來。	
獻香、進爵、獻花		
孔聖讚	尼山日月，萬世師尊、三才七政以文宣，中庸一貫傳，道義相聯，大哉萬世尊，大成至聖興儒盛世孔聖先師（三稱）	
孔子寶誥	志心皈命禮，昔降生於周末，應禱尼山之靈……大悲大願，大聖大慈，大成至聖，孔夫子先師興儒治世天尊	
意文頭	真心清靜道為宗，譬比中天寶月同，淨掃浮雲無點翳，一輪光滿太虛空，天尊法相難盡讚揚，今有孔聖先師啟蒙開筆意文彼宣，伏望諸大天尊，俯垂洞鑑	

50　筆者被邀作 2019 年「萬世師表孔聖先師啟蒙開筆禮」致辭及頒發證書嘉賓，未能分身同時作田野紀錄，故以 2018 年開筆禮錄像及文本為據作記錄。

194　回首普宜・百年科儀

嗇色園黃大仙祠儀式研究

〈續上表〉

程序	誦唱摘錄	備註
意文 宣祝文 化表	朝禮登寶座天尊大天尊	
誦讀仙師寶訓	懷胎十月否劬勞，睡濕眠乾苦自徒，長大成人如忤逆，問心真個不如無……返躬自問心何愧，是是非非莫妄施	＝黃大仙寶經
誦讀《孝經》第一章 誦讀《三字經》 擊鼓明志 老師協助學子寫「人」字 眾學子恭領證書、開光毛筆和孝經		
啟蒙功德	啟蒙功德，不可思議，諸天諸地轉靈機，中華壽天齊，大道慈悲，萬化樂雍熙，大道慈悲，萬化樂雍熙	
送聖回鑾讚	爐香馥鬱，送聖還宮，溥垂惠澤滿寰中，眾信沐恩隆，大闡玄風，恩留四海豐。 朝禮　鑾輿返天尊大天尊（三稱）	
三跪九叩		
結壇 禮成		眾學子到麟閣參拜孔子、上香及點殊砂。

2020 年再次公開招募新會員：

　　面試後接納的申請入會者，要修讀監院設計的一套入道文化課程。內容包括：學習道教信仰、黃大仙信俗與科儀文化，及《道德經》、《心經》及《孝經》等三教經典。課程除監院本人親自教授外，亦會安排資深的道長，及邀請課程相關範疇的學者及經懺導師任教。到學期完結時，所有申請者更需進行筆試及經懺考核；及格及通過最後面試者，還須接受多天的「皈依科儀」訓練；經過「皈依冠巾證盟科儀」，

圖 108：2020 年，嗇色園再次招募新會員，並預計將於 2021 年年末舉辦「皈依冠巾證盟科儀」。

接受證盟師、保舉師、引禮師、監度師的監禮和恭領「度牒」；並立下三大慈願：清靜心、大願心及堅固心，才算正式成為道門弟子。[51]

<h2 style="text-align:center">2021 年首次因疫情不對外開放頭炷香奉香及
祈福儀式：[52]</h2>

日期：2021 年 2 月 11 日（星期四）庚子年十二月三十日

晚上 10 時 55 分

地點：大殿內壇及第一參神平臺

51　〈監院隨筆（二十二）——皈依入道薪火相傳〉，刊載於《東周刊》第 876 期（2020 年 6 月 10 日）。

52　科儀過程全程直播，並鼓勵善信同步面向大仙祠方向，禮拜黃大仙師。

（主科：監院、二手：何志昌、三手：吳家權、侍香：盧燊河、
余君慶）

程序	唱誦摘錄	備註
鳴鑼開道、排班入殿		
主科上香 三跪九叩 洗魚		
琳瑯讚	琳瑯振響，十方肅清……常清常靜大天尊（三稱）（揖）	
敕水 淨天地神咒（二次）	天地自然，穢氣分散，洞中玄虛，晃朗太元，八方威神，使我自然……凶穢消散，道炁常存，急急如律令。法水蕩穢大天尊（三稱）（揖）	
奉香行禮十方 （副主席團）		
祝香咒	道曲心學，心假香傳，香爇玉爐……大聖香雲浮蓋大天尊（三稱）	
請聖讚	道筵海會，鬱羅蕭臺，金童玉女兩邊排……賜福消災，眾聖降臨來	
大仙讚	金華洞化，眾聖傳經……頂禮師祖（揖），萬劫盡消除。朝禮運元威顯普濟勸善大天尊（三稱）（揖）	
赤松黃大仙寶誥	志心皈命禮，金華得道，童法修真……敕封玄妙普化養素淨正帝君赤松仙翁	
觀音寶誥	至心皈命禮，莊王毓秀，受帝命而誕生，教闡南洋，奉敕旨而救劫……尋聲救苦救難，隨心消厄消災，碧落洞天帝主圓通自在天尊	
孚佑帝君寶誥	志心皈命禮，玉清內相，金闕選仙，化身為三教之師……開山啟教，玄應祖師……純陽演教警化孚佑帝君興行妙道天尊	
關聖帝君寶誥	志心皈命禮，太上神威，英文雄武，精忠大義……伏魔大帝關聖帝君……真元顯應昭明翊漢天尊	
主科上三枝檀香		
主科行三寶罡		
主科帶領主席及副主席團點燈及行七星燈陣		
主科上稟		
主科行九紫罡		
主科上頭炷香		
三跪九叩		
禮成		

圖 109：2021 年，嗇色園年三十晚祈福儀式及頭炷香因疫情不對外開放。監院邀請公眾於午夜 12 時在家面向獅子山方向祈福上稟。

圖 110：祈福科儀於黃大仙祠大殿進行。

2021 年財神宮開光科儀：

日期：2021 年 4 月 26 日財神宮開光科儀暨開幕典禮

地點：園內新建財神宮

財神宮受生迎庫開光科儀

（主科：監院、二手：何志昌、三手：梁文傑、侍香：張炳泉、
　　吳家權）

程序	唱誦摘錄	備註
（大殿內壇） 上香 九罄九魚 三跪九叩 洗魚		
琳瑯讚	琳瑯振響，十方肅清…… 常清常靜無上大天尊（三稱）	
淨水讚	天泉一派流，河海淵澄……大聖清淨智海天尊大天尊	
敕水文 （主科）		
大仙讚	金華洞化，眾聖傳經…… 朝禮運元威顯普濟勸善大天尊（三稱）	
赤松黃大仙寶誥	志心皈命禮，金華得道，童法修真，得葛仙引渡，苦行四十年……有叱石化羊之妙，頑疾得以霍然……勅封玄妙普化養素淨正帝君赤松仙翁	眾跪誦
主科上稟 三跪九叩		
（財神宮） 上香 九罄九魚 三跪九叩 洗魚		手爐、鳳儀、鳴鑼開道
主白	金爐纔焚道德香，祥煙馥郁遍蘭場……延福保神天尊……無上道經師三寶長生保命天尊……福生無量天尊……延福保神天尊……靈通品量天尊	

〈續上表〉

程序	唱誦摘錄	備註
淨天地神咒	天地自然，穢氣分散，洞中玄虛，晃朗太元……急急如律令，法水蕩穢大天尊（三稱）	主科灑淨
發爐咒	上帝有敕，發點斗燈，七元下降，照護群生……斗燈再照，永保長生	主科取天火
淨心神咒	太上臺星，應變無停，驅邪縛魅，保命護身……急急如律令	
淨口神咒	丹朱口神，吐穢除氛，舌神正倫，通命養神……道炁長存，急急如律令	
淨身神咒	靈寶天尊，安慰身形，弟子魂魄，五臟玄冥……侍衛我真，急急如律令	
安土地神咒	元始安鎮，普告萬靈，嶽瀆真官，土地祇靈……元亨利貞，急急如律令	
祝香神咒	道由心學，心假香傳……弟子關告，逕達九天	
五星神咒	五星列照，煥明五方……役使萬靈，上衛仙翁	
金光神咒	天地玄宗，萬炁本根……金光速現，覆護真形，急急如玉皇大帝律令敕	
香讚	祥雲初起，法界氤氳，羅天海嶽異香騰，到處覆慈雲……大聖香雲浮蓋天尊大大尊（三稱）	
請聖讚	道筵海會，鬱羅蕭臺……賜福消災，眾聖降臨來（二白） 恭炷寶香，虔誠上啟。	
主請聖	五靈五老天尊……本命十二庫神，恭望洪慈，俯垂洞鑒	
金光神咒	天地玄宗，萬炁本根……金光速現，覆護真形，急急如玉皇大帝律令敕	主科開光
獻五供	初獻心香 香煙瑞靄香噴噴…… 二獻鮮花 滿蕊千葩嬝巍巍…… 三獻心燈 慧焰重重明朗朗…… 四獻鮮水 汪洋醍醐一點點…… 五獻仙果 荔枝圓葛甜甘甘…… 五獻皆圓滿，同昇大羅天，眾等皈命禮，福壽永長年	

〈續上表〉

程序	唱誦摘錄	備註
財神讚	財帛府中大天尊，金鞭一舉耀眼明……世世常作大財星	
玄壇寶誥	志心皈命禮，位列玄壇，金輪如意……巡查壇院玄壇趙天君掌理天下財源督財府中大元帥	
主科上稟入意		
朝聖讚	祥雲靉靆，恭叩聖前……賜福消愆，眾等藉無邊	
開光功德	開光功德，不可思議……大道慈悲，萬化樂雍熙，朝禮增福壽天尊大天尊（三稱）	
祝壽讚	經功德，不可量，上祝筵道運遐昌……祝天尊聖壽無疆	
賀誕讚	賀誕功德，不可思議……大道慈悲，萬化樂雍熙	
三跪九叩結壇		

圖 111：2020 年 5 月 12 日，舉辦「財神宮奠基及寶物埋藏儀式」，期間在地基上灑上各國貨幣，寓意「福到財到」。

圖 112：2021 年 4 月 26 日「財神宮開光科儀暨開幕典禮」，於財神宮外平臺舉辦。

圖 113：2021 年 4 月 26 日「財神宮開光科儀暨開幕典禮」，李監院為「黑虎玄壇趙元帥財神」開光。

小結

如何把廟宇進一步發展成穩固的宗教群體，擁有穩定信徒，一直是香港道觀面臨最大的挑戰。正如香港青松觀資深道長葉長清在與李大華的訪談中說：

> 希望民眾來青松不僅是為了替先人做法事……也不是像參加旅行團一樣過來遊覽一下……我的理想是，你來青松觀可能有一些文化方面的、心靈方面的提升，比如說我們可以考慮一下開設靜坐班、太極養生班。[53]

另一位香港蓬瀛仙館資深道長陳敬陽在與李大華的訪談中說：

> 現在用大陸道長的話來說，就是要進行「信仰建設」……但我們連傳教的資料都不夠……一開始就要講老子、張天師、寇謙之、陸修靜，這些都是歷史過程，對一般的信眾而言是很沒意思的，太沉悶了……道教平時辦的班也好，目的不是培訓傳教士。還停留在教道教知識的程度……
>
> 儀式改革的問題，但這個沒辦法成功……道教的科儀，一個基本上要半小時到一小時，幽科要三個小時到半天時間……現代人很難抽那麼多時間去參加一個道教活動……我也跟葉長清道長討論過……怎麼把道教科儀時間縮短，但沒有一個人敢去搞這個事情……有人說不如我們自創一套新的儀式，但我們都是老宮觀……我們都有自己的傳統……不可能說改就改，這個阻力很

53　李大華，《香港全真教研究》，頁 297，2013 年 8 月 14 日下午，李大華與長清訪談二。

大，很困難⋯⋯的確，因為看歷史⋯⋯陸修靜那時候也是，科儀是可以改的⋯⋯我們都一起改的話，情況或許好一些⋯⋯

　　在香港，如果沒有什麼特別的原因，要讓人來參加宗教活動是很難的。只能先把人吸引到宮觀裡面，然後培養他們對這個文化和信仰的感情，才慢慢將他們轉化為信徒。[54]

　　以上詳盡的引述，目的是把嗇色園的科儀改革，放在一個較大的當代香港宮觀發展的框架中考察。可見所謂改革，事實上是回應宮觀廟宇在當代發展的問題，香港各大宮觀都看到問題的癥結所在，並各自尋求解決方案。嗇色園在監院的領導下，創出了一套方案。當中以科儀改革為中心，但不僅改革科儀，還牽涉：

（一）硬件建設：元辰殿、月老神像、財神宮的新建造。

（二）軟件建設：公開招收新會員，培訓過百人的「新派」經生隊伍。

（三）建立鮮明科儀形象：經生服飾隊形莊嚴化、增強外展大型科儀（禮斗、大獻供、禮十方、廟會大巡遊、開光活動），配合現代舞臺效果（燈飾、煙霧、煙花、音響）。

（四）堅守傳統，別樹一格：堅持科儀純乾道形象（無坤道弟子兼集中賀誕和懺儀，少涉度亡幽科）、堅守神不飲食（十供代葷供）、師不受錢（科儀不涉收取金錢）。

（五）科儀多樣化，以擴大信眾群體：為一般信眾增設非傳統科儀，包括上契科儀、啟蒙開筆科儀、月老助緣科儀、道教婚禮科儀、太歲上表科儀（環保電子上表）、牡丹燈供燈點

54　李大華，《香港全真教研究》，頁 327–330，2013 年 11 月 24 日下午，李大華與陳敬陽訪談。

燈科儀、頭炷香科儀、（會員）團拜科儀。

（六）科儀現代化，與時並進：以電子顯示科儀經文、科儀時間人性化（控制在兩小時內或更短，如莊嚴的禮十方，展演只須八分鐘）、環保燒香（免費提供）、禁焚冥鏹。

（七）擴大科儀參與：建立學員登記制度，鼓勵信眾有秩序參與，並設培訓班。

第五章

嗇色園普宜壇科儀選析

為進一步深入剖析普宜壇科儀，本章選取嗇色園普宜壇四項重大科儀：大獻供、禮斗、壽誕科、入道的科儀「體」，從道教科儀的角度，分析其核心科儀中的「元」，論證為五大元素：禮十方 ── 敕水解穢 ── 稱職請聖 ── 獻供（五供／十供）── 宣（送）疏文。

一、大獻供

嗇色園黃大仙祠平均每五年一次在祠內進行「大獻供」，為香港及全港市民祈福。儀式開始前於大殿前排壇：神案位於壇場的最北方，其南設主壇，東西兩邊排有八張附壇，壇場中心另設一座八卦壇（罡壇），坎離位設門。根據 2006 及 2016 兩場大獻供科儀的錄影資料，可將科儀節次概括如下：

大獻供科儀（2016）cf. 2006

科儀程序	唱誦摘錄	備註
鳴鑼開道		監院著紫色主科袍，著班衣的十六位道眾分別排班主壇與副壇，其他經生列隊立於八卦壇後。
	主科持塵拂讀白： 日出扶桑映海紅，瑤壇肇啟闡宗風，全真演教談玄妙，大道分明在其中。 民政事務局局長讀祈天祝文	

科儀程序	唱誦摘錄	備註
上香、 三跪九叩、 禮十方、 洗魚		十方（東、南、西、北、東南、東北、西南、西北、上、下）。
開經讚（唱誦）	琳瑯振響，十方肅清……大量玄玄也。 常清常靜大天尊（三稱）	
瑤壇讚（唱誦）	乾天三界降吉祥，坎水生蓮朵朵香……坤地設壇朝上帝，兌澤誦經保平安。 朝禮 香雲浮蓋大天尊（三稱）	
提綱	主白：金爐縷爇至真香，霧繞雲騰達上蒼。（揖） 二白：玉府高真排羽駕，分光遷景降蘭場。（揖） 金容感應大天尊（三稱）	持手爐
淨水讚（唱誦）	天泉一派流，河海淵澄，指揮法界無垢塵，帝闕巍峨通傳奏，清淨瑤壇， 大聖清淨智海天尊大天尊。 （以劍指壓盂口以代揖作禮）	持水盂
祝水文（主科讀白）	主科讀白：伏以仙境難通，以香為信，塵凡俗世，非水弗清，誠將一滴之功，肅清十方三界，夫此水者，北方正炁，天乙源流，玉液內朝，金精上湧，吐故納新，蕩瑕滌垢，是謂乾坤之正氣，能除天地之妖邪，敕水靈章，謹當宣誦。	持水盂
敕水文	天一生水，地六成之，一六既合，五行乃基，吾今灑動，穢逐塵飛。 （主科轉調清頌）夫此水者，崑崙孕秀，河漢流芳，蓮花香裡碧波寒，楊柳枝頭甘露潤……大地緣茲消垢穢。 （主科轉讀白）太一之精，東井之華，流灌一體，蕩穢除邪……處仙人家，急急如律令。 四明開朗，天地為常……夢眊混芒，急急如律令。 清淨之水，日月華開，神水一灑，厭穢速開，神水遍灑，禍去福來， 常清常淨大天尊。	

〈續上表〉

科儀程序	唱誦摘錄	備註
禁壇蕩穢	（眾唱詠）天地自然，穢氣分散，洞中玄虛，晃朗太元⋯⋯凶穢消散，道炁常存，急急如律令。 法水蕩穢大天尊（三稱） （主科轉持手爐，跪誦讀迎聖） 敕封，玄妙普化養素淨正帝君赤松仙翁（三稱）	＝淨天地解穢咒 主科繞場灑淨 （眾跪誦）
迎仙讚唱誦	東極無量，西池主生，諸仙諸佛道緣宏（叩）度我上雲層，不可思議，不可移更（叩）筵開法會證前盟，皈命（叩） 太微洞主太玄大仙君（三叩）（三稱）	持手爐跪誦
祝香文 （主白）	主白：伏以香迺玉華散彩，九炁含煙，香雲彌羅，逕達三天，侍香金童，傳言玉女，冀為弟子通奏，咸賜如言。	持手爐換新香插手爐，一炷三枝香。
提綱	主白：三炷真香玉爐焚，遙望金闕達善因。（揖） 二白：獻供功德通三界，虔誠皈命禮聖恩。（揖） 香雲達信大天尊（三稱）	持手爐
三寶罡 （主科站讀白）	道香文：伏以天蓋高而不可扣，地載厚而孰能通，惟憑一念之誠，逕達三天之聽⋯⋯炷向金爐，初申供養。 經香文：伏以紫虛欝秀，金香結瑞靄之煙⋯⋯炷向金爐，再申供養。 師香文：伏以諸真列聖帝闕金仙，始清八十一天⋯⋯炷向金爐，三申供養。	備三枝香，用橫簡持香赴主壇前踏罡。
發爐讚 （眾詠）	眾詠：道由心學，心假香傳，香爇玉爐，心存道前，真靈下盼，仙旆臨軒，弟子關告，逕達九天。	
主白	主白：以今修設大獻供齋儀，升壇行道，弟子運茲三拈上香⋯⋯默允精虔之禱。	

科儀程序	唱誦摘錄	備註
稱職請聖	二白：恭對瑤壇，秉職啟請。 主白：弟子乃係太上混元道德門下，清靜真一不二法門，嗣派全真演教叨承科範事……誠惶誠恐，稽首頓首。 眾詠：悉仗真香，普同供養。 二白（眾俯伏）：恭爇寶香，虔誠上啟。（簡換手爐）	持簡跪誦
主請聖	主科下跪壇前讀白：大羅三清三境三寶天尊、高上玉皇玄穹高上帝、四御四皇上帝、上元一品賜福天官大帝、中元二品赦罪地官大帝、下元三品解厄水官大帝……（共廿五位名號略）……十八洞清諸子，一體遙臨。 眾唱誦：朝禮登寶座天尊大天尊（三稱）	持手爐跪請
朝禮拜誥 玉皇大讚	主：志心皈命禮，金闕玄穹主，高上玉皇尊……玄穹高上帝。	〔2006年缺此項〕
朝禮拜誥 黃大仙讚	（眾唱誦）金華洞化，眾聖傳經，驚迷普濟救群生，勸善達人心，頂禮師祖，萬劫盡消除，朝禮　運元威顯普濟勸善大天尊（三稱）	站立持簡三揖
朝禮拜誥 赤松黃大仙寶誥 （讀誦伴以木魚）	志心皈命禮，金華得道，童法修真……大悲大願，大聖大慈 敕封　玄妙普化養素淨正帝君赤松仙翁	眾跪誦 主持簡跪讀白
獻供文	主科讀白：弟子聞酌水獻香花，惟一誠而可格，燃燈供齋寶，奉十獻以為虔……俯降齋筵，受歆供養，證盟修奉，法眾運誠，玉音讚詠。	主持簡跪誦

〈續上表〉

科儀程序	唱誦摘錄	備註
十供養（香、花、燈、水、果、茶、食、寶、珠、衣）	眾唱誦 初獻香 香燃氤氳香供養，金爐銀絲透上蒼。 再獻花 花開四季花供養，仙苑群芳惹天香。 三獻燈 燈燃碧落燈供養，渺渺照出豪光現。 四獻水 水泛曹溪水供養，森林流來一派長。 五獻果 果結蟠桃菓供養，曼倩三偷能增壽。 六獻茶 茶斟雀舌茶供養，盧同七度瑞呈祥。 七獻食 食餌糖餅食供養，黍米麥稷非凡物。 八獻寶 寶貝金銀寶供養，珊瑚琥珀不尋常。 九獻珠 珠妙闢塵珠供養，元始手執號諸天。 十獻衣 衣冠齊整衣供養，玉京殿上禮虛皇。 香花燈水果，茶食寶珠衣，齋信恭虔請，上聖降臨軒，願以此功德，普及於一切，十供養至尊，共成無上道。	嘉賓上供
意文 主白	主科持簡讀白：獻供已畢，弟子虔恭，願垂恩眤，鑒領丹衷，瑤壇肅靜，鐘鼓停音，獻供疏文，對聖敷宣。 （持疏文往壇前三供） 二手：意文頭 真心清靜道為宗，譬彼中天水月同……今有大獻供文疏披宣，伏望諸大天尊俯垂洞鑒。	
宣疏文	主白：大上混元道德清靜……百拜叩進 朝禮（二手） 登寶座天尊大天尊（三稱） 主白：向申疏文，宣白云周，恭送丹墀，丙丁化煉。	〔2006年用香廚妙供天尊大天尊〕 主持簡捧疏文信封與主禮嘉賓步出壇中，放於紙馬功曹手內，三請回壇。

科儀程序	唱誦摘錄	備註
焚化讚	眾詠：稽首皈依天地前，爐起祥煙，三界十方盡遙觀，萬聖臨軒，天仙地仙，水府三官，四功曹值符使，奏表傳言，若人皈依天地前，福壽無邊。	〔2006年缺此項〕
送化讚（眾唱誦）	香花送，使者早登程，寶馬金鞍……上詣諸天並瓊闕，次臨赤松大仙宮，符使早登程，禮拜香花送。	回小壇持簡三揖
送化讚後説文	主科下跪讀白：向來獻供功德，上奉高真，下保平安，賜福消災，同賴善功，證無上道，一切信禮，志心稱念。 （主緩緩持簡起立） 眾唸誦：飛雲捧送天尊（三稱） 二手：不可思議功德 （主行揖禮）	主持簡跪小壇前俯伏唸
回向文	主科站讀白：向來詞誠既達，天意允孚，青衣傳赦……雞舌重薰，熱瑞香於寶鼎。 以今行道事週，法眾運誠，謹發慈悲大願。	
發大願眾唱誦	眾詠：一願一忱昭感、二願眾聖臨軒、三願三光朗耀、四願四時順序……十一願世界和平、十二願道炁長存。	主科站立一願一揖 2016年對「發大願」內容有所增飾：十一大願一帶一路，四方興隆、十二大願國運昌盛，道炁長存。
收經讚眾唱誦	眾詠：獻供功德，不可思議，諸天諸地轉靈機，國運壽天齊，大道慈悲，萬化樂雍熙。	主科持簡三揖
送聖回鑾讚眾唱誦	眾詠：爐香馥鬱，送聖還宮，溥垂惠澤滿寰中，眾信沐恩隆，大闡玄風，恩留四海豐。 朝禮 鑾輿返天尊大天尊（三稱）	主科持簡三揖
圓滿偈眾唱誦	眾詠：願以此功德，普及於一切，圓滿保平安，消災增福壽。 朝禮 消災延壽天尊大天尊，太平護國天尊大天尊，玄都萬壽天尊大天尊。	主科續持簡站壇前
結壇三跪九叩		

圖 114：2011 年大獻供中的「十供」。

圖 115：2011 年大獻供，監院行「三寶罡」，以乾冰煙機營造特效，呈現騰雲駕霧的神仙意境。

圖 116：大獻供規模盛大，動員五十多位道長一同參與。

二、賀黃大仙壽誕科儀

嗇色園黃大仙祠每年農曆八月廿三日舉辦「運元威顯普濟勸善赤松黃大仙師寶誕」慶祝儀式。儀式包含兩部分，先行獻供，再行壽誕科。除黃大仙師寶誕外，園內還有三十二個恆常賀誕，以敬奉道、釋、儒三教仙真神佛。現據 2019 年 9 月 21 日一場黃大仙師寶誕科儀，記錄節次如下：

黃大仙師寶誕

2019 年 9 月 21 日（己亥年八月廿三日）上午十一時三十分排班

主科：監院、二手：張炳泉、三手：杜永祖、侍香：梁理中、梁延溢

程序	誦唱摘錄	備註
鳴鑼開道，入壇		主科高功、道眾列隊進大殿
上香（六炷）		
三跪九叩		
洗魚、開經		磬、木魚各九聲
琳瑯讚	琳瑯振響，十方肅清……萬靈鎮伏，招集群仙……冥慧洞清，大量玄玄也……常清常靜無上大天尊（三稱）	

〈續上表〉

程序	誦唱摘錄	備註
敕水文（主科）	主科口白：伏以仙境難通，以香為信……能除天地之妖邪，敕水靈章，謹當宣誦。 清頌：夫此水者，崑崙孕秀，河漢流芳……群生藉此潤枯焦，大地緣茲消垢穢。 再執水盂至科儀桌熏淨，白言：太一之精，東井之華，流灌一體，蕩穢除邪……處仙人家，急急如律令。（拍淨板一下） 四明開朗，天地為常，三光神水……，萬炁混亡，急急如律令。（拍淨板一下） 默念下文，以劍訣空書諱字：清淨之水，日月華開。（中藏北斗，內隱三臺。） 邊誦下文，邊以劍訣作點灑動作：神水一灑，厭穢速開。神水遍灑，禍去福來。……吾今灑動，穢逐塵飛。	
灑淨 淨天地解穢咒	道眾合頌：天地自然，穢氣分散……斬妖縛邪，度人萬千……八方威神，使我自然……法水蕩穢大天尊（三稱）	主科右手執淨枝至大殿內各處灑淨
祝香咒	道由心學，心假香傳，香爇玉爐，心存帝前，真靈下盼，仙旆臨軒，弟子關告，逕達九天，大聖香雲浮蓋大天尊（三稱）	高功去簡，執手爐，爐內插香三支，向黃大仙行三拜。
請聖讚	道筵海會，鬱羅蕭臺，金童玉女兩邊排，香花滿金階，賜福消災，眾聖降臨來。賜福消災，眾聖降臨來。	
獻五供	初獻心香，香煙瑞靄香噴噴，龍鳳腦紫降真香，真香奉獻蓮臺上。 二獻鮮花，滿蕊千葩嬻巍巍，牡丹花芍藥蓮花，蓮花奉獻蓮臺上。 三獻心燈，慧焰重重明朗朗，光燦燦照徹虛空，虛空照見原來性。 四獻鮮水，汪洋醍醐一點點，一滴滴能潤焦枯，焦枯天尊垂加護。 五獻鮮果，荔枝圓葛甜甘甘，石榴果李柰蘋婆，蘋婆奉獻慈尊座。 五獻皆圓滿，同昇大羅天，眾等皈命禮，福壽永長年。	主科跪於壇前，執簡行禮，再去簡。

〈續上表〉

程序	誦唱摘錄	備註
獻花果酒		主科獻果與花，行三拜禮；再獻酒（三杯），行三拜禮，灑酒於桌下鼎內，由左侍香斟滿酒，再供於科儀桌上。
仙師讚	金華洞化，眾聖傳經，……驚迷普濟救群生，勸善達人心……朝禮運元威顯普濟勸善大天尊（三稱）	
赤松黃大仙真經	南無皈依南無道，南無皈依南無諦，人間不少大神仙，仙亦凡人修煉去……自有臨頭報應，近則報己身……仙師以孝悌忠仁義廉恥禮節信而詳言之。	眾跪誦
赤松黃大仙寶經	懷胎十月否劬勞，睡濕眠乾苦自徒，長大成人如忤逆，問心真個不如無……返躬自問心何愧，是是非非莫妄施。	
赤松黃大仙寶誥意文	志心皈命禮，金華得道，童法修真，得葛仙引渡，苦行四十年，茯苓充飢，鍊道成真……敕封玄妙普化養素淨正帝君赤松仙翁。 眾詠：朝禮登寶座天尊大天尊	眾跪誦 主科宣文疏，道眾及全體信眾跪伏於拜墊。
獻齋飯茶		獻飯、茶，茶水灑於桌下鼎內，左侍香再次斟滿後，供於桌上。
祝壽讚 主科持朝板上三寶檀香 獻壽包、雞、福肉、寶帛 主科持硃砂寫意文盒（書函桶）、步罡至外化。 鐘鼓齊鳴廿四響	眾仙同日詠霓裳，水瑟雲璈並鼓簧，火棗交梨陳寶座，杯傳玉液注瓊漿……天人共慶達康莊。 香雲浮蓋大天尊	眾經生跪拜
賀禮讚	賀誕功德，不可思議，諸天諸地轉靈機，中華壽天齊，大道慈悲，萬化樂雍熙，大道慈悲，萬化樂雍熙。	

圖 117：2019 年黃大仙師寶誕賀誕科儀。

圖 118：2019 年黃大仙師寶誕賀誕科儀，主科李耀輝監院宣疏文。

圖 119：完成科儀後，闔壇道長一同向仙師舉杯祝酒。

〈續上表〉

程序	誦唱摘錄	備註
向仙師敬酒 持杯下跪 舉杯三祝酒		道長站立原位
敕符		監院持火筆敕符，隨之將符分送道眾。
禮成		

三、禮斗

　　嗇色園黃大仙祠舉辦「禮斗科儀延生心經法會」取材自道教古籍及園內珍藏孤本五羊城嶺南福地三元宮藏版《禮斗科儀延生心經》，2006 年 11 月首次舉辦，2015 年 3 月 8 日，嗇色園與香港道教聯合會首次假香港紅磡體育館攜手合辦「乙未年（2015）香港道教日開幕典禮暨萬人祈福讚星禮斗大法會」。

　　禮斗儀式前先行排壇：壇場最北側立斗姥神像、座前供奉書有三清隱諱之斗桶。神案上設禮斗星牌、長生星牌。其南方續排九皇壇，科儀桌共九張，副壇環繞主壇，以應九宮八卦。壇場南側懸掛符令，地面鋪設北斗、南斗等斗燈圖。最南方設高臺供奉星燈，形製以三臺華蓋及左輔右弼拱照北斗七政，共十二垣。壇場外設「平安橋」（或祈福橋）及「九色珠盤」。現據 2016 年 10 月 9 日嗇色園 95 周年紀慶所舉行的一場禮斗科儀錄像，記錄具體科儀節如下：

嗇色園 95 周年紀慶
迎祥賜福禮斗延生大法會

2016 年 10 月 9 日（星期日）黃大仙祠

程序	誦唱摘錄	備註
鳴鑼開道，經生道長入壇。 上香 （監院上香斗姥及眾仙真六炷、九皇壇法師上香） 九磬九魚整肅壇場		監院上香後登高臺護壇。九皇壇法師持檀香於朝板推上，眼目寫字諱。

程序	誦唱摘錄	備註
禮十方		主科持簡站立禮敬十方，祈求仙聖臨壇。經生道長帶領嘉賓及功德主持牡丹燈向神明敬禮。
洗魚 步虛	唱誦：太極分高厚，輕清上屬天，人能修至道，身乃作神仙，行已三千數，時定四萬年，丹臺開寶笈，金口永流傳。	主科兩跪拜
吊掛讚	唱誦：酌水獻花滿瑤壇，供養斗姥獅座前，灼灼銀燈開夜月，聲聲讚韻禮中天，一瞻一禮消災障，香懺香禳滅罪愆，但願南宸增福壽，更祈北斗賜長年。	主科邊跪拜
舉天尊	主科：大慈延壽天尊（三稱）	眾合誦
主科讀白	主科：伏以天一生水，乃群生養育之機，地六成形，為萬彙滌除之用，今皈依以迎真，憑法水而蕩穢。	直讀
二手接	二手：謹運真香，虔誠奉請。	清頌
主科請聖	主白：五方五帝五龍君，天德月德君……〔略六名號〕……助今解穢，掃滅塵氛，咒水靈章，眾當持誦。	持水盂直讀
淨天地神咒	天地自然，穢氣分散，洞中玄虛，晃朗太元……凶穢消散，道炁常存，急急如律令。 法水蕩穢大天尊（三稱）	木魚伴讀，八道長灑淨，共誦三遍。 八道長回壇沾水彈指
提綱	啟告中天紫微光，北斗九皇下穹蒼， 普天星垣臨凡世，異香繚繞遍壇場。	持手爐，主科讀誦（拉長音）。 二手接（拉長音）
主科讀白	伏以寶炬輝煌，洞照紅塵之境，爐煙繚繞，薰騰紫極之宮……發燈神咒，謹當持誦。	
發燈神咒	唱誦（兩遍）：上帝有敕，發點斗燈，七元來降，救護群生……斗燈一點，身宅光明，斗燈再照，永保長生。	二手帶唱，監院（於高臺上）及主科點亮華蓋燈，主禮嘉賓燃亮北斗七星及九皇星燈。
香讚	香焚寶鼎，假達凡言，金童傳奏詣中天……祈福保平安。	二手木魚帶唱，主科持手爐跪拜。

〈續上表〉

程序	誦唱摘錄	備註
啟聖	主科讀白：伏以香透凌霄，乃氤氳於三垣之內，心通紫極，即禱祈於七曲之前……一心上請，虛無自然至尊三寶、周御國王天尊、聖德巨光天后、勾陳天皇上帝、星主紫微大帝……弟子聞，尊居北極，位正中天，作眾生之主宰……凡有皈投，必先敷奏。	主科持如意拜，再轉手爐，跪讀。
意文頭（二手） 主科上稟 二手帶唱 入意	朝禮　登寶座大天尊（三稱） 主科讀白：情悃已露，聰聽必聞，是當迎請之時，須籲匐之拜，伏望暫離紫闕，早降玄壇……弟子等至心瞻仰，恭伸敬禮。	主科跪讀疏（唸功德主名） 手持如意跪白
主科讀白	再有護表關文，謹當宣讀。 （三手讀白）（宣讀護表關文）	手持如意跪白 手持關文
主科讀白	關文宣白已週，虔備楮財文剳，恭就金爐，風火焚化。	手持如意跪白
焚化讚 （送化表文）	唱誦：稽首皈依天地前，爐起祥煙，三界十方盡遙觀……四功曹值符使，奏表傳言，若人皈依天地前，福壽無邊。	眾道長站立，二手帶唱一遍。
送化讚	唱誦：香花送，使者早登程，寶馬金鞍空碧落……上詣諸天並瓊闕，下臨水國及陽寰，符使早登程。	眾道長站立，二手帶唱一遍。
步虛讚	唱誦：稽首太上尊，皈命禮北辰，仰啟二尊帝，朝覲七元君……北斗七千神，俱來臨法座，同入清靜門，弟子志心誦，道炁自然存。	眾道長站立，二手帶唱一遍。
斗姥寶誥	眾讀誦：志心皈命禮，太初神后，天竺聖人，主宰魁罡，往來太虛……先天神后，摩利支天斗母無上元君。	跪讀伴以木魚，主科持如意，道長持簡。
吊掛	唱誦：皈命先天雷祖帝，紫光金尊摩利支，西乾自在運神通，大施慈悲救苦難，日月高明能映奪，眾生極迫賴扶持，弟子依教誦靈章，天耳遙聞隨感應。	站立唱誦，主科一跪拜。

程序	誦唱摘錄	備註
九皇寶誥	眾讀誦：志心皈命禮，紫光毓秀，皇極分元，為造化之樞機，作人神之主宰，宣威三界，統御萬靈，至道至尊，大明大德，中天北斗九皇九真延生解厄上道帝君大聖興行助善天尊。	跪讀誦，伴以木魚。
北斗咒	唱誦：北斗九宸，中天大神，上朝金闕，下覆崑崙……生我養我，護我身形（默念：魁、魁、魋、魓、魌、魋、魒尊帝）急急如律令。	站立唱誦
護命真經	稽首皈依眾妙道，至心恭敬二玄真……空色色空無有性，有無無有色空均……今日守心何所證，不失凡身得道身。	站立半唱半讀誦
瞻星禮斗小讚	唱誦：瞻星禮斗，祈福求延，香花燈果獻中天，懇願鑒微虔，本命星官，解厄並消愆，本命星官，解厄並消愆。	站立唱誦，主科跪拜。
主科供棗湯 主科讀白	 向來朝禮功德，上奉高真，同賴善功，證無上道，一切信禮，志心稱念， 圓明道姥天尊 二手接：不可思議功德	主科移步到主壇跪供，兩盆十六碗，一碗送高臺監院，眾嘉賓於主科手上接過供神棗湯。 主科回壇
監院開天門	眾詠：七元神擁護，三臺星照臨，無災亦無障，永保壽康寧，照耀開明炬，氤氳裊慧香，純誠歸紫極，正炁合元皇，臺座輝三垣，罡氣射七芒，皈真知命處，福壽自然長。（木魚伴，半唱半誦）	主科往高臺邀請監院，監院於高臺敕亮藍星天幕，寓意將天上大門開通。監院持劍，地上放煙花，頂上亮藍燈，持龍杖帶領眾嘉賓、道長及功德主，持牡丹燈繞燈陣及踏踱五星拱照祈福橋。
送聖	（主白）伏以酌水獻花，格星真而降鑒，投誠皈命，荷斗極以光臨……五道開明，九幽昭泰，蒙如丹禱。	主科回壇跪讀白

〈續上表〉

程序	誦唱摘錄	備註
送聖讚	唱誦：朝元辭駕，送聖還宮，普垂惠澤滿寰中，民物感恩隆，大闡玄風，四海悉皈從，朝修功德已週完，無量聖眾皆回向，回向道經師三寶，回向闈壇諸聖眾，回向滿空真聖宰，回向十方大天尊。 朝禮　鑾輿返天尊大天尊	站立眾誦
回向文	（眾詠）願以此功德，普及於一切，禮斗保平安，消災增福壽。	功德回向大眾
禮斗功德	禮斗功德，不可思議，諸天諸地轉靈機，中華壽天齊，大道慈悲，萬化樂雍熙，大道慈悲，萬化樂雍熙。	主科三跪九拜
送化福榜及榜文		
結壇		持簡三跪九叩

圖 120：2017 年迎祥賜福禮斗延生大法會。

圖 121：道長誦唱發燈神咒，一眾主禮嘉賓燃亮北斗七星及九皇星燈。

圖122：李耀輝監院帶領一眾嘉賓及善信手持牡丹燈繞燈陣。期間，眾道長誦唱經文「七元神擁護……」。

圖123：一眾嘉賓及善信繞行燈陣後，踏踱「五星拱照祈福橋」，寓意將福氣帶回家中。

四、入道儀式（皈依冠巾證盟科儀）

有關傳戒的意義，當代高道閔智亭（1924—2004）在《道教儀範》中強調受戒前度師必須親自誦經禮懺，幫戒子消除罪過，方可冠巾，冠巾受戒之後修道之士名錄紫府，得道飛昇之時受到大道護佑：

> 凡出家者，度師必親為誦經禮懺，先令罪過消除，方可穿戴太上巾袍。次奏疏文，上達三官大帝，牒移太乙靈官部下，即當擁護。即使黑夜入山，險逢盜賊，亦得解脫，日後大丹成就，三官大帝自堪實保奏。不遵玄科，不請冠巾，上界不知，臨回首時，縱然強戴冠巾，亦同庸俗之魂，繩捆索綁同入酆都。（略）如在祖宗位前冠巾裝束，而鬼卒即不敢擅加擊拷，亦少受枷鎖之苦，此冠巾科儀最要之事也。[1]

嗇色園黃大仙祠自 2006 年起定期舉行「皈依冠巾證盟科儀」，頒發度牒，為道士正式入道皈依之憑證。儀式開始前需排壇：壇場最北側為科儀桌，上有供品、法器，其南為八卦壇，坎離位設門，其南設四個副壇，監度、證盟、保舉、引禮四大師則分坐壇場兩側。現據 2014 年所舉行的一場皈依冠巾證盟科儀錄像，記錄其科儀節次如下：

1　閔智亭，《道教儀範》（臺北：新文豐，1995），頁 235。

皈依冠巾證盟科儀 2014

程序	誦唱摘錄	備註
監院引眾經生到大殿		
主上香		
三跪九叩 八大神咒		
主請聖、主上稟		監度、證盟、保舉、引禮師四職引眾戒子鳴鑼開道,由青雲路出,經正門,上第一臺階,壇生列隊隨後。
主白	皈依無上道,得窺三洞經,妙理憑師引,精修在自誠。	廿四鐘鼓響,眾戒子就位,監院引眾經生由大殿出,播放《大開門》,監院立定止。
主上香 三跪九叩		
禮十方		八位穿班衣經生負責
開經讚	琳瑯振響,十方肅清……常清常靜大天尊(三稱)	備水缸、水盂
主敕水	伏以仙境難通……吾今灑動,穢逐塵飛。	班衣經生往各戒子站立位置灑淨
禁壇蕩穢	天地自然,穢氣分散,洞中玄虛,晃朗太元……凶穢消散,道炁常存,急急如律令。法水蕩穢大天尊(三稱)	=淨天地解穢咒
主提綱	人間天上境相殊,昭感原憑一念孚,弟子焚香申啟請,願乘鶴馭下神都,香雲達信天尊。	持手爐
主拈香説文	夫此香者,丹臺毓秀,性地鍾靈……香熱爐中,如嗣秉請。	
請聖讚	十方真宰,三界羣仙,衣冠濟濟下遙天,羅列寶壇前,鑒我精虔,同開大願船,鑒我精虔,同開大願船。	
黃大仙讚	金華洞化,眾聖傳經,……驚迷普濟救群生,勸善達人心……朝禮 運元威顯普濟勸善大天尊(三稱)	持簡三揖

〈續上表〉

程序	誦唱摘錄	備註
赤松黃大仙寶誥	志心皈命禮，金華得道，童法修真，得葛仙引渡，苦行四十年，茯苓充飢，鍊道成真……敕封玄妙普化養素淨正帝君赤松仙翁。	眾跪誦 主持簡跪
（主科）步罡踏斗：三寶罡		鐘鼓三響 完成後撤八卦毯
主稱職請聖	二白：恭對瑤壇，秉職啟請。 主白：弟子乃係太上混元道德門下，清靜真一不二法門，嗣派全真演教叨承科範事……誠惶誠恐，稽首頓首。 眾詠：悉仗真香，普同供養。 二白（眾俯伏）：恭炷寶香，虔誠上啟。（簡換手爐） 主請聖（持手爐跪請）： 洞真大道金闕自然高真大聖元始天尊、洞玄大道玉宸元皇道君大聖靈寶天尊、洞神大道金闕玄元老君大聖降生天尊、敕封養素淨正真人運元威顯普濟勸善赤松黃大仙師、南無三界大師四生慈父釋迦牟尼世尊、大成至聖文宣先師孔子，十方三界、諸天仙聖，一體遙臨，恭望師慈，願垂洞鑒，謹具疏文，恭對敷宣。	持簡跪誦
（主）宣疏	（眾）朝禮登寶座天尊大天尊	主科起三揖持簡，鐘鼓廿四響，戒子俯伏，主宣戒子名，戒子應：「弟子在。」
主科書符密咒掐訣封文疏		
上三寶香		檀香
主科上罡壇進表		步九紫罡及北斗七星罡，戒子俯伏，進表畢，戒子起立。

程序	誦唱摘錄	備註
主科送化	主白：天開皇道五雲祥，仙佛瑤壇接帝鄉，欲把丹誠通帝關，須憑道德一爐香。 提綱：弟子皈命焚真香，香煙靄靄徹穹蒼，三清四聖臨金殿，虔誠奉獻五供養。	
獻五供	初獻香，香煙瑞靄香噴噴，龍鳳腦紫降真香，真香奉獻蓮臺上。 二獻花，滿蕊千葩嬝巍巍，牡丹花芍藥蓮花，蓮花奉獻蓮臺上。 三獻燈，慧焰重重明朗朗，光燦燦照徹虛空，虛空照見原來性。 四獻水，汪洋醍醐一點點，一滴滴能潤焦枯，焦枯天尊垂加護。 五獻果，荔枝圓葛甜甘甘，石榴果李柰蘋婆，蘋婆奉獻慈尊座。 五獻皆圓滿，同昇大羅天，眾等皈命禮，福壽永長年。	
（主科）發三願、三皈依		
冠巾授籙 主宣《皈依證盟籙》		授袍、冠巾、受戒 眾戒子發三大願：主問：「能發否？」戒子昂首喊：「能發。」 經生薰袍
授袍，監度師宣讀經文	監度師：布袍護衛萬千真，袖統乾坤氣象新，提領本師相付授，身中化作四時春。	監度師授袍，眾戒子起身穿袍，然後再跪下。
冠巾，證盟師宣讀經文	證盟師：萬神證鑒引仙才，朵朵金蓮遍地開，玉女持巾傳口詔，綸音飛下九重來。	證盟師冠巾
受戒，主以戒尺輕敲戒子頭頂，受戒後由保舉師發度牒。		戒子以左手按四經典（《道德經》、《孝經》、《心經》、《全真清規》）
新歸弟子向各師叩禮拜謝，向左右大眾拜謝。		向班衣經生拜謝，向左（證盟師、保舉師、引禮師、監度師）拜謝，再向監院拜謝。 二手以引磬提示學員鞠躬。

程序	誦唱摘錄	備註
新晉弟子上香，監院加持。		監院用如意拍打戒子頭頂
眾詠	玄功圓滿道儀宣，回壇送聖返瑤天……同秉虔誠三稽首，合壇道眾禮聖前。	
送聖回鑾讚	眾詠：爐香馥鬱，送聖還宮，溥垂惠澤滿寰中，眾信沐恩隆，大闡玄風，恩留四海豐，朝禮 鑾輿返天尊大天尊（三稱）	
三跪九叩 禮成 大合照		眾新入道弟子跟隨引禮師及二手到各殿上香，紅袍經生從旁協助。

圖 124：2014 年皈依冠巾證盟科儀，一眾資深經生行禮十方儀式。

圖 125：2014 年皈依冠巾證盟科儀，主科李監院上三寶香。

五、小結

以上，嗇色園黃大仙祠大獻供、禮斗、壽誕科、入道等重大儀式的核心結構為：禮十方 —— 敕水解穢 —— 稱職請聖 —— 獻供（五供／十供）—— 宣（送）疏文。其中禮十方、敕水解穢、送疏文（飛罡進表）在道教科儀史中有悠久的傳承歷史，仍為當代道教醮儀中的核心內容。

（一）禮十方

朝科的最初形態是早期天師道的「漢中入治朝靜法」（《登真隱訣》DZ421, 3. 10b-11b.），基本儀節是入戶、先祝爐（發爐）、四方朝、後祝爐（復爐）、出戶。[2] 四方朝的方向是東向、北向、西向、南向，各向所祈內容與神明皆不同，以東向、北向為例：

> 先東向，云甲貪生樂活，願從諸君丈人，乞匄長存久視，延年益壽，得為種民，與天地相守。當使甲家災禍消滅，百病自愈，神明附身，心開意悟。
>
> 次北向，甲欲改惡為善，願從太玄上一君，乞匄原赦罪過，解除基讁，度脫災難，辟斥縣官。當令甲所向，金石為開，水火為滅，惡逆竇伏，精邪消散。

靈寶齋中自然朝也稱為「朝禮」，節次依次是發爐、稱法位開啟、禮十方、思神、復爐，此處「禮十方」是由天師道四方朝發展而來，同

2　　林振源，〈地方道教研究：以閩南與臺灣道法二門為中心〉，《臺灣宗教研究》第 16 卷第 2 期（2017），頁 134。

時也受到佛教十方（或十方佛）的影響。靈寶齋正齋行道階段，「禮十方」是核心節目，因此正齋行道在古靈寶經中也被稱為「朝禮」，在後來的道教科書中又按行道時間分別稱為「早朝」、「午朝」、「晚朝」。正齋行道的「禮十方」不只是禮拜十方諸神，還要懺悔謝罪，因此又稱為十方懺謝、禮謝十方。十方從東方開始，以此為南、西、北、東北、東南、西南、西北、上、下。[3]

（二）敕水解穢

唐張萬福（fl.712）《醮三洞真文五法正一盟威籙立成儀》關於「潔壇解穢」有解釋：「夫所以潔壇者，蕩滌故氣，芳澤真靈，使內外清通，人神俱感。凡啟醮，悉皆如之。」（DZ1212, 6a.）

（三）飛罡進表

步罡，亦稱步罡踏斗，可追溯到「禹步」，傳說大禹曾以此馴服了洪水，祂們也和古代帝王每年一度在明堂中的穿行儀式有關。[4] 道士需按一定口訣，在罡單之上步踏，並配合秘呪和掐訣。其作用有多種，如逐穢净壇（九鳳罡）、護體（三台罡）、朝天謁帝（九靈罡）等。《上清天心正法》卷二有「步罡行持」一節，著重指出步罡的要訣在於存思並獲得星斗真炁及光芒，以此來驅遣神將、號令鬼神：

---

3   呂鵬志，《唐前道教儀式史綱》（北京：中華書局，2008），頁 160–161。

4   索安（Anna Seidel）著，呂鵬志等譯，《西方道教研究編年史》（北京：中華書局，2002），頁63。當代臺灣北部正一派則於朝科中演行「飛罡進表」，參見呂錘寬，《臺灣的道教儀式與音樂》（臺北：學藝出版社，1994），頁 355。

凡步罡之法，貴在存念。古人所謂腳步不如手步，手步不如心步，故要思想逐星真炁及逐星光芒，前後存念，得真如得斗真降鑒法官。所以在魁罡之內，行持萬鬼萬神，無不欽伏。故使神將聽吾令鬼神，依吾言萬一，不存真炁，不藏三魂，謂之空尸步罡，非為法令不行，抑亦及貽踐踏之咎，切宜審之。（DZ566，2.2b.）

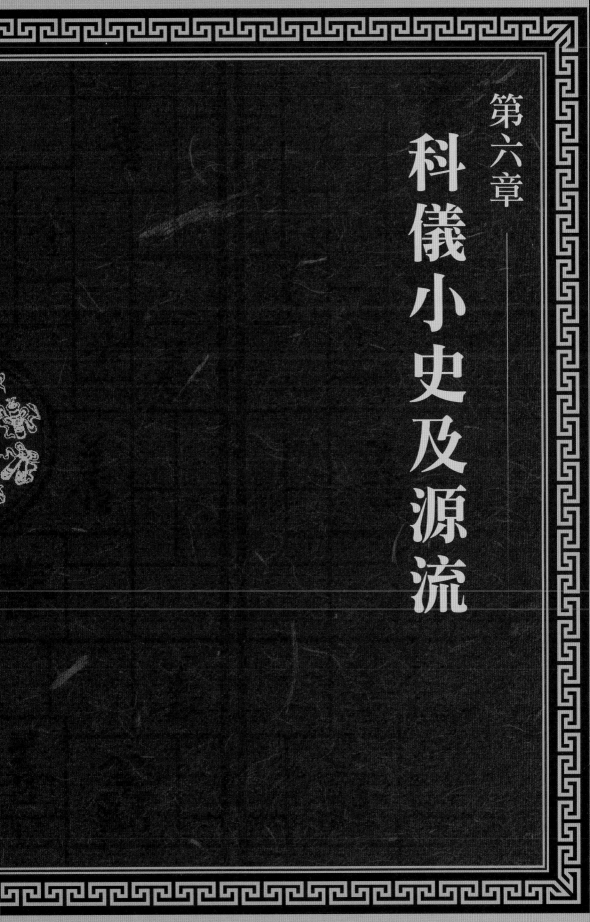

第六章

科儀小史及源流

本章旨在從道教科儀歷史的角度，探討嗇色園核心科儀在道教中的源流，包括常年舉行的拜懺、賀誕，以致禮斗、獻供、皈依入道和幽科。

一、道教懺儀小史

　　懺悔是宗教實踐中的重要組成部分，世界各宗教傳統中皆有相關內容，具體形式為信眾向神明或神職人員表達對自身過錯的悔過，或由神職人員舉行懺悔儀式、信眾參與其中。

　　中國古代已有懺悔思想，古人將之與國運聯繫在一起，如《漢書》中記載董仲舒對於災害的看法，即國家失於治理則會天降災害加以懲戒，若不知懺悔改變，更會加劇災異頻出：「國家將有失道之敗，而天廼先出災害以譴告之。不知自省，又出怪異以警懼之。尚不知變，而傷敗廼至。」[1]《史記》也記載漢文帝曾因日蝕而下詔罪已，通過文書向上天及臣民懺悔己過。[2] 除統治者需常思己過來穩定國運之外，儒家也提出個人應經常反思自己的過錯，通過「吾日三省乎吾身」來達到道德修養。

　　東漢道教經典《太平經》則認為人因作惡而遭受疾病災禍，天曹神明會記錄作惡之人的罪責，若人能懺悔罪過，則可解除或減輕自己及後人所「承負」的懲處。湯用彤曾對此思想做出評價：「又悔過自責，得除罪增壽，固早為道教《太平經》之要義。漢末黃巾亦教人自首過失，人之功過常有天神下降按巡記錄，為中國道教之一中心理論。」[3]

1　《前漢書・董仲舒傳》，3b−4a。

2　《史記・孝文本紀》，10b−11a。

3　湯用彤，《漢魏兩晉南北朝佛教史》（北京：北京大學出版社，1997），頁582。

《太平經》中提到信眾需透過「首過」的方式，懺悔自身的罪責以解除災禍或疾病，這種方式可追溯自早期天師道的上三官手書，以及張角時的「跪拜首過」、「以療病」。由此可知，天師道在創立之初已延續儒家的道德倫理思想，進而發展出相關教誡禁忌和解罪儀式，帶有深刻的罪咎意識。[4] 道教學者多認為三官手書是上章儀式的雛形，其解除罪過的方式是向天、地、水三官呈上三份手書，《三國志‧魏志》卷八〈張魯傳〉援引《典略》記載的「請禱治病」之法：「請禱之法，書病人姓名，說服罪之意，作三通。其一上之天，著山上，其一埋之地，其一沉之水，謂之三官手書。」[5] 三官手書上寫病患願為所犯罪過懺悔，從而祈請三官解除罪過，救治疾病。[6]

上章儀式承襲三官手書，並借鑒世俗官僚行政程序，成為天師道傳統中的核心儀式。[7]《千二百官儀》、《赤松子章曆》、《元辰章醮立成曆》以及陸修靜（406－477）、陶弘景（456－536）的相關著作中記載了如何在實踐中進行各式上章儀式。此時的上章儀式不局限於通過懺悔個人罪愆的方式來治療疾病，有時也需懺悔七世以來先祖之罪來救拔亡魂。[8] 上章時被稱為章生的天師道治民要向祭酒提出需要解決的問題，祭酒記下陳述，此通稱為章辭，隨之準備章信、遵守相關禁忌並

4　參見 Jack Dull 著，福井重雅譯，〈新道教におる儒教的諸要素〉，收入酒井忠夫編，《道教の總合的研究》（東京：國書刊行會，1997），頁 7－56。黎志添，〈天地水三官信仰與早期天師道治病解罪儀式〉，《臺灣宗教研究》第三期（2002），頁 4。

5　《三國志‧魏志》卷八，28a－b。

6　大淵忍爾，《初期の道教》（東京：創文社，1991），頁 151－156。張澤洪，〈早期正一道教的上章濟度思想〉，《宗教學研究》第 47 期（2000），頁 22－24。黎志添，〈天地水三官信仰與早期天師道治病解罪儀式〉，頁 9。

7　呂鵬志，〈早期道教醮儀及其流變考索〉，譚偉倫主編《中國地方宗教儀式論集》（香港：香港中文大學崇基學院宗教與社會研究中心，2011），頁 27－29。傅飛嵐（Franciscus Verellen）著，呂鵬志譯，〈天師道上章科儀 ──《赤松子章曆》和《元辰章醮立成曆》研究〉，黎志添主編，《道教研究與中國宗教文化》（香港：中華書局，2003），頁 37。

8　傅飛嵐（Franciscus Verellen）著，呂鵬志譯，〈天師道上章科儀 ──《赤松子章曆》和《元辰章醮立成曆》研究〉，頁 39。丸山宏著，張澤洪譯，〈正一道的上章儀禮 ── 以《塚訟章》為中心〉，《宗教學研究》第 Z1 期，1992，頁 53－61。

挑選合適的上章日期。[9]

　　東晉末劉宋初時，古靈寶經援引天師道上章儀式等內容，又承襲和發展南方方士傳統，同時大量吸收佛教的教義和實踐，融合多種傳統後形成新的「靈寶齋」。[10]中國古代已有稱為「齋」的儀式，齋本是一種預備禮儀，主要靠改變飲食、沐浴清心、懺悔自過來表示虔誠恭敬。古靈寶經創立的靈寶齋已不再是預備禮儀，而是成為了其他典禮的主體儀式，宿啟建齋（預告）、正齋行道（正式儀式）、散壇言功（閉幕）三階段的儀式結構影響至今。[11]陸修靜整理和修訂了許多靈寶齋儀，其他派別也模仿創立了不少齋儀，如天師道制定了三種正一齋（太一齋、旨教齋、塗炭齋）。[12]塗炭齋是一種悔罪的齋儀，信眾滾於泥中，塗泥於額，擊頭於地，以求天師寬宥其罪並祛罪避災、求取長生。塗炭齋中的首過謝罪多指先人的罪過，參與儀式的信眾認為父母祖先的罪過與己身相關，因此儀式中需懺悔宗親門族及己身家門所犯的「無軮數罪」。[13]悔過是齋儀中的重要部分，早期天師道通過「首過」來達到赦罪治病的儀式理念被保留下來。如《太極真人敷靈寶齋戒威儀諸經要訣》云：「下除宿罪，赦見世過，救危難，消災治病，解脫死人憂苦，度一切物，亦莫有不宜矣。」（DZ532, 10a.）陸修靜撰《洞玄靈寶齋說光燭戒罰燈祝願儀》中有十行道，第八項為「懺謝罪咎，請乞求願，心丹至誠，謙苦懇惻。」（DZ524, 2a.）[14]

9　傅飛嵐（Franciscus Verellen）著，呂鵬志譯，〈天師道上章科儀——《赤松子章曆》和《元辰章醮立成曆》研究〉，頁 40—45。

10　呂鵬志，《唐前道教儀式史綱》第七章，頁 122—173。

11　呂鵬志，同上註，頁 129，163—169。

12　呂鵬志，〈早期道教醮儀及其流變考索〉，頁 86。

13　福井文雅等編，《道教事典》（東京：平河出版社，1994），頁 468。柏夷（Stephen Bokenkamp）著，林欣儀譯，謝世維校正，〈麻布與灰——塗炭齋中的自我與家族〉，《中國文哲研究通訊》18 卷 2 期（2008 年 6 月），頁 21—23。

14　有關靈寶齋的功用可參考呂鵬志，《唐前道教儀式史綱》，頁 168—169。

值得注意的是，此時道教經典中對於懺悔行為的描述多以「首過」、「服罪」、「悔罪」、「袪罪」、「懺謝」等詞彙進行表述，較少出現「懺」、「悔」相連的用法，也沒有單獨的科儀名為「懺悔」。「懺悔」一詞的出現很可能與佛教經典傳譯至中原有關，「懺」源於梵文 kṣama，音譯為「懺摩」或「叉磨」，本意是請他人容忍。懺、悔二字是音譯與意譯的結合，意為請求他人寬恕自己的悔罪。[15]中國佛教的懺法始自晉代，隋唐五代出現許多禮懺文本，全盛於宋代，格式固定至今。[16]可以推測的是，道教禮懺文本或懺悔科儀應是在原有天師道上章首過、靈寶齋懺謝罪咎的基礎之上，吸收佛教思想發展而來，自唐代起流行至今。[17]如《太上慈悲道場消災九幽懺》（DZ543）傳說由葛玄所作、唐代道士李含光（682－769）整理完成，《太上慈悲九幽拔罪懺》（DZ544）與《太上慈悲道場滅罪水懺》（DZ545）也都完成於唐代。[18]根據《羅天大醮早（午、晚）朝儀》DZ477（478, 479）的內容，最晚至宋代時懺悔已成為朝科中的固定節次。[19]

當代地方道教儀式中，朝科中仍保留懺悔節次，而誦經拜懺亦為醮典中的重要組成部分，懺本與地方信仰傳統相結合，種類更加豐富多樣。

---

15 參見勞格文（John Lagerwey）在 *The Taoist Canon* 中對道教懺儀的簡介。Kristofer Schipper & Franciscus Verellen eds., *The Taoist Canon*,Vol.1, University Of Chicago Press, 2004, p.566. 白金銑，《唐代禪宗懺悔思想研究》（臺北：文史哲出版社，2009），頁 34－44。

16 全國宗教資訊網，「三昧水懺」條，李玉珍、黃國平撰寫，網址：https://religion.moi.gov.tw/Knowledge/Content?ci=2&cid=107，擷取時間：2020 年 8 月 6 日。相關研究可參見白金銑，〈魏晉六朝佛教懺悔的實踐與義蘊〉，《新世紀宗教研究》第八卷第三期（2010 年 3 月），頁 127－176。徐立強，〈「梁皇懺」初探〉，《中華佛學研究》第 2 期（1998），頁 177－206。

17 勞格文認為道教的禮懺文本參考了佛教經典，並在其中加入了需要祈請的神明譜系。參見 Kristofer Schipper & Franciscus Verellen eds., *The Taoist Canon*, Vol.1, p.566.

18 參見 Kristofer Schipper & Franciscus Verellen eds., Ibid, pp. 566-568, 571.

19 參見 Kristofer Schipper & Franciscus Verellen eds., *The Taoist Canon*, Vol.2, University Of Chicago Press, 2004, pp. 996-997.《羅天大醮早朝儀》（DZ477, 5a.）；《羅天大醮午朝儀》（DZ478, 5a.）；《羅天大醮晚朝儀》（DZ479, 5b.）。產生於唐代的羅天大醮原本是齋末之醮，宋代演變為相對獨立的醮儀。《道門科範大全集》記載羅天大醮採納靈寶齋分三階段且行道階段分三時的做法，所謂早朝、午朝和晚朝，分別指早、午、晚行道。參見呂鵬志，〈早期道教醮儀及其流變考索〉，頁 108。

二、神誕慶典源流

在華人宗教信仰中，神明的聖誕日期並非一致，而是按照先天或後天神的神格、職司作為標註。[20] 明代王逵[21] 撰《蠡海集》記載：

> 或謂神明果有降誕乎？以義起者也，蓋推擴則可以通。玉帝生於正月初九日者，陽數始於一而極於九，原始要終也。玄帝生於三月三日，一生二、二生三、三生萬物，水之氣，天一至三而始盛也。（略）其餘可觸類義或有未盡者，多以裝塑之始為生誕也，其忠烈孝義之神皆以在生之真年月也。[22]

意即先天神的神誕根據的是「義」，有其象徵意涵，其餘未能盡義者則以神像裝塑之日為神誕；後天神大多是歷史上真實存在的人物，神誕以史實為依據。

有關神明聖誕的節日慶典，道教在傳教之初已選定三會日，由天地水三官考校世人罪福，時間通常選為正月七日、七月七日及十月十五日，後來與民間正月十五、七月十五的民俗節日，佛教盂蘭盆節相結合，在唐代成為三元日的官方節慶。[23]《大唐六典》卷四八〈禮部·

20　全國宗教資訊網，「主神聖誕」條，李豐楙撰寫，網址：https://religion.moi.gov.tw/Knowledge/Content?ci=2&cid=143，擷取時間：2020 年 8 月 6 日。

21　清代姚福均所輯《鑄鼎餘聞》題王逵為宋代人，《欽定四庫全書》中《蠡海集》提要則認為王逵是明代洪武、永樂年間錢塘人。參見《鑄鼎餘聞》卷一，1b，清光緒二十五年（1899）刻本，收錄於《藏外道書》第十八冊（成都：巴蜀書社，1992），頁 563。《欽定四庫全書》子部十，雜家類三，《蠡海集》提要，1a-2b。

22　《欽定四庫全書》子部十，雜家類三，《蠡海集》之「鬼神類」，58a-59a。

23　參見李豐楙，〈嚴肅與遊戲：道教三元齋與唐代節俗〉，收入鍾彩鈞主編，《傳承與創新：中央研究院中國文哲研究所十周年紀念論文集》（臺北：中央研究院中國文哲研究所籌備處，1999），頁 53-110。

祠部郎中〉條記載:「道士有三元齋,正月十五日天官為上元、七月十五日地官為中元、十月十五日水官為下元,皆法身自懺愆罪焉。」[24] 自玄宗朝始,官方會在三元日延請道士設齋行道,而民間則會舉行燈會,遊覽寺觀以慶祝佳節。三元日延續了三會日中的三官信仰,在神明考校世人的宗教節日基礎上逐漸發展為慶祝三官聖誕的大型慶典。

宋元時期,新興儀式傳統如天心、神霄、清微等陸續被「正統道教」接受、整合與混融,以「宋元新道法」的身分進入明代《道藏》,並被編寫進道教史,其中國家的青睞與龍虎山張天師的認可起到了關鍵作用。[25] 一些地方神祇也受到朝廷的敕封,以此來凝聚地方的力量,鞏固帝國的統治。[26] 因此地方慶典、朝山進香活動逐漸活躍起來,例如宋代江西撫州華蓋山三仙被朝廷敕封,地方精英廣泛參與其慶典活動。[27] 元代《玄天上帝啟聖靈異錄》收錄的〈元賜武當山大天一真慶萬壽宮碑〉記載玄天上帝聖誕時的盛況:「歲三月三日,相傳神始降之辰,士女會者數萬,金帛之施,雲委川赴。」[28]

諸如武當山類洞天福地的民間進香活動開始見諸史籍,並引起官員的注意,大多是在明代中期才陸續出現。[29] 明代各地神明聖誕慶典的科儀需求也比前代有所增加。明《道藏》中已有部分經典對神明聖誕及其相關儀式內容有詳細記載。如,《諸師聖誕沖舉酌獻儀》(DZ482)

---

24   《大唐六典》,臺北:文海出版社,1974 年據家熙本影印。

25   林振源,〈歷史與當代地方道教研究專輯 I 導論〉,《華人宗教研究》第 8 期(2016 年 12 月),頁 2。

26   Lowell Skar, "Ritual Movements, Deity Cults and The Transformation of Daoism in Song and Yuan Times." in *Daoism Handbook*, ed. Livia Kohn. Leiden; Boston; Köln:Brill, 2000, pp. 421-422.

27   韓明士(Robert Hymes)著,皮慶生譯,《道與庶道:宋代以來的道教、民間信仰和神靈模式》(南京:江蘇人民出版社,2007),頁 84−164。

28   《玄天上帝啟聖靈異錄》(DZ961, 7a.)。

29   梅莉,〈武當山朝香風俗的歷史研究〉,《武漢大學學報(人文科學版)》2008 年 03 期,頁 356。

即是用於慶祝神明聖誕及成道紀念，稱頌神功的文本。根據勞格文（John Lagerwey）的研究，該書著於明代，內有五種酌獻科儀和獻文，屬於四位神明，即：正月初九日玉皇大帝聖誕酌獻儀、正月十五日祖天師張陵誕辰酌獻儀、二月十五日道祖太上老君降誕獻文、三月三日玄天上帝降誕獻文、九月九日高真祖師張陵及玄天上帝沖舉獻文。[30]明初朱權所編《天皇至道太清玉冊》則在〈朝修吉辰章〉中詳細列舉了各種神明聖誕及下降日期。[31]周思得（1359－1451）《上清靈寶濟度大成金書》之〈祈禳諸真醮儀〉中也有少數用於慶祝神明聖誕或成道紀念的醮科，如「純陽真人祭酒科」即是為呂洞賓仙誕之時啟建的醮科；兩種「玄帝設醮科」中的一種即是重陽之日（九月九日）紀念玄帝沖舉飛升所設醮科。[32]一些清代抄本中，也出現了許多地方道壇為當地神明聖誕所規劃的醮科。例如李豐楙主編的《道法海涵》第一輯，其中三冊《諸神醮科》總共收錄五十部科本以及兩部相關經本，其中包含專為神明聖誕所設醮科，如祖師醮、東嶽醮、關帝醮、土主醮、化主醮、老郎醮等，這些神祇都能在湖北麻城地區找到奉祀祠廟，因而推測這些醮科乃地方祠廟設醮祝壽之用。[33]

由此可以推論，明清時期皇家宮觀及地方祠廟因定期舉辦神誕慶典，產生相關的科儀需求，進而促使道士將相關科儀整理、編輯成冊，傳衍迄今。

30　參見 Kristofer Schipper & Franciscus Verellen eds., *The Taoist Canon*, Vol. 2, p.962.

31　朱權（1376－1448），《明史》言為太祖第十七子，自號大明奇士，後號涵虛子、臞仙、丹丘先生、玄洲道人、南極遐齡老人、南極沖虛妙道眞君等，有多部著作刊行於世。《天皇至道太清玉冊》（DZ1483）署名南極遐齡老人臞仙撰，收入《萬曆續道藏》，此書作於正統九年（1444），論述了天地造化、道統起始、儀制器用、衣冠禮樂、天心靈秘、道門儀範等，「舉道門之所用，皆載此書也。」

32　張超然，〈專醮酬恩：近代道教為民間信仰所提供的儀式服務〉，收錄於侯沖主編，《經典、儀式與民間信仰》（上海：上海古籍出版社，2018），頁 268。

33　參見張超然，同上註，頁 270－271，273－277。李豐楙主編：《道法海涵》第一輯（臺北：新文豐出版公司，2014）。

三、禮斗科儀源流

　　中國有關北斗信仰的遺存最早見於新石器時代，距今五六千年前的濮陽西水坡 45 號墓中，已經出現由蚌殼堆塑的三角形與兩根人脛骨構成的北斗形象；戰國初期的曾侯乙墓中也出土有朱書「斗」字及二十八宿的漆木衣箱；漢代以降，北斗題材的壁畫、石刻、墓磚及隨葬品更加普遍。[34]

　　先秦文獻如《楚辭》、《山海經》、《尚書》、《詩經》等都有關於北斗的記載。秦漢時期，北斗信仰兼具主壽、司殺、王權、厭勝、辟兵、星占、分野等多重宗教職能。[35] 漢代讖緯經典已將北斗和人的壽命禍福聯繫在一起，如《春秋佐助期》云：「七星之名，並是人年命所屬，恆思誦之，以求福也。」[36]

　　六朝道教經典則將這種思想發展為「北斗落死、南斗上生」的觀念，東晉末《靈寶無量度人上品妙經》（DZ1）明確界定五斗的職司：「東斗主筭，西斗記名，北斗落死，南斗上生，中斗大魁，總監眾靈。」[37] 東晉干寶所著《搜神記》則記錄了管輅助顏超向南、北斗祈求延命的故事：

34　相關考古學研究可參見朱磊，《中國古代北斗信仰的考古學研究》（山東：山東大學博士學位論文，2011）。

35　朱磊，同上註，頁 73。

36　羅焱英，〈道教星神司命考述〉，收錄於潘崇賢、梁發主編，《道教與星斗信仰》（濟南：齊魯書社，2014），頁 873–879。安居香山、中村璋八輯，《緯書集成》（石家莊：河北人民出版社，1994），頁 821。

37　《靈寶無量度人上品妙經》（DZ1, 1. 10a.）。《靈寶無量度人上品妙經》簡稱《度人經》，屬於「古靈寶經」，《元始無量度人上品妙經四注》記載，該經為葛玄訪道會稽時由太極誥使降下，南齊嚴東始做註解（DZ87, 序, 3a.）。參見 Kristofer Schipper & Franciscus Verellen eds., *The Taoist Canon*, Vol. 1, p. 215.

管輅至平原，見顏超貌主天亡，顏父乃求輅延命。輅曰：「子歸，覓清酒鹿脯一斤，卯日，刈麥地南大桑樹下，有二人圍位，次但酌酒置脯，飲盡更斟，以盡為度。若問汝，汝但拜之，勿言。必合有人救汝。」顏依言而往，果見二人圍棋，頻置脯，斟酒於前。其人貪戲，但飲酒食脯。不顧數巡，北邊坐者忽見顏在，叱曰：「何故在此？」顏惟拜之。南面坐者語曰：「適來飲他酒脯，寧無情乎？」北坐者曰：「文書已定。」南坐者曰：「借文書看之。」見超壽止可十九歲，乃取筆挑上語曰：「救汝至九十年活。」顏拜而回。管語顏曰：「大助子，且喜得增壽。北邊坐人是北斗，南邊坐人是南斗。南斗注生，北斗注死。凡人受胎，皆從南斗過北斗；所有祈求，皆向北斗。」[38]

除此之外，道教也結合上章儀式向南、北二斗祈求消災延壽。《赤松子章曆》（DZ615）卷四〈解天羅地網章〉記載：「謹請北斗七星貪狼巨門斷絕死源，祿存廉貞替易死形，文曲武曲削除死錄。」〈驛馬章〉（亦云〈開度章〉）載：「析北斗落死籍，南斗上生名，延壽無窮。」[39]

到了唐宋時期，道教斗科儀式發展更加豐富，開始將上章和醮儀結合，以章醮的形式啟求度過死厄災難，獲得吉祥。唐初《正一解厄醮儀》（DZ794）記載：

凡人年命有厄，元辰死忌，五羅算盡，陽九陰八，盜賊口舌，疾病官橫，財產不利，觸事災憂者，可依法推究章醮解之，即得

38　《搜神記》卷三，5a−b。收入《欽定四庫全書》。

39　《赤松子章曆》（DZ615, 4. 4a, 6a.）。施舟人（Kristofer Schipper）認為《赤松子章曆》創作於六朝時期，後世有所增補。參見 Kristofer Schipper & Franciscus Verellen eds., *The Taoist Canon*, Vol. 1, p.134.

轉禍為福，大吉利。宜以太歲、本命、甲子、庚申及諸吉日，醮請司命北斗七星，生度災厄。[40]

杜光庭（850－933）在《道門科範大全集》（DZ1225）當中收錄許多斗醮儀式，如《南北斗同醮儀》、《南北二斗同壇延生醮儀》、《北斗延生儀》、《解禳星運儀》等。

北斗信仰在宋代經典化並與儀式進一步結合。《無上玄元三天玉堂大法》（DZ220）認為「萬法皆從斗出，萬神皆從斗役，是知一切法、一切行持非斗真莫能通真應也。」[41] 以《太上玄靈北斗本命延生真經》（DZ622）及《太上玄靈北斗本命長生妙經》（DZ623）為代表的北斗經在宋代《海瓊白真人語錄》（DZ1307）和《道門定制》（DZ1224）中皆有提及。[42] 白玉蟾稱讚北斗經說：「斗經云：家有北斗經，六畜保興生。此蓋身中北斗宰制其氣，則眼不欲視、耳不欲聞、鼻不欲香、舌不欲味、身不欲觸、意不欲思。畜此精華，自然至於宅舍安寧，子孫榮盛也。」[43] 呂元素編輯的儀式節次包含誦讀斗經：「太上十一曜大消災神呪經一卷」。[44] 北宋末斗科盛行，宣和年間（1119－1125）浙東的東華靈寶傳統甚至將其獨立出來，稱為「璇璣法」，另外設立璇璣府、籙、印等：

如醮告斗，以伸祈禳，則靈寶大法中之一事也。在二十四等之中，只名北斗除災醮而已。天台之行靈寶者，欲別立門戶以傳於人，因見宣和間有璇璣之籙，故集諸家之說以為璇璣之法，別

40　《正一解厄醮儀》（DZ794, 1a.）。施舟人（Kristofer Schipper）認為《正一解厄醮儀》創作於唐初。參見 Kristofer Schipper & Franciscus Verellen eds., Ibid, p.476.

41　《無上玄元三天玉堂大法》（DZ220, 5. 1a.）。

42　參見 Kristofer Schipper & Franciscus Verellen eds., *The Taoist Canon*, Vol. 1, pp.952-953.

43　《海瓊白真人語錄》（DZ1307, 1. 2b, 3a.）。

44　《道門定制》（DZ1224, 5. 19a.）。

立玄靈璇璣府，印編末卻歷言所本如《北斗經》，傍通圖諸書，皆列其後。[45]

宋元之際，斗姥信仰融入密教「摩利支天」元素，成為北斗信仰的另一個分支。斗姥亦做「斗母」，宋代道經始出現此稱謂，在《玉清無上靈寶自然北斗本生真經》（DZ45）、《太上玄靈斗姆大聖元君本命延生心經》（DZ621）中提及斗母名為「紫光夫人」，北斗七星及天皇大帝、紫微大帝等九人為其子；斗母尊號為「九靈太妙白玉龜臺夜光金精祖母元君」、「大圓滿月光王」，似乎糅合了西王母和月神的特質。直到元末《道法會元》（DZ1220）中《先天雷晶隱書》才將「摩利支天」列為斗姥的名號之一。[46]

明代朱權在《天皇至道太清玉冊》中羅列了十四種告斗法，各地的藩王府中禮斗儀式也相當盛行，如周藩就建有七星臺，每月七日進行獨立的禮斗科儀。[47]

清代以來禮斗儀式普及民間，許多道觀建有斗姥殿或元辰殿，民眾通過「朝真禮斗」祈求北斗星君「消災解厄」，南斗星君「祈壽延年」。

45　金允中，《上清靈寶大法》（DZ1223, 總序，6b-7a.）。

46　參見蕭登福，〈試論北斗九皇、斗姆與摩利支天之關係〉，《人文社會學報》3 期（2004 年 12 月），頁 5—22。

47　Richard G. Wang, *The Ming Prince and Daoism*, Oxford University Press, 2012, p. 55.

四、宗教的獻供儀

祭祀作為典型的宗教儀式，其具體表現形式是向神奉獻禮物、祈禱或致敬。[48]「祭」的甲骨文可寫作「𥛭」[49]，金文可寫作「𥛭」[50]，象徵獻祭者手執滴血的生肉奉獻於神明。夏、商、周三代多以牛羊、玉璧、奴隸作為祭品，或沉於水中，或投於火中，或埋於土中。秦漢在祭祀類型上有所擴充，但仍沿襲三代的祭品習俗。

道教初創時，以宗教革新者的身份反對自古以來的血祭方式，不認可儒家傳下來的古代祭神儀式和文化思想，葛洪（284−364）曾評價說：「儒者祭祀以祈福，道者履正以禳邪。」[51]因此按照《三天內解經》（DZ1205）的記載，張道陵與天上的三官、太歲大神以及皇帝的宰臣締結了新的盟約，就是「清約」，「永用三天正法」，取消對古代「六天」的鬼神崇拜。[52]六朝道士總結為「神不飲食，師不受錢。」[53]

早期天師道上章儀式中規定祭酒要無償服務（「師不受錢」），但章生需要向神明奉獻章信以表誠心：「凡日奏章，先須備信，神明鑒燭，冀質誠心。」[54]一般以規定數量的米、油、素、席、毛筆、墨、紙、銀環或金環、香、錢和水果組成，上章儀式結束後，除少部分付於祭酒外，其餘施散貧窮。[55]既對《儀禮》所載的上古祭祀儀式有所繼承；但

48　牟鍾鑒、張踐著，《中國宗教通史》（修訂版），上冊（北京：中國社會科學出版社，2007），頁74−75。

49　李孝定編述，《甲骨文字集釋》卷1（臺北：中央研究院歷史語言研究所，1970），頁63。

50　周法高編撰，《金文詁林補》冊1卷1（臺北：中央研究院歷史語言研究所，1982），頁154。

51　《抱朴子・內篇》（DZ1185, 10. 6a.）。

52　相關論述參見施舟人（Kristofer Schipper），〈道教的清約〉，《法國漢學》第七輯（宗教史專號）（北京：中華書局，2002），頁157、159。

53　《陸先生道門科略》（DZ1127, 1b.）。

54　《赤松子章曆》（DZ615, 1. 1b-2a.）。

55　傅飛嵐（Franciscus Verellen）著，呂鵬志譯，〈天師道上章科儀 —— 《赤松子章曆》和《元辰章醮立成曆》研究〉，頁41−43。

不向神奉獻犧牲、酒食、玉帛等又是區別於儒教和民間宗教的一種宗
教革新。[56] 上三官手書和上章這兩種東漢天師道儀式，主要都是通過
神職人員與神進行書面交流，只有章信，沒有呈上酒肉供品，不能歸
類為祭祀儀式。[57]

　　道教儀式中能與「祭」聯繫在一起的是醮儀。在古代中國，醮有
世俗醮禮（如冠禮、昏禮）和宗教醮儀之分，宗教醮儀是在世俗醮禮
的基礎上演變而來。世俗醮禮包含敬酒和敬獻脯（乾肉）醢（肉醬），
用乾肉取代殺牲。世俗醮禮敬獻酒肉的做法和古代中國的祭祀儀式有
相同和類似之處。戰國秦漢間的方士將世俗醮禮轉變為祭祀儀式（醮
祭）。西晉末，天師道傳入南方，上章儀式結合方士醮祭形成「章醮」。
東晉末劉宋初，《太上洞淵神咒經》已記載「齋末設醮」。最遲在武周
（690−704）時代，靈寶齋開始和醮結合起來，形成「齋醮」。宋代以
降，醮儀成為比齋儀更流行的道教儀式。當代的醮儀已成為地方宗教
儀式總匯。當代常見以豬羊等犧牲獻祭酬神（如拜天公）做為醮末的
祭祀儀式，可將其視為道教科儀與地方祭典兩種獨立儀式的複合。「典
型」道教醮儀特徵就是反對血祭，並承襲古代世俗醮禮「三獻酒」。[58]

　　杜光庭認為「祭」、「醮」的供品有所區別：「牲牷血食謂之祭，蔬
果精修謂之醮」，[59] 指出道教醮儀中的供品以蔬果素食為主，而民間祭
祀中的供品則以動物生肉為主。《上清靈寶大法》對蔬果素食也有詳
細規定，「齋供」條云：

　　　　時新果實，切宜精潔，舊儀建齋則逐日易之，不用石榴、甘

56　呂鵬志，《唐前道教儀式史綱》，頁 17−20。

57　呂鵬志，〈早期道教醮儀及其流變考索〉，頁 30。

58　參見呂鵬志，同上註，頁 19−145；林振源，〈地方道教研究：以閩南與臺灣道法二門為中心〉，
　　頁 129−130。

59　金允中，《上清靈寶大法》（DZ1223, 29.3a.）。

蔗之類及穢泥之物，枝上淨果為佳。上帝三寶前，列茶湯果實，供養如法。六幕并將吏神祇前，備齋饌淨食之類，供陳之上。及薦獻神真，下及道眾飲食，並須潔淨，不用酥乳、醍醐、酢酪等物，皆為葷。或六畜皮毛爪甲，毋墮飲食中。禁貓犬禽獸之畜，汙犯壇中。正齋每朝發爐時進茶，大謝後獻湯，今多不用湯矣。[60]

明代周思得（1359—1451）《上清靈寶濟度大成金書》卷二十四「明齋供」條也說明供品應以潔淨為首要：「一切福田齋供為先，悉須清淨，勿取穢雜。」[61]

　　當代地方道教醮儀中仍沿襲三獻酒與獻供傳統，凡有五供、七獻、九陳及十獻等諸名目。例如福建與臺灣北部正一派道士在發表、午供時做七獻：獻香、燈、茶、酒、果、花米、經等物；朝科時做十獻：獻香、燈、茶、酒、果、花米、飯、水、金、經等物。[62]

60　　金允中，《上清靈寶大法》（DZ1223, 17. 22a-b.）。

61　　周思得，《上清靈寶濟度大成金書》卷二十四〈登壇宗旨門・道法釋議品〉，「明齋供」，25b，哈佛大學漢和圖書館藏本。參見謝聰輝，〈臺灣正一道壇獻供儀式與內涵析論〉，收入《追尋道法——從臺灣到福建道壇調查與研究》（臺北：新文豐，2018），頁649—704。

62　　林振源，〈閩南客家地區的道教儀式：三朝醮個案〉，《民俗曲藝》158期（2007），頁214，216。

五、宗教的皈依儀

皈依也可寫做「歸依」，在佛教思想中意為身心的歸向及依靠，皈依三寶（佛、法、僧）的人是佛教徒。[63]

皈依思想也見於道教經典，早期道經行文多以「歸依」出現，意為歸向、依從大道及天尊，如《靈寶無量度人上品妙經》（DZ1）卷三十三〈五方正氣品〉曰：「所有世界如是男官女眾，咸皆敬禮，仰聽元始天尊宣揚靈寶大法，無量度人五方正氣之道，瞻望聖顏，一心歸依。」[64]古靈寶經在吸收方士傳統、天師道上章儀式、佛教思想後創立靈寶齋。《上元金籙簡文》和《下元黃籙簡文》是記載靈寶齋儀程序和儀規最詳的古靈寶經，《上元金籙簡文》註明靈寶齋的結構為宿啟、行道、言功，宿啟階段的三啟、三禮、歸命一切天尊等節次明顯受佛教儀式的影響。[65]由此可以推論，靈寶齋中禮敬及歸命一切天尊的科儀內容，主要承襲自《度人經》歸依大道及天尊的核心思想。

南朝陸修靜（406－477）撰《太上洞玄靈寶授度儀》（DZ528），其中「三禮」節次曰：「至心稽首禮太上無極大道，至心稽首禮三十六部尊經，至心稽首禮玄中大法師。」[66]此處稽首禮道、經、師三寶引自《上元金籙簡文》，北周道教類書《無上祕要》卷三十七「禮三寶法」條也引《金籙儀》（DZ1338, 37. 2b.），文字內容與陸修靜《授度儀》所引相同。[67]唐末五代，杜光庭（850－933）已將稽首禮道經師三寶發展為「三

63　趙樸初，《佛教常識問答》（北京：華文出版社，2012），頁 11。

64　《靈寶無量度人上品妙經》（DZ1, 33. 4a.）。

65　呂鵬志，《唐前道教儀式史綱》，頁 159。

66　《太上洞玄靈寶授度儀》（DZ528, 43b.）。

67　呂鵬志，〈早期靈寶傳授儀——陸修靜《太上洞玄靈寶授度儀》考論〉，《文史》2019 年第 2 輯，頁 130。

歸依」，成為齋儀中的固定節次，如《太上黃籙齋儀》（DZ507）「三歸依」條曰：「人各恭敬。至心歸依十方道寶，當願眾生起心回向，一切敬禮。至心歸依十方經寶，當願眾生心開悟解，受持轉誦。至心歸依十方師寶，當願眾生普上法橋，無有障礙。」[68] 另一部杜光庭所編的《金籙齋啟壇儀》（DZ483）之〈宿啟儀〉有「三皈依頌」，此時「歸依」已變為「皈依」。[69] 宋代《靈寶領教濟度金書》（DZ466）、《上清靈寶大法》（DZ1223），明太祖御製《大明玄教立成齋醮儀》（DZ467）中都有「三皈依」節次。清代《道藏輯要‧張集》、《太上玄門功課經》分早晚兩壇，早壇名「三皈依」，晚壇名「皈命禮」。[70]

可見道教儀式中的禮敬（歸依、皈依）三寶（道、經、師）的思想由《度人經》發端，靈寶齋成為固定科儀節次，進而由後世道教儀式所承襲。

此外，道教傳統中的授籙儀及傳授儀也可視為皈依入道的特定儀式。授籙儀式在天師道中佔有重要地位，自東漢末始，天師道既已為道民授籙，即使是兒童也要從第一級「一將軍籙」起受，然後是「十將軍籙」，其後年輕男子被授予「七十五仙官籙」，女子被授予「七十五靈官籙」；道士的第一個頭銜就是「籙生」，在漸進的傳授儀式中隨著不同的位階而增加所受籙的重要性，從而累積道法能力。[71] 根據《抱朴子‧內篇》（DZ1185）記載，方士在煉丹前會進行拜師學藝的過程，煉製外丹時也有傳授儀式。[72] 陸修靜對靈寶齋傳授儀進行整理後撰《太上

68　《太上黃籙齋儀》（DZ507, 52. 1b-2a.）。

69　《金籙齋啟壇儀》（DZ483, 6b.）。

70　有關「三皈依」的音樂研究可參見蒲亨強，〈當代道教經韻源流考：東晉南北朝產生的經韻（下）〉，《中國音樂》（季刊）2009 年第 2 期，頁 30—38。

71　參見索安（Anna Seidel）著、劉屹譯，〈國之重寶與道教秘寶 —— 讖緯所見道教的淵源〉，《法國漢學》第四輯（北京：中華書局，1999），頁 64—65。

72　呂鵬志，〈早期道教醮儀及其流變考索〉，頁 32，35。

洞玄靈寶授度儀》（DZ528），同時規定靈寶傳授儀的次第，將其定名和區分為初受（初盟）、中盟、大盟三個階段或等級，確立了最早的靈寶籙。[73]靈寶大盟法位標誌「真文二籙」大約在唐代以後發生了演變，增衍為靈寶中盟籙；至遲在南宋時期，靈寶中盟八籙已成為定制，階位介於正一盟威三五都功籙和上清大洞籙之間。[74]

南宋時期，已形成茅山上清宗壇、閣皂山靈寶宗壇、龍虎山正一宗壇之「三山符籙」皆可授籙的局面，直至元成宗大德八年（1304）制授真人張與材為「正一教主兼主領三山符籙」後，到龍虎山受籙才成為取得正一派道士資格的唯一途徑；而全真派道士則需受初真、中極、天仙「三壇大戒」。[75]

當代正一道士與全真道士皆需先接受傳度，再分別進行授籙與傳戒。

73　呂鵬志，〈早期靈寶傳授儀——陸修靜《太上洞玄靈寶授度儀》考論〉頁 135，141。

74　呂鵬志，同上註，頁 143–144。

75　袁志鴻，〈道教正一派授籙與全真派傳戒之比較研究〉，《世界宗教研究》2003 年第 4 期，頁 79–92。

六、道教幽科小史

　　早期天師道活動情形的史料，或是教團內部的戒律，多存在以死喪為污穢的觀點，例如限制喪家至道治的做法：

> 《科》曰：家有死亡，無論大小，婦女生產，大喪，淹一百日。……久喪無淹。喪家祭食、產婦三日及滿月之食，並不可喫。右已上諸淹，不可修齋、設醮、上章。如在別處遇者，但以符水解之。[76]

可以推斷，早期天師道很可能不處理「新喪」問題；但會透過章奏儀式為先亡解罪，以確保生者平安。[77] 此外，早期天師道也認為修行完備的「道人」為求避世可能以託死的方式至「太陰」之宮煉形，這種理念被其後的靈寶經派所繼承。[78]

　　東晉中末期出現的靈寶經派認為，「天文」或「天書」開顯時可以救度亡者，如《元始五老赤書玉篇真文天書經》（DZ22）記載：「功德之大，上延七祖，解脫三塗、五苦八難，上昇天堂，受仙南宮。」[79] 但此法只是施用真文所獲致的十四種福報之一，並非某種儀式，直到《度人經》時，自地獄拔度亡者，上昇天堂，並於南宮受煉的模式才發展成為道教度亡的基本模式。[80]《度人經》曰：「說經十徧，枯骨更生，皆起

76　《赤松子章曆》（DZ615, 2. 23a-b.）。

77　張超然，〈早期道教喪葬儀式的形成〉，《輔仁宗教研究》第 20 期（2010），頁 33–34。

78　饒宗頤著，《老子想爾注校證》（上海：上海古籍出版社，1991），頁 21、43。相關討論參見張超然，〈早期道教喪葬儀式的形成〉，頁 31 註 15，頁 37。

79　《元始五老赤書玉篇真文天書經》（DZ22, 3. 11b-12a.）。

80　張超然，〈早期道教喪葬儀式的形成〉，頁 35–36。

成人」,「正月長齋,誦詠是經,為上世亡魂,斷地逮役,度上南宮。」[81] 強調持續誦讀是經具備拔度亡靈的功能。其中已規範道士必須為將亡故的同學行香、誦經,拔度魂神:

> 道言:夫末學道淺,或仙品未充,運應滅度,身經太陰。臨過之時,同學至人為其行香,誦經十遍,以度尸形如法。魂神逕上南宮,隨其學功,計日而得更生,轉輪不滅,便得神仙。[82]

於臨終前誦讀經書的做法或可視為靈寶經派乃至道教最早出現的度亡型態。[83]

《太上洞玄靈寶滅度五煉生尸妙經》(DZ369,以下簡稱《五煉生尸經》)描寫的是最早的靈寶度亡儀式,於亡者的墓地進行,以五方安鎮及上章為主要內容。這種儀式在唐代演變成靈寶齋儀的一種,稱為「五煉生尸齋」,它將代表外來佛教的咒語和代表本土方士傳統的五方觀念(以《太上靈寶五符序》為代表)結合起來。《五煉生尸經》的度亡儀是一種融攝了方士傳統、佛教和天師道的新儀式,較漢代以來的民間鎮墓儀無論在觀念還是形式上都產生了很大的變化。[84]

早期天師道以喪亡為厭穢的態度,限制了其為喪家提供儀式服務。北朝天師道則以新式廚會(齋會)來為道官、道民提供喪儀。南朝至唐代的天師道不只在喪葬期間為喪家奏章,也創作出各式不同功能的喪葬儀式章本,並形成系列儀式,如初死沐浴、停殯鍊度、停殯遷達、出殯辟忌、葬後遷達、葬後淨宅、葬後驅除,顯然已吸收靈寶

81　《靈寶無量度人上品妙經》(DZ1, 1. 1b , 1. 4b, 55. 2a.)。
82　《靈寶無量度人上品妙經》(DZ1, 1. 14a.)。
83　張超然,〈早期道教喪葬儀式的形成〉,頁 37。
84　呂鵬志,《唐前道教儀式史綱》,頁 172–173。

齋以及《明真科》、《五煉生尸經》等喪葬儀式。[85]

　　靈寶齋儀中，黃籙齋以救濟死者為目的，唐末五代時杜光庭所編輯的《太上黃籙齋儀》（DZ507）已呈現出完整形態。由破獄—召魂—治病—沐浴－施食－鍊度－傳符授戒所構成的一系列新儀式於宋代出現，其配套文書、符籙也得以確定，黃籙齋內容更加豐富。為了普度戰亂時的亡魂、在民間祠廟中舉行祭典、祈雨等目的，黃籙齋以多種目的被廣泛舉行。宋代，普度作為獨立儀式而盛行，道教的普度仿照了佛教施餓鬼的形式，但其中「治療疾病」、「沐浴」、「鍊度」等節次為道教獨有；以冥界官僚體系為前提的各式文書、關牒等亦為道教特色；佛教施餓鬼只需用些許飲食（由助念陀羅尼變化成無量飲食），而普度需準備大量供品，道教在此方面應是受到儒教祭禮的影響。[86]

85　張超然，〈早期道教喪葬儀式的形成〉，頁 44－59。

86　參見松本浩一，〈普度儀式的成立〉，《華人宗教研究》第 10 期（2017 年 7 月），頁 7－36。

第七章

綜合討論

黃大仙祠嗇色園普宜壇的科儀傳統於 2000 年經歷一次大變革，要談普宜壇科儀必須放回歷史框架去了解。本書曾提及的相關背景有：

（一）宋以後士多出於商人，才智之士吸引到商界，商紳合稱，「士商相雜」。明中葉以後，士與商界線模糊，形成「新四民論」，士、農、工、商在「道」之前完全平等。

（二）商人加入宗教團體，改變了宗教結社的性質，形成王賡武説的「亦商亦教」。

（三）商人把商界模式帶進宗教團體，把原來子孫相傳的「子孫廟」管理模式，進化成民主化的理事會、董事會制度，有學者甚至稱之為公共領域的「市民社會」出現。

（四）慈善事業曾掌控於帝國政權之中，卻因帝制隨清政權衰落以至瓦解，落入地方士紳和商人手中，以回應二十世紀初之天災頻發、社會動蕩、王朝末落和國家政權控制降低。這些慈善結社，部分與宗教團體結合，於廣東遂有所謂「道堂運動」，這些新興慈善結社道堂，又多與扶乩（又稱扶鸞）活動結合，扶乩結社是小運動，借助慈善結社成為大運動，又以商人為主體，而且因為城市發展，善會善堂多發生在城市如杭州、上海、成都、廣州。

（五）扶乩在民國時代有被視為迷信活動，1900－1930 年就曾有五次取締破除迷信的運動，與扶乩活動結合的新興慈善結社道堂，樂意辦社會慈善，試圖爭取合法身份，演教變成普濟勸善、博施濟眾。

　　嗇色園的成立不但與上述近世商人階層的興起、新的「四民論」（士、農、工、商）關連，並與近世慈善結社運動、道堂運動息息相關。

香港道堂的「亦商亦教」，看一看嗇色園第一屆董事名單便明瞭，當中八成都是商人。[1] 以商人為主體的扶乩結社運動是整個時代的產物，黃大仙祠是其中一典型例子。不只是扶乩結社、慈善結社如是，黃大仙祠的科儀傳統亦如是。因此早期嗇色園的科儀與其他慈善結社所展演的科儀亦相若，均以「萬緣勝會」為主。前章已指出，從 1923－1925，連續三年，嗇色園普宜壇舉辦了一連 21 天的「萬善緣勝會」。1926 年佛誕，普宜壇舉辦了連續七天的大醮，1928－1930，連續三年，舉辦一連 17 天的盂蘭勝會，到 1941 年，盂蘭勝會又重用萬善緣勝會的形式。萬善緣勝會也稱「打萬人緣」，從唐代開始，盂蘭盆結合漢族民間薦享祖先、秋嘗之祭，及道教中元節成為「三教同節」，但須有過萬善信簽名，聯名上奏天庭，法會一般為廿一晝連宵，萬善緣勝會近代以廣東地區為最盛。據潘淑華的研究，萬緣會多由慈善團體主辦，禮聘僧、道、尼同場作法，規模大且場面宏偉。除了度亡救贖的宗教功能，最主要是募款以發展慈善事業。[2]

以規模龐大的科儀來度亡救贖並籌集善款，也是早期嗇色園的策略。嗇色園成立不久便碰上 1925 年省港大罷工。事緣上海發生工潮，聲援工潮的學生被租界的英籍巡捕開鎗射殺，引發全中國出現反抗外國在華勢力運動。當時香港各工會紛紛響應，也發起在港罷工，廣州也同時響應，廣州政府為支持香港工人而封鎖香港交通運輸，禁止糧食輸出香港及經香港之貨物入口，香港經濟受封鎖影響出現蕭條，據高馬可（John M. Carroll, 1961－　）的研究，工潮使：

1　首批董事名單見於〈嗇色園之組織章程〉（2017 年 5 月 17 日）第 25 條（B），當中只有李元炳和衛仲虞為教師，黃水為警察，其餘十二人均為商人。

2　潘淑華，〈英靈與餓鬼：民國時期廣東地區的盂蘭節與萬緣會〉，頁 xiii–xiv；參游子安，〈萬人緣法會——從香港到越南的華人宗教善業〉，頁 118。

食品價格飆昇，銀行出現擠提，香港經濟幾乎停頓，整個城市仿如死城⋯⋯所有正常貿易停擺⋯⋯一所著名銀行倒閉，多間公司面臨破產邊緣⋯⋯香港中華總商會得向英國政府要求給予借貸⋯⋯英國政府最終提供三百萬英磅貸款，以免整個殖民地經濟崩潰。[3]

省港大罷工工潮至 1926 年 10 月終告結束，可是對經濟的影響持續多月。[4] 據游子安的研究，1926 年間由於經濟衰退，嗇色園虧蝕一萬元。[5] 福無雙至，禍不單行，工潮結束不久，1928 年華人廟宇委員會欲取締嗇色園。據 1928 年 11 月 26 日《香港工商日報》報導：

華民署執行取締廟宇則例（本報特訊）
自華民署宣佈凡公眾廟宇均須註冊後，本港各廟宇多已遵例註冊。惟一般私人設立或藉神斂財之廟宇，均為華民署取締，查九龍之黃大仙廟、必烈啫士街之神廟、灣仔之赤腳大仙廟等，近皆我華民署所取締云。

嗇色園當時的對策是，將園界定為「私家修道場所」，並主動將大殿關閉，不接受外界參拜，只開放給園中道長及其家人。雖然如此，每天在殿外遙拜者仍絡繹不絕。[6] 於是，在當年副華人政務司周埈年（1893－1971）爵士議員幫助下，請准每年正月將大殿開放，供人參

3   高馬可（John M. Carroll），*A concise history of Hong Kong*（Lanham：Rowman & Littlefield，2007），pp. 99-100. 筆者按原書意譯。

4   高馬可（John M. Carroll, 1961- ）Ibid, p. 100.

5   游子安，《香江顯迹 —— 嗇色園歷史與黃大仙信仰》，頁 70。

6   《工商日報》1952 年 2 月 8 日報導：「嗇色園仍關閉，神棍開設後門發財。籤寮開設後門，可直達黃大仙壇前，雖仍有一疏落竹林所隔，然相隔僅咫尺間而已。」收於香港公共圖書館、多媒體資訊系統、館藏編目號碼：NPKS19520208。

拜，祠遂於 1935 年正月重開[7]。1937 年，由於參拜人實在太多，恐再觸犯廟宇法例，祠於是再度封閉，參拜者又恢復在門外竹樹邊遙拜。基本上黃大仙祠在 1948－1952 年間，都是園門緊閉，1950 年 3 月 12 日《工商晚報》報導嗇色園閉門謝客一事：

> 本園乃同人修養之所，非為利便公眾參神而設，關於此事，曾經一再鄭重聲明，標示門外，詎料入春以來，四方人士，紛至沓來，自朝至暮，絡繹不絕，竟將一片清淨之地，化為擠擁之場，同人等處此紛擾之下，不得不將園門關閉，謝絕遊客，此種措施，尚希各界人士原諒，此佈。

但公開聲明仍阻止不了園外人潮。[8] 後來應部分人士求，園再行開放，每天開放三小時，只許求藥不許求籤。[9] 但此舉一出，喧擾隨起，還變本加厲，迫於無奈，嗇色園再度關閉。[10] 此事一直擾釀至 1956 年黃允畋（1920－1997）接任成為總理方獲圓滿解決。[11] 黃允畋上任後，

7　「華人廟宇條例」規定在未經政府許可的情況下，廟宇不得開放任人參拜。為避免抵觸政府該項法例，嗇色園乃將大殿關閉，惟如屬園中同人或其家屬參拜者乃予開啟。後由何華生道長轉託周埈年爵士議員向華民政務司請准於每年正月將大殿開放，供人參拜，並因而形成日後的頭炷香傳統。何華生道長於 1926 年入道，並於 1933 年任普宜壇正總理。按嗇色園年報記載，其請准嗇色園每年正月開放一事，則發生於 1934 年。筆者感謝吳漪鈴提供此項資訊。

8　閉園的矛盾可由 1954 年正月鼓噪事件看出。當年正月，被拒門外善信鼓噪，在園門及竹林間焚燒冥鏹，幾乎引起火災。同年十月，以唐福駢（家覺）為首及梁本澤（知醒）等七位道長聯名召開特別同人大會，後被稱作「七君子」政變，當年總理陳宜覺在眾人責問下自動請辭，唐道長被選為總理。見游子安，《香江顯迹 —— 嗇色園歷史與黃大仙信仰》，頁 91，此事亦記於梁本澤《金華風貌》（卷三），頁 24。

9　《工商晚報》1950 年 3 月 25 日，收於香港公共圖書館、多媒體資訊系統、館藏編目號碼：NPKSE19500325。

10　《華僑日報》1952 年 1 月 26 日，收於香港公共圖書館、多媒體資訊系統、館藏編目號碼：NPWK19520126。

11　此事過程，游子安，《香江顯迹 —— 嗇色園歷史與黃大仙信仰》，頁 96 有描述：「黃允畋於1952 年由陳立道長倡議成為嗇色園會員，杯卜結果，連得三聖杯而成為總理。」

馬上又再次碰到收地危機，1956年，工務局通知要收回嗇色園園地作公用。黃允畋利用他身兼東華三院總理的身份，請求將嗇色園由私人道場轉作對外開放，但凡入園人士每位收費一角，全數撥作東華三院作義學經費。這樣一舉解決兩大難題，即收地作公用問題與閉園引起與參拜信眾產生矛盾的問題。園再次開放，收益作慈善用途是公用，信眾得以進園參拜，使矛盾化解。雖收費只每人一角，游子安在書中表列十年內的收益，顯示收入節節上升，從1956年的 \$70,201.20 到1966年的 \$160,204.52，十年來的增長有 128.2%。我們根據往後報章的報導，表列比較五十、七十和八十年代的善款增長情況：

報導報章	日期	所得善款	入園人數
華僑日報 [12]	1957-1-19	18,500	?
大公報 [13]	1959-9-24	?	900,000
工商日報 [14]	1972-10-2	261,619	?
華僑日報 [15]	1982-10-13	23,200,000	17,000,000

　　足見1966到1972年六年間，善款又多增加十萬元，增長 63.3%。另籤棚租賃收入和殿內功德箱或經辦事處所收捐款還未算在內。這些一般是作為內部開支和嗇色園慈善工作開支，數字一般不公開。入園費每人一角費用，則全數撥給東華三院義學支出。據聞2009年方撤去大門收集入園費用錢箱，改建王靈官殿。

12　《華僑日報》1957年1月19日的報導是：「重開後僅三個半月善款已收一萬八千五百元。周年預算可達六萬元，(用作)救濟失學，間接參加興學工作。」收於香港公共圖書館、多媒體資訊系統、館藏編目號碼：NPWK19570119。

13　《大公報》1959年9月24日的報導是：「嗇色園一毫助學，遊園者年逾九十萬，得款概捐三院義學。」收於香港公共圖書館、多媒體資訊系統、館藏編目號碼：NPTKP19590924。

14　《工商日報》1972年10月2日的報導是：「東華三院主席簡日淦稱由去年大仙誕日起以迄今年大仙誕前夕，共收捐款有26萬1619元，另籤棚善款收益未入數內。」收於香港公共圖書館、多媒體資訊系統、館藏編目號碼：NPKS19721002。

15　《華僑日報》1982年10月13日的報導：「去年入園人數1,700餘萬嗇色園祝黃大仙誕十年來擴充建設逾2,000萬元去年贈送中藥13萬8000劑；近十餘年間籌捐善款2,320餘萬。」收於香港公共圖書館、多媒體資訊系統、館藏編目號碼：NPWK19821013。

據李大華 2013 年 10 月 16 日對蓬瀛仙館梁德華道長的訪問，談到每年道教廟會或法會的收入情況，他表示：

> 在香港來說，新年廟會不大流行，中元的規模比較大……每一年新年規模較大，就是讚星大會。參與人數最多就是中元法會。中元法會在我們蓬瀛仙館來說一般四天……單單誦經的經師就有四、五十人……（附薦牌位）來算……我們是排第三……也就有五千家……圓玄是最多的，中元法會，一次就有九百萬港元的收入……蓬瀛的話是三百萬左右，青松觀大概五、六百萬。[16]

問及收入的最主要來源時，梁道長又表示：

> 最主要是骨灰（龕），第二是中元，然後有讚星，這是宗教收入，現在很多都是有投資的收入，蓬瀛仙館有買基金、有股票。[17]

當談到出外做宗教服務時的收入，梁道長表示：

> 這個是虧本的，他們只會給最基本的錢。這是（宮）觀給社會的宗教服務，不能說賺錢的……有兩種情況，第一是作為慈善的宗教團體，（第二）幫私人做超度，就不會虧本的，祈福也不會虧本的，但是收入不太多。[18]

16　李大華，《香港全真教研究》，頁 169。
17　李大華，同上註，頁 321。
18　李大華，同上註，頁 321。

圓玄學院的李家駿道長補充説：「圓玄每月出去打齋十多次，每次一萬元，相當便宜！」[19] 青松觀的葉長清道長也説：「青松也會應邀去做度亡法事，但不會主動。」蓬瀛仙館的陳敬陽道長也表達了類似的看法。宮觀對個體的度亡法事並不積極，一是宮觀應付不來。二是不能給宮觀帶來多少收入。[20]

　　李大華對葉長清道長 2013 年 8 月 14 日的訪談中，當問及青松出外做公共或私人的儀式，跟廟裡做法會的儀式，那個才是主體時，葉長清回答：

　　　　法會是主體……我們不去外面跟別人爭經懺，青松觀不缺錢，不是想要賺錢，是有人來求的時候我們應承。另外法會是我們主要的財政來源，我剛進董事會的時候，每年法會的收入是夠我們一年開支的……但是回歸以後，青松負擔多了一所中學、一所小學，到了現在又多了一所小學、一所幼兒園要負擔，1991 年創立道教學院的開支……現在做幾次法會，都彌補不了三分之一開支。[21]

從以上李大華跟香港四大宮觀中的三間宮觀的領袖人物之珍貴的訪談中，我們得到一個認識：出售骨灰龕是各大宮觀的一項最主要收入來源，法會、經懺科儀也是香港各大宮觀的其中一項收入來源，尤以中元節法會的收入，最多來自附薦牌位的費用。四大宮觀中的嗇色園則得天獨厚，一從不經營骨灰龕，二法會和經懺科儀除早期一段時間外，從不涉及向信眾收取費用。所謂早期科儀，大約指五十年代，因為《華

19　　李大華，《香港全真教研究》，頁 213，註 1。
20　　李大華，同上註，頁 213。
21　　李大華，同上註，頁 292。

僑日報》1960 年 4 月 19 日的報導就題為「嗇色園勝會附薦免費」，內容是：

> 九龍黃大仙祠嗇色園主辦萬佛誕萬緣勝會，定農曆四月初一啟壇，初九晚完者，旨在普濟四方十眾，祈福消災，暨超薦歷年死難幽靈，並藉此為各界附薦先靈，期使冥陽兩利，法益同沾，附薦者均免費。連日到排號登記隆（疑為「者」之誤）眾。

陸修靜《道門科略》所倡導的「神不飲食，師不收錢」在嗇色園徹底被實踐了。前章已論及 2000 年以後監院的科儀改革，主要是回應新時代的需要，優化、強化傳統，弘揚仙師教誨。離開作為收入來源之一，科儀對嗇色園的功用和意義又何在？

宗教學的視角

為深入探討嗇色園普宜壇今天所見科儀之意義，本章擬從宗教研究的角度去探索普宜壇科儀。荷蘭裔美國學者弗里茲‧斯塔爾（Frits Staal, 1930－2012）是研究印度吠陀儀式專家。他曾提出一個非常有趣的儀式理論，大意是說：宗教儀式並無任何意義、功用或目的，它是純粹的活動；重點是規矩，不是成效。他舉例說當一位印度祭司在舉行吠陀火供儀式時，他的關懷只在誠惶誠恐、謹慎地、豪無瑕疵地沉醉於按照傳統完成儀式、完成責任。儀式若有任何功用如凝聚信徒群體等，均屬次要或頂多是一種副作用而已。[22] 當祭司們展演儀式之際，

---

22   Frits Staal, "The meaninglessness of ritual," in *Numen* 26.1 (1979): 8-9, 11.

他們腦海中並無任何象徵意義。[23] 斯塔爾的理論很有顛覆性，但只說了事情的一面，其他學者信服的不多，所以他的儀式無意義論，只能聊備一格。

在我們與嗇色園眾道長訪談科儀時，大家都愛指出科儀經文裡的道理和豐富教誨意義。儀式能夠傳遞宗教上的一些教義訊息是不容否定的。比如大仙懺中便要誦唸《赤松黃大仙真經》、《赤松黃大仙寶經》、《赤松黃大仙寶誥》，當中就詳述了大仙生平與教誨。不過上引斯塔爾的研究在這方面可能有點啟發。在儀式進行當中，如在拜懺的當下，發生作用的可能不在知性方面，而在情感、感官、閾下知覺（subliminal）[24] 或潛意識中。著名法國社會學家艾彌爾·涂爾幹（Émile Durkheim, 1858—1917）曾提出一個有趣的概念名為集體「沸騰」（effervescence），他以為「當人群聚集，有近距離接觸，會產生一種『電力』令他們亢奮程度提高至一個非尋常水平」，[25]「在人群中大家會被一種共同的激情所推動，會令致我們產生平常獨處時沒有的感受和行動」。[26] 這是宗教儀式能發生作用的原因之一，通過群體聚集而產生一種強烈的共同感，即蘇格蘭文化人類學家維克多·特納（Victor W. Turner, 1920—1983）喜歡說的拉丁片語（ritually-induced）'*communitas*'。[27] 英國社會人類學家芮克里夫·布朗（Radcliffe-

---

23　Frits Staal, Ibid, p. 3.

24　石文典、鍾高峰、魯直，〈閾下知覺和隱性廣告的作用及啟動效應研究〉，刊於《心理科學》2005 年第 3 期，頁 683—685。

25　Émile Durkheim, Trans. Cosman, C. *The Elementary Forms of Religious Life* (Oxford: Oxford University Press, 2001), p.162.

26　Émile Durkheim, Trans. Cosman, C. Ibid, p.157.

27　Victor Turner, *The Ritual Process: structure and anti-structure* (Chicago: Aldine pub. Co., 1969). Evan M. Zuesse, "Ritual [First Edition] (1987)," in Lindsay Jones ed. *Encyclopedia of Religion Second Edition* (Detroit: Macmillan Reference, 2005), p.7844.

Brown, 1881—1955）提出的結構功能論，[28] 應用到儀式來就是儀式會維繫和傳遞社會情感，進而凝聚社會組織。美裔宗教學家凱瑟琳・貝爾（Catherine Bell, 1953—2008）也主張「儀式化，基本上是在特定的社會組織內建立某種權力關係的一種最重要的策略。」[29] 她用「儀式化」（ritualization）而非儀式（ritual）是為要強調宗教儀式並非靜止，而是一過程，一種歷程（process），[30] 儀式這種歷程能強化群體主流價值與信念於參與者的身心中。

説儀式的關鍵不在知性，這當中也牽涉到對宗教本質之理解的一種典範轉移（paradigm shift）。愛德華・泰勒（Edward B. Tylor, 1832—1917）的「宗教是信條」、「宗教是對靈體存在的信仰」（belief in spiritual beings）[31] 是宗教學上一個經典理論。不過愈來愈多人不同意這種看法。大抵認為宗教中，實踐（practice）比理念（belief）重要。上世紀九十年代普林斯頓大學出版社，就曾出版了前後共八冊《實踐中的宗教》（Religions in Practice）[32] 之書籍。勞格文也為宗教下了一個

---

28 A. R. Radcliffe-Brown, *Structure and function in primitive society: essays and addresses* (New York: The Free Press, 1964). 布朗的理論是建基於奧地利人類學家馬林諾斯基 (Bronisław Malinowski, 1884-1942) 之實證主義功能論。

29 Catherine Bell, *Ritual Theory, Ritual Practice* (New York: Oxford University Press, 1992), p.197.

30 Pamela J. Stewart & Andrew Strathern, *Ritual: Key Concepts in religion* (London: Bloomsbury, 2014), pp.5-9.

31 Edward B. Tylor, *Primitive Culture vol.1: Researches into the development of mythology, philosophy, religion, language, art and custom* (Mineola, New York: Dover Publications 2016 [1871]), pp.248. "belief in spiritual being" 是一般用來複述他的見解，原文他用萬物有靈論 Animism: " I purpose here, under the name of Animism, to investigate the deep-lying doctrine of Spiritual Beings···the general belief in spiritual beings, is here given to Animism···And although it may at first sight seem to afford but a bare and meagre definition of a minimum of religion, it will be found practically sufficient; for where the root is, the branches will generally be produced."

32 分別為：*Religions of India in Practice* (1995), *Buddhism in Practice* (1995), *Religions of China in Practice* (1996), *Religions of Tibet in Practice* (1997), *Religions of Japan in Practice* (1999), *Asian Religions in Practice* (1999), *Religions of Late Antiquity in Practice* (2000), *Tantra in Practice* (2000), 均由 Princeton University Press 出版。

如此的定義：「宗教是對能建構（群體）價值的一個實踐」（the practice of structuring values）。[33] 既然宗教的重點從理念轉移到實踐來，所以研究宗教儀式時，大家問的問題是儀式可做些甚麼，而非問儀式基於甚麼信念。這可能是要避免從前歐洲殖民者往往視土著儀式行為建基於錯誤理解這種觀點有些關連。[34] 從這個重實踐的思路去思考，若説宗教儀式能傳遞教誨、道理也不錯，不過這是一種行事式的傳遞（performative communication），[35] 而非知性上的傳遞。漢語有「體悟」一詞，也含此義。新的體悟，不單通過意識吸收。體悟一詞最早的用法，可能是明朝的王陽明，他在《傳習錄·門人黃省曾錄》説：「良知明白，隨你去靜處體悟也好，隨你事上磨鍊也好，良知本體原是無動無靜的：此便是學問頭腦。」[36] 意思是在實踐中找感覺、感悟，在行動中感受、探索，強調的是身體力行。若道理須從身體力行中、實踐中而來，也可以轉過來説，儀式不只反映教説、傳遞教説，它是產生教説、產生意義、創造意義的途徑（ritual both communicates and produces meaning）[37]，按這種理解，普宜壇科儀就不只在傳遞古老傳統的三教經訓，而是在產生和創造新時代的宗教意義，並加以強化，成

33　John Lagerwey, *Paradigm Shifts in Early and Modern Chinese Religion: A History* (Leiden/ Boston: Brill, 2019), p.ix. 另著名人類學家 James Watson 提出中國人的宗教觀念是 orthopraxis（怎樣實踐方是對）而非 orthodoxy（相信甚麼方是對），他根據他在香港新界做的田野，特別是鄉村中的喪禮。James Watson, "Funeral Specialists in Cantonese Society: Pollution, Performance and Social Hierarchy," in *Death Ritual in Late Imperial and Modern China*, edited by James L. Watson and Evelyn S. Rawski. (Berkeley: University of California Press, 1988), pp 109-134. James Watson, "The structure of Chinese funerary rites: Elementary Forms, Ritual Sequence, and the Primacy of Performance," in *Death Ritual in Late Imperial and Modern China*, edited by James L. Watson and Evelyn S. Rawski. (Berkeley: University of California Press, 1988), pp. 6 & 9-10.

34　Pamela J. Stewart & Andrew Strathern, *Ritual: Key Concepts in religion*, p.121.

35　Catherine Bell, "Ritual [Further Consideration," in *Encyclopedia of Religion* Second Edition, ed. Lindsay Jones (Detroit : Macmillan Reference, 2005), p. 7852.

36　中國哲學書電子化計劃，《傳習錄》,〈門人黃省曾錄〉15，網址：https://ctext.org/wiki.pl?if=gb&chapter=108034，擷取於 2022 年 3 月 17 日。

37　Pamela J. Stewart and Andrew Strathern, *Ritual: Key Concepts in Religion* ,pp.2-3.

為一種薔色園的主流價值信念。[38]

　　羅馬尼亞宗教歷史學家米爾恰・伊利亞德（Mircea Eliade, 1907－1986）有一個著名的經典概念，唸過他的書的人都會認識，是為「神聖顯現」（Hierophany）。他以為神聖與世俗是截然二分，但神聖會闖入世俗，稱為「神聖顯現」。[39] 世俗中的存在以參與闖入世俗的神聖的真實為真實，[40] 其餘都是虛妄。換句話說，「神聖顯現」給世俗的生活提供一個重心（俾使世俗生命得以重置中心點）和框架。儀式就是回到這種曾經歷過的「神聖顯現」震撼。伊利亞德稱之為「永恆的回歸」（常設法重溫這種原初的震撼經歷）。他很重視重現與重演這種震撼的宗教經歷。[41] 著名的德國信義宗神學家魯道夫・奧托（Rudolf Otto, 1869－1937）以「努秘」（Numinous）一詞的概念和拉丁片語 *mysterium tremendum*（awe inspiring mystery）「神秘而令人敬畏」來形容這種神聖的顯現經歷。現代人並不一定同意「神聖」與「世俗」的截然二分，[42] 我們提出這些經典而古老的學說是因為「永恆的回歸」在某種意義上，與我們和普宜壇眾道長訪談相應。普宜壇眾道長雖然不少是商人，但總體來說是來自五湖四海，不同專業和行業。相同之處是大家都曾與大仙有過某種相遇（encounter）。或曾受其籤文指點迷津，或曾被祂治好奇疾，或曾感受到被給予靈感、感應……。由於有了這些堅實的經歷，道長們對大仙的信仰是「死心塌地、至死不渝」。科儀幫助人回到

38　Barry Stephenson, *Ritual: A Very Short Introduction* (New York: Oxford University Press, 2015), p. 63.

39　Mircea Eliade, trans. W. R. Trask, *Myth and Reality* (New York: Harper & Row, 1963), p. 6.

40　Mircea Eliade, *Cosmos and History: The Myth of the Eternal Return.* (New York: Harper Torchbooks, 1959), p. 5.

41　另一位德國的新教神學家 Rudolf Otto (1869-1937) 用了一個著名的拉丁片語 mysterium tremendum 來形容與神聖相遇時的震撼、敬畏和奧秘感。Rudolf Otto, *The Idea of the Holy* (Oxford University Press, 1923).

42　Evan M. Zuesse, "Ritual [First Edition] (1987)," p.7842.

這種感覺，重溫重現這種經歷，毋忘初心，無論是通過拜懺、賀誕時的唱誦、跪拜，通過科儀的展演，再一次提醒、重溫甚至彷彿重現或回到「神秘而令人敬畏」的一刻。這是科儀在個人層面產生的意義，一種意義的生產。

美國人類學家拉柏波特（Roy Rappaport, 1926－1997）有一個非常流行的概念，是儀式作為一種「演出」（performance）或展演。它來自語言人類學家。他們愛分辨「語言能力」與「溝通技巧」之不同。後者包含一種從運用語言中表達出的藝術性、美感和創造能力。[43] 當儀式展演出來後，也可以有同樣的「效果」（performativity）：即藝術性、美感和創造。這樣我們可以討論儀式的展演效果，無論這種效果包含多少的主觀感受、預期及非預期效果。[44] 儀式的果效須分辨出「參與者」與「分析者」的不同角度。對參與者來說，儀式的果效往往要通過展演者的宇宙、文化觀的框架下來理解，所以有一定的相對性，有時還要通過占卜（如卜杯）甚或降神來斷定果效。[45] 同樣對參與者和分析者來說，不用占卜的儀式果效之一，是如上文提及的共同感或「集體沸騰」，儀式能夠建構、鞏固一個群體，這是一齣「社會的戲劇」（social drama）。對普宜壇眾道長來說，大獻供、禮斗、禮十方就具多重意義。對外界而言，確實是一場「演出」，把三教「神秘而令人敬畏」的神聖，通過科儀活靈活現地展演、扮演出來，以感染大眾，以威儀攝眾。中

43　Alessandro Duranti, *Linguistic Anthropology* (Cambridge: Cambridge University Press, 1997), pp. 14-15.

44　儀式的效果與儀式的靈驗又有所不同，後者比較主觀，憑實施者和參與者來判斷。參 Johannes Quack and Paul Töbelmann, "Questioning 'ritual efficacy'," in *Journal of Ritual Studies* 24.1(2020): pp. 13-28.

45　Andrew Stratern and Pamela Stewart, "shamanic performances: issues of performativity and comparison" in *Journal of Ritual Studies* 22.1(2008): pp. 53-65 and "Embodiment theory in performance and performativity" in *Journal of ritual Studies* 22.1(2008): 67-72 and "Comment: functions, effects and efficacy: a moving walkway of analysis," in *Journal of Ritual Studies* 24.1(2010): pp. 1-4.

庸有云：「大哉，聖人之道！洋洋乎發育萬物，峻極于天。優優大哉！禮儀三百，威儀三千，待其人然後行。」[46] 所謂威儀，坐作進退，有威德，有儀則。有威可畏，有儀可則，是為威儀。「四威儀」原指於人類日常作息的行、住、坐、臥四種動作的作法。僧有二百五十戒，即三千威儀，六萬細行。尼有三百四十戒，即八萬威儀，十二萬細行。[47]

二十世紀八十到九十年代，儀式研究有一新「批判」轉向，以九十年代加拿大安大略省滑鐵盧市，偉佛羅利亞大學（Wilfrid Laurier University）隆納・格萊姆斯（Ronald Grimes, 1943—）為代表。[48] 格萊姆斯的《儀式批判》鼓勵我們不單去探討儀式如何改造、塑造了我們，而去考察儀式如何通過「秘傳」而成為一種維繫特權與勢力、灌輸接受和依從權威的工具。[49] 儀式與權力的問題，不只西方多所論述，本土概念事實上也不遑多讓。《論語・衛靈公》，子曰：「人能弘道，非道弘人。」亦能助我們明白，科儀畢竟是為人服務。然而，科儀與權力之關係如何？先說二故事：

故事一、《史記・高祖本紀》：「高祖（劉邦）常繇咸陽，縱觀，觀秦皇帝，喟然太息曰：嗟乎，大丈夫當如此也！」秦始皇嬴政（前259—前210）比劉邦（前256—前195）大三歲，劉邦在秦始皇統治時期任職江蘇徐州市沛縣，本來是泗水亭的一個亭長。《史記》記載，劉邦在押送服勞役犯人的路上，剛好碰上秦始皇出行隊伍。劉邦看到始皇帝隨從的壯觀場面，經不住長嘆說：「嗟乎，大丈夫當如此也！」秦

46　中國哲學書電子化計劃，《禮記・中庸》，網址：https://ctext.org/liji/zhong-yong/zh，擷取於 2022 年 3 月 17 日。

47　《佛光大辭典》，「三千威儀八萬細行」條，慈怡法師主編，網址：http://buddhaspace.org/dict/fk/data/%25E4%25B8%2589%25E5%258D%2583%25E5%25A8%2581%25E5%2584%2580%25E5%2585%25AB%25E8%2590%25AC%25E7%25B4%25B0%25E8%25A1%258C.html，擷取於 2022 年 3 月 17 日。

48　Ronald L. Grimes, *Ritual criticism : Case studies in its practice, essays on its theory* (Columbia, S.C. : University of South Carolina Press, 1990).

49　Pamela J. Stewart and Andrew Strathern, *Ritual: Key Concepts in Religion*, pp. 76-77.

始皇在位時，總共進行了六次巡遊天下。[50] 其中最後一次，也就是公元前 210 年，據說秦始皇來到了琅琊臺，他龐大的儀仗隊出行，正好被四處流走的秦末起義軍首領項梁（？ — 前 208）和後來成為西楚霸王的項羽（前 232 — 前 202）遇到。項羽看到始皇帝那麼威武、雄壯的隊伍後，對著他的叔叔項梁說：「彼可取而代也！」[51] 劉邦則長嘆說：「嗟乎，大丈夫當如此也！」

故事二、《史記・劉敬、叔孫通列傳》第三十九：「高帝悉去秦苛儀法，為簡易。群臣飲酒爭功，醉或妄呼，拔劍擊柱，高帝患之。」孫叔通是一名西漢初期儒家學者，曾協助漢高祖劉邦制訂漢朝的宮廷禮儀。據說出身低微的漢高祖劉邦做了皇帝後，宣佈廢除秦朝各種朝儀。那些同他從前一起浴血奮戰的開國元勛們，也多是沒讀過多少書，又不懂上層社會禮法的屠狗、織葦之徒。他們常常居功自傲，少有拘束。每當朝會慶賀之時，君臣們個個開懷暢飲，大說大笑。喝醉之後，還不顧尊卑長幼之分，大呼小叫地隨便喊劉邦的名字，甚至拔劍擊柱，整個朝堂之內一片混亂，全然沒有一點規矩。儒臣叔孫通看到這種情景後，就自告奮勇地請求為劉氏王朝制定一套簡便易行的朝儀，混合夏、商、周、秦四代的禮樂而成，教習群臣。漢高祖七年，長樂宮落

50　第一次巡視是公元前 220 年，統一的次年，到寧夏、甘肅，按司馬遷《史記・秦始皇本紀》所記：「二十七年，始皇巡隴西、北地，出雞頭山，過回中焉。」第二次是西元前 219 年，主要是巡行東方為原六國之地新設立的東方郡縣。第三次是公元前 218 年，巡遊了山東半島的沿海地區，遇到刺客，時日不長。據司馬遷《史記・秦始皇本紀》所記：「二十九年，始皇東遊，至陽武博狼沙中，為盜所驚。」第四次是北巡，到了河北邯鄲，同時「使將軍蒙恬發兵三十萬北擊胡，略取河南地。」詳見司馬遷《史記・秦始皇本紀》。第五次巡遊是西元前 214 年，設置桂林、象郡、南海等郡，把受貶謫的人派去防守，又在西北驅逐匈奴，劃分成四十四個縣，遷移被貶謫的人，讓他們充實新設置的縣，見司馬遷《史記・秦始皇本紀》。第六次是公元前 210 年先後到達湖北、湖南、安徽、江蘇、浙江、山東、河北。據司馬遷《史記・秦始皇本紀》記：「三十七年十月癸丑，始皇出遊……十一月，行至雲夢，望祀虞舜於九疑山。浮江下……過丹陽，至錢唐。臨浙江……上會稽，祭大禹，望於南海，而立石刻頌秦德。」

51　《史記・項羽本紀》：「秦始皇帝遊會稽，渡浙江，梁與籍俱觀。籍曰：『彼可取而代也。』」中國哲學書電子化計劃，《史記・項羽本紀》，網址：https://ctext.org/shiji/xiang-yu-ben-ji/zh，擷取於 2022 年 3 月 17 日。

成，這套儀式首次正式推出。《史記》記載是次朝會如下：

> 儀：先平明，謁者治禮，引以次入殿門，廷中陳車騎、步卒衛宮，設兵張旗志。傳言「趨」，殿下郎中俠陛，陛數百人。功臣列侯、諸將軍軍吏，以次陳西方，東鄉；文官丞相以下陳東方，西鄉。大行設九賓，臚傳。於是皇帝輦出房，百官執職傳警，引諸侯王以下至吏六百石以次奉賀。自諸侯王以下莫不振恐肅敬。至禮畢，復置法酒。諸侍坐殿上皆伏抑首，以尊卑次起上壽觴，九行，謁者言「罷酒」。御史執法舉不如儀者，輒引去。竟朝置酒，無敢讙譁失禮者。[52]

這段文字的大意是：禮官引導君臣依次進入宮內。文東武西，分列兩旁。殿前司儀層層傳報，高祖乘輦升殿，侍臣連聲傳警，群臣逐班覲見。懾於這種威嚴莊重的氣氛，人人震恐，個個肅敬。禮畢賜宴，君臣按官位高低依次捧杯上壽，然後歸席。宴會自始至終，沒有人敢說笑喧譁，舉措失儀。其間也有對新規矩不夠熟悉的，小有差錯，便被監察御史帶走。面對這次循規蹈矩的宴會，劉邦卻躊躇滿志地宣稱：「吾迺今日知為皇帝之貴也！」（我今天才知道做皇帝的尊貴了！）

儀式在古代稱之為禮，有所謂五禮（吉、凶、軍、賓、嘉）。荀子在論禮的起源，有精采的論述：

> 禮起於何也？曰：人生而有欲，欲而不得，則不能無求。求而無度量分界，則不能不爭；爭則亂，亂則窮。先王惡其亂也，

---

52   司馬遷（前 145 － 前 1 世紀初）著，《史記》（香港：中華書局香港分局，1975），頁 2723。

故制禮義以分之，以養人之欲，給人之求。使欲必不窮乎物，物必不屈於欲。兩者相持而長，是禮之所起也。[53]

　　對荀子來說，儀式正是用來幫助建立社會秩序。上文引西方學者所論，通過儀式來維繫特權，換一種說法就是建構一個長幼有序、貴賤有等、秩序分明的社群。要建構一個長幼有序的群體必須去除自我，有神經科學家（Neuroscientist）稱之為「去除中心」（de-centering）的過程，[54] 在儀式演練當中，是不容許標榜自我，突出自我，自我中心，必須依足儀軌，站穩崗位，以大體為重，舉止有度，否則「爭則亂，亂則窮」，秩序無從建立。《孟子‧離婁上》：「離婁之明，公輸子之巧，不以規矩，不能成方圓。」[55]

　　《論語‧陽貨》，子曰：「禮云禮云！玉帛云乎哉！樂云樂云！鍾鼓云乎哉！」[56] 意思是說：難道只是送送玉帛，就算禮嗎？難道只是把鐘撞撞，鼓打打就算樂嗎？禮樂不在乎所用的紙張和鐘鼓，那在乎甚麼？簡單來說是宗教儀式所帶來的三種宗教情操：誠、敬、畏。這是

53　中國哲學書電子化計劃，《荀子‧禮論》，網址：https://ctext.org/xunzi/li-lun/zh，擷取於 2022 年 3 月 17 日。

54　Patrick McNamara, *The Neuroscience of Religious Experience* (Cambridge: Cambridge University Press, 2009), quoted in Paul Cassell, "Rappaport, Revisited," in *Current Anthropology* 26.4/5(2014), pp. 417-438, especially p. 426.

55　中國哲學書電子化計劃，《孟子‧離婁》，網址：https://ctext.org/mengzi/li-lou-i/zh，擷取於 2022 年 3 月 17 日。

56　中國哲學書電子化計劃，《論語‧陽貨》，網址：https://ctext.org/analects/yang-huo/zh，擷取於 2022 年 3 月 17 日。

孔子堅持「告朔供羊」（餼羊）之禮的意義所在。[57]

（一）宗教講求誠心，所謂心誠則靈，這是人所共知。《大學》有言：「所謂誠其意者：毋自欺也……誠於中，形於外。」[58]誠則感而遂通，山鳴谷應。宗教的「誠」不能一曝十寒，或是臨急抱佛腳之誠。「誠」倒也是需要培養。莊嚴肅穆的科儀，正好培養宗教的「誠」。

（二）《論語・憲問》，子路問君子，子曰：「修己以敬。」[59]北宋程頤（1033-1107）提出涵養須用敬。《朱子語類》卷118論及修養的下手工夫時說：「只是要收斂此心，莫要走作，走作便是不敬，須要持敬。」[60]仲弓問仁，子曰：「出門如見大賓，使民如承大祭。」[61]不單是儒者，所有宗教均非常注重「敬虔」的營造。神聖的臨在（numinous），引發人的敬虔，所以孔子說「祭神如神在」。[62]凜然莊重的科儀，正是要啟發和操練人心的敬虔。

（三）《論語・季氏》說到君子有三畏：畏天命，畏大人，畏聖人之

57　中國哲學書電子化計劃，《論語・八佾》：「子貢欲去告朔之餼羊，子曰：賜也，爾愛其羊，我愛其禮。」網址：https://ctext.org/analects/ba-yi/zh，擷取於 2022 年 3 月 17 日。當時子貢想在祭祀時，省去活羊。孔子卻說：「子貢啊！你愛惜羊，我愛惜禮！」所謂「告朔」乃指天子所頒佈來年的政令書，諸侯將它保管於太廟中，每月初一，即朔日，供奉一只餼羊，也即殺了但未煮熟的腥羊；並由諸侯親自到太廟祭告，稱之為「告朔」之禮。孔子在魯國從政，此時周天子已多年不頒發曆書，諸侯也多年不行「告朔」祭禮，唯獨魯國仍保留「告朔」之祭的供羊形式。於是子貢認為，不舉行告朔之禮卻供羊，大可不必。孔子卻不以為然。論者謂孔子的意思是在禮之「質」消失後，禮之「形」還有意義。通過形式，能引發對「質」的了解。如果能保留住「告朔」的形式，就還能有促使天子重新頒佈曆書的可能性。春秋「禮壞樂崩」，堅持告朔之羊能帶給後人一些啟示、一點希望。見譚偉倫，〈禮云禮云，玉帛云乎哉 —— 淺論黃大仙祠科儀的歷史和意義〉，刊於《善道同行 —— 嗇色園黃大仙祠百載道情》編輯委員會，《善道同行 —— 嗇色園黃大仙祠百載道情》（香港：中華書局，2021），頁 152-154。

58　中國哲學書電子化計劃，《禮記・大學》，網址：https://ctext.org/liji/da-xue/zh，擷取於 2022 年 3 月 17 日。

59　中國哲學書電子化計劃，《論語・憲問》，網址：https://ctext.org/analects/xian-wen/zh，擷取於 2022 年 3 月 17 日。

60　轉引於吳啟超，《朱子的窮理功夫》（臺北：國立臺灣大學出版中心，2017），頁 15。

61　中國哲學書電子化計劃，《論語・顏淵》，網址：https://ctext.org/analects/yan-yuan/zh，擷取於 2022 年 3 月 17 日。

62　中國哲學書電子化計劃，《論語・八佾》，網址：https://ctext.org/analects/ba-yi/zh，擷取於 2022 年 3 月 17 日。

言。[63] 宗教人士常言道：舉頭三尺有神明。這也是要常存「畏」的原因。朱熹在《中庸注》中說：「君子之心，常存敬畏。」[64] 人有所畏自然知道凡事「有所為、有所不為」。《孟子‧離婁章句下》說：「人有不為也，而後可以有為。」[65] 不為者，戒也。所以宗教人士必守戒，從而有所畏。宗教的「畏」除了幫助人知道有應該做和不應做的事以外，宗教中的「畏」的另一層深意，乃是敬虔的畏。這倒非出於恐懼的心，或是對神明金剛怒目之相的畏。宗教中的畏和外語的 Awe 較接近。科儀的大用也在營造敬畏的心，feeling of awe。

科儀所培育的誠、敬、畏不只是一種宗教情操，也是人的一種本質。《孟子‧離婁下》有云：「人之所以異於禽獸者幾希，庶民去之，君子存之。」[66] 可以說，人而不誠、不敬、不畏，難為人也！

63　中國哲學書電子化計劃，《論語‧季氏》，網址：https://ctext.org/analects/ji-shi/zh，擷取於 2022 年 3 月 17 日。

64　朱熹《中庸章句》，他在詮釋「道也者，不可須臾離也，可離非道也。是故君子戒慎乎其所不睹，恐懼乎其所不聞」時說：「是以君子之心常存敬畏，雖不見聞，亦不敢忽，所以存天理之本然，而不使離於須臾之頃也。」中國哲學書電子化計劃，網址：https://ctext.org/si-shu-zhang-ju-ji-zhu/zhong-yong-zhang-ju/zh，擷取於 2022 年 3 月 17 日。

65　中國哲學書電子化計劃，《孟子‧離婁》，網址：https://ctext.org/mengzi/li-lou-ii/zh，擷取於 2022 年 3 月 17 日。

66　中國哲學書電子化計劃，《孟子‧離婁》，網址：https://ctext.org/mengzi/li-lou-ii/zh，擷取於 2022 年 3 月 17 日。

引用書目

傳統文獻

《道藏》(Serial numbers are from K.M.Schipper, *Concordance du Tao-tsang,* Paris, 1975.)

DZ1 　　《靈寶無量度人上品妙經》

DZ22 　　《元始五老赤書玉篇真文天書經》

DZ87 　　《元始無量度人上品妙經四注》

DZ220 　《無上玄元三天玉堂大法》

DZ477 　《羅天大醮早朝儀》

DZ478 　《羅天大醮午朝儀》

DZ479 　《羅天大醮晚朝儀》

DZ483 　《金籙齋啟壇儀》

DZ507 　《太上黃籙齋儀》

DZ528 　《太上洞玄靈寶授度儀》

DZ615 　《赤松子章曆》

DZ770 　《混元聖紀》

DZ794 　《正一解戹醮儀》

DZ961 　《玄天上帝啟聖靈異錄》

DZ1127 　《陸先生道門科略》

DZ1185 　《抱朴子 · 內篇》

DZ1223 　《上清靈寶大法》

DZ1224 　《道門定制》

DZ1307 　《海瓊白真人語錄》

DZ1483　《天皇至道太清玉冊》

***

周思得，《上清靈寶濟度大成金書》，哈佛大學漢和圖書館藏。

《鑄鼎餘聞》，清光緒二十五年（1899）刻本，收錄於《藏外道書》第十八冊，成都：巴蜀書
　　社，1992。

李豐楙主編，《道法海涵》第一輯，臺北：新文豐，2014。

***

（漢）司馬遷，《史記》，香港：中華書局香港分局，1975。

《大唐六典》，據家熙本影印，臺北：文海出版社，1974。

（宋）廣業撰，《羅浮山志會編》，康熙五十六年（1717）。

（宋）倪守約撰，《赤松山志》，收錄於胡宗楙輯，《續金華叢書》，民國十三年（1924）。

（明）王懋德修，《金華府志》（萬曆），臺北市：臺灣學生書局，1965。

（清）李衛、嵇會筠等修，沈翼機、傅王露等纂，《浙江通志》（雍正），北京：北京圖書館出
　　版，2004。

（清）屈大均撰，《廣東新語》，北京：中華書局，1985。

（清）陳伯陶纂修，《東莞縣志》，東莞：養和印務局，1911。

（清）鄧鍾玉等纂，《光緒金華縣志》（影印本），上海：上海書店，1993（1934）。

《日本藏中國罕見地方志叢刊〔康熙〕新會縣志》，北京：書目文獻出版社，1991。

***

《景印文淵閣四庫全書》，臺北：臺灣商務印書館，1983—1986。

史部，《史記 · 孝文本紀》。

史部，《舊唐書 · 武宗本紀》。

子部十，雜家類三，《蠡海集》。

子部十二，小說家類，《搜神記》。

***

《景印摛藻堂欽定四庫全書薈要》，臺北：世界書局，1988。

史部，《前漢書 · 董仲舒傳》。

史部，《三國志 · 魏志 · 張魯傳》

***

中國哲學書電子化計劃：

《中庸章句》，網址：https://ctext.org/si-shu-zhang-ju-ji-zhu/zhong-yong-zhang-ju/zh，擷取於
　　2022 年 3 月 17 日。

《史記 ‧ 項羽本紀》，網址：https://ctext.org/shiji/xiang-yu-ben-ji/zh，擷取於 2022 年 3 月 17 日。

《孟子 ‧ 離婁》，網址：https://ctext.org/mengzi/li-lou-i/zh，擷取於 2022 年 3 月 17 日。

《荀子 ‧ 禮論》，網址：https://ctext.org/xunzi/li-lun/zh，擷取於 2022 年 3 月 17 日。

《傳習錄 ‧ 門人黃省曾錄》，網址：https://ctext.org/wiki.pl?if=gb&chapter=108034，擷取於
  2022 年 3 月 17 日。

《論語 ‧ 八佾》，網址：https://ctext.org/analects/ba-yi/zh，擷取於 2022 年 3 月 17 日

《論語 ‧ 季氏》，網址：https://ctext.org/analects/ji-shi/zh，擷取於 2022 年 3 月 17 日。

《論語 ‧ 陽貨》，網址：https://ctext.org/analects/yang-huo/zh，擷取於 2022 年 3 月 17 日。

《論語 ‧ 憲問》，網址：https://ctext.org/analects/xian-wen/zh，擷取於 2022 年 3 月 17 日。

《論語 ‧ 顏淵》，網址：https://ctext.org/analects/yan-yuan/zh，擷取於 2022 年 3 月 17 日。

《禮記 ‧ 大學》，網址：https://ctext.org/liji/da-xue/zh，擷取於 2022 年 3 月 17 日。

《禮記 ‧ 中庸》，網址：https://ctext.org/liji/zhong-yong/zh，擷取於 2022 年 3 月 17 日。

***

嗇色園內部資料：

《本壇以往各事登記部》，民國四年至民國三十七年（1915—1948）。

《普宜壇同門錄》，1921—1957。

《普慶幽科》，西樵普慶壇藏板，民國七年（1918）新鑴。

《黃大仙寶懺》，早期經本，「香港大學圖書館保護與修復中心」修復，2020。

《嗇色園之組織章程細則》，公司編號 11616，2017 年 5 月 17 日通過特別決議採納。

《嗇色園主辦可信學校：三十週年校慶紀念特刊》，2005。

《醒世要言》，嗇色園七十周年紀慶普宜壇重印，1991。

李少夔（宜盧）集，劉宇文（宜覺）校對，《普宜壇文事》，民國癸酉年（1933）。

梁本澤撰，《金華風貌》，2003—2004。

監院信件，檔號：SSY/MA4/20050139。

專書

丁潔，《〈華僑日報〉與香港華人社會（1925—1995）》，香港：三聯書店，2014。

上海市文獻委員會，《上海城隍廟》，上海：上海市文獻委員會，1948。

大淵忍爾，《初期の道教》，東京：創文社，1991。

夫馬進（著），伍躍、楊文信、張學鋒（譯），《中國善會善堂史研究》，北京：商務印書館，
  2005。

火雪明，《上海城隍廟》，出版地不詳：青春文學社，1928。

王賡武，《香港史新編》，香港：三聯書店，1997。

白金銑，《唐代禪宗懺悔思想研究》，臺北：文史哲出版社，2009。

安居香山、中村璋八（輯），《緯書集成》，石家莊：河北人民出版社，1994。

牟鍾鑒、張踐（著），《中國宗教通史》（修訂版），上冊，北京：中國社會科學出版社，2007。

余英時，《中國思想傳統的現代詮釋》，臺北：聯經，1995。

余英時，《中國近世宗教倫理與商人精神》，臺北：聯經，1997。

吳啟超，《朱子的窮理功夫》，臺北：國立臺灣大學出版中心，2017。

吳麗珍，《香港黃大仙》，香港：三聯書店，1997（2012）。

呂錘寬，《臺灣的道教儀式與音樂》，臺北：學藝出版社，1994。

呂鵬志，《唐前道教儀式史綱》，北京：中華書局，2008。

志賀市子（著），宋軍（譯），《香港道教與扶乩信仰：歷史與認同》，香港：中文大學出版社，2013。

李大華，《香港全真教研究》，北京：人民出版社，2018。

李孝定編述，《甲骨文字集釋》卷1，臺北：中央研究院歷史語言研究所，1970。

李昕，《南海何曾隱風流 —— 清末廣東水師提督李準紀事》，海南：海南出版社，2020。

周法高編撰，《金文詁林補》冊1卷1，臺北：中央研究院歷史語言研究所，1982。

芳村區文化局，《芳村名勝風物》，廣州：花城出版社，1998。

施舟人原編、陳耀庭改編，《道藏索引 —— 五種版本道藏通檢》，上海：上海書店出版社，1996。

徐道，《歷代神仙演義》，瀋陽：遼寧古籍出版社，1995。

索安（Anna Seidel）著，呂鵬志等譯，《西方道教研究編年史》，北京：中華書局，2002。

馬書田，《道教諸神》，華夏諸神系列，北京：北京燕山出版社，1999。

高致華，《金華牧羊 —— 黃大仙大傳》，蓬瀛仙館道教文化叢書 · 神仙傳記系列之八，北京：宗教文化出版社，2006。

梁其姿，《施善與教化：明清的慈善組織》，石家莊：河北教育出版社，2001。

陳德松、張樂初編著，《中華黃大僊文化》，上海：上海文化出版社，2015。

陳耀庭，《道教禮儀》，北京：宗教文化出版社，2003。

游子安主編，《香江顯迹 —— 嗇色園歷史與黃大仙信仰》，香港：嗇色園，2006。

游子安主編，危丁明、鍾潔雄撰文，《爐峰弘善：嗇色園與香港社會》，香港：嗇色園，2008。

湯用彤，《漢魏兩晉南北朝佛教史》，北京：北京大學出版社，1997。

閔智亭，《道教儀範》，臺北：新文豐，1995。

閔智亭，《道教儀範》，北京：宗教文化出版社，2004。

葉樹林，《騎鶴到南天》，香港：天馬出版有限公司，2005。

福井文雅等編，《道教事典》，東京：平河出版社，1994。

趙樸初，《佛教常識問答》，北京：華文出版社，2012。

劉石吉，《明清時代江南市鎮研究》，北京：中國社會科學出版社，1987。

劉仲宇，《弘道八十年：陳蓮笙道長事略》，上海：上海辭書出版社，2008。

劉伯驥，《美國華僑史》，臺北：黎明文化事業公司，1976。

樊樹志，《明清江南市鎮探微》，上海：復旦大學出版社，1990。

鄭宏泰、黃紹倫著，《香港大老：何東》，香港：三聯書店，2007。

黎志添、游子安、吳真等著，《香港道堂科儀歷史與傳承》，香港：中華書局，2007。

韓明士（Robert Hymes）著，皮慶生譯，《道與庶道：宋代以來的道教、民間信仰和神靈模
　　式》，南京：江蘇人民出版社，2007。

饒宗頤著，《老子想爾注校證》，上海：上海古籍出版社，1991。

Anderson, E. N. *The Food of China*. New Haven: Yale University Press, 1988.

Bell, Catherine. *Ritual Theory, Ritual Practice*. New York: Oxford University Press, 1992.

Carroll, John M. *A concise history of Hong Kong*. Lanham: Rowman & Littlefield, 2007.

Chan, Selina Ching, and Graeme Lang. *Building Temples in China: Memories, tourism, and identities*. London
　　and New York: Routledge, 2015.

Duranti, Alessandro. *Linguistic Anthropology*. Cambridge: Cambridge University Press, 1997.

Durkheim, Émile. *The Elementary Forms of Religious Life*. Translated by Carol Cosman. Oxford: Oxford
　　University Press, 2001.

Eliade, Mircea. *Cosmos and History: The Myth of the Eternal Return*. New York: Harper Torchbooks,
　　1959.

Eliade, Mircea. *Myth and Reality*. Translated by W. R. Trask. New York: Harper & Row, 1963.

Grimes, Ronald L. *Ritual criticism : Case studies in its practice, essays on its theory*. Columbia, S.C. : University
　　of South Carolina Press, 1990.

Lagerwey, John. *Paradigm Shifts in Early and Modern Chinese Religion: A History*. Leiden/ Boston: Brill,
　　2019.

Lang, Graeme, and Lars Ragvald. *The Rise of a Refugee God: Hong Kong's Wong Tai Sin*. Hong Kong:
　　Oxford University Press, 1993.

Lang, Graeme 梁景文, Selina Ching Chan 陳蒨, and Lars Ragvald 羅思. *The Return of the Refugee God: Wong Tai Sin in China*（意譯：難民神祇回歸：道教黃大仙在中國）. Centre for the Study of Religion and Chinese Society, Chung Chi College, Chinese University of Hong Kong, 2002.

McNamara, Patrick. *The Neuroscience of Religious Experience*. Cambridge: Cambridge University Press, 2009.

Otto, Rudolf. *The Idea of the Holy*. Oxford: Oxford University Press, 1923.

Radcliffe-Brown, A. R. *Structure and function in primitive society: essays and addresses*. New York : The Free Press, 1964.

Schipper, Kristofer, and Franciscus Verellen. eds. *The Taoist Canon: A Historical Companion to the Daozang*. Chicago/London: University of Chicago Press, 2004.

Stephenson, Barry. *Ritual: A Very Short Introduction*. New York: Oxford University Press, 2015.

Stewart, Pamela J., and Andrew Strathern. *Ritual: Key Concepts in religion*. London: Bloomsbury, 2014.

Tylor, Edward B. *Primitive Culture vol.1: Researches into the development of mythology, philosophy, religion, language, art and custom*. Mineola, New York: Dover Publications, 2016(1871).

Victor Turner. *The Ritual Process: structure and anti-structure*. Chicago: Aldine pub. Co., 1969.

Wang, Richard G. *The Ming Prince and Daoism*. Oxford: Oxford University Press. 2012.

期刊及書籍中單篇論文

Jack Dull 著，福井重雅譯，〈新道教におる儒教的諸要素〉，收入酒井忠夫編，《道教の總合的研究》，東京：國書刊行會，1997，頁 7—56。

丸山宏著，張澤洪譯，〈正一道的上章儀禮 —— 以《塚訟章》為中心〉，《宗教學研究》第 Z1 期，1992，頁 53—61。

白金銑，〈魏晉六朝佛教懺悔的實踐與義蘊〉，《新世紀宗教研究》第八卷第三期（2010.3），頁 127—176。

石文典、鍾高峰、魯直，〈閾下知覺和隱性廣告的作用及啟動效應研究〉，《心理科學》2005 年第 3 期，頁 683—685。

呂鵬志，〈早期道教醮儀及其流變考索〉，收入譚偉倫主編《中國地方宗教儀式論集》，香港：香港中文大學崇基學院宗教與中國社會研究中心，2011，頁 19—145。

呂鵬志，〈早期靈寶傳授儀 —— 陸修靜《太上洞玄靈寶授度儀》考論〉，《文史》，2019 年第 2 輯，頁 121—150。

志賀市子，〈地方道教之形成：廣東地區扶鸞結社運動之興起與演變（1838—1953）〉，收入黎志添主編，《十九世紀以來中國地方道教變遷》，香港：三聯書店，2013，頁 185—219。

李永明，〈思前想後 —— 香港道教學院成立 20 周年的感想〉，刊於《弘道》（季刊）總第 50
　　期（2012 年 3 月），頁 1—7。

李豐楙，〈嚴肅與遊戲：道教三元齋與唐代節俗〉，收入鍾彩均主編，《傳承與創新：中央
　　研究院中國文哲研究所十周年紀念論文集》，臺北：中央研究院中國文哲研究所籌備處，
　　1999，頁 53—110。

李耀輝（義覺），〈《普宜幽科》之三教思想探究〉，收入《善道同行 —— 嗇色園黃大仙祠百
　　載道情》編輯委員會，《善道同行 —— 嗇色園黃大仙祠百載道情》，香港：中華書局，
　　2021，頁 226—243。

松本浩一，〈普度儀式的成立〉，《華人宗教研究》，第 10 期（2017.7），頁 7—36。

林振源，〈閩南客家地區的道教儀式：三朝醮個案〉，《民俗曲藝》158 期（2007），頁 197—
　　253。

林振源，〈歷史與當代地方道教研究專輯 I 導論〉，《華人宗教研究》，第 8 期（2016.12），頁
　　1—5。

林振源，〈地方道教研究：以閩南與臺灣道法二門為中心〉，《臺灣宗教研究》，第 16 卷第 2
　　期（2017），頁 123—154。

林振源、呂燁，〈贛東北上饒地區的道教傳統與儀式分類〉，《華人宗教研究》，第十五期
　　（2020.1），頁 63—113。

施舟人（Kristofer Schipper），〈道教的清約〉，《法國漢學》第七輯（宗教史專號），北京：中
　　華書局，2002，頁 149—167。

柏夷（Stephen Bokenkamp）著，林欣儀譯，謝世維校正，〈麻布與灰 —— 塗炭齋中的自我與
　　家族〉，《中國文哲研究通訊》18 卷 2 期（2008.06），頁 21—33。

范毅軍，〈明中葉以來江南市鎮的成長趨勢與擴張性質〉，《中央研究院歷史語言研究所集
　　刊》第 73 本第 3 分冊，2002 年 9 月，頁 443—552。

徐立強，〈「梁皇懺」初探〉，《中華佛學研究》（2），1998，頁 177—206。

索安（Anna Seidel）著、劉屹譯，〈國之重寶與道教秘寶 —— 讖緯所見道教的淵源〉，《法國
　　漢學》第四輯，北京：中華書局，1999，頁 42—127。

袁志鴻，〈道教正一派授籙與全真派傳戒之比較研究〉，《世界宗教研究》，2003 年第 4 期，
　　頁 79—92。

張超然，〈早期道教喪葬儀式的形成〉，《輔仁宗教研究》（20），2010，頁 27—66。

張超然，〈專醮酹恩：近代道教為民間信仰所提供的儀式服務〉，收入侯沖主編，《經典、儀
　　式與民間信仰》，上海：上海古籍出版社，2018，頁 259—293。

張澤洪，〈早期正一道教的上章濟度思想〉，《宗教學研究》，2000（第 47 期），頁 22—29、110。

曹樹基，〈1894 年鼠疫大流行中的廣州、香港和上海〉，《上海交通大學學報》（哲學社會科
　　學版），總 44 期第 13 卷第 4 期（2005 年），頁 72—81。

梁謀，〈傳奇神醫——簡公佛〉，《番禺文史資料》第 20 期，2009 年 12 月，頁 112。

梅莉，〈武當山朝香風俗的歷史研究〉，《武漢大學學報》（人文科學版），第 61 卷第 3 期，2008.05，頁 355－362。

陳健明，〈東莞企石黃大仙傳說研究〉，《青春歲月》，第 3 期（2014），頁 22－23。

陳晨，〈對漢民族傳統民間信仰若干特徵的考察——以黃大仙信仰為個案〉，《宗教與民族》，2009，頁 447－464。

陳晨，〈香港黃大仙信仰的傳入及早期發展（1915－1941）——以嗇色園為中心〉，《宗教與民族》（第十輯），2016，頁 316－331。

陳晨，〈推動嶺南黃大仙信仰發展的普慶壇〉，《道教論壇》，2016 年第 1 期，頁 50－55。

陳晨，〈黃大仙信仰在嶺南的初傳及本土化——以廣州普濟壇為例〉，《世界宗教文化》，2016 年第 6 期，頁 109－114。

陳晨，〈嶺南黃大仙信仰的形成——以普濟、普慶、普化三壇為中心〉，收入蕭國健、游子安主編，《1894－1920 歷史鉅變中的香港》，香港：珠海書院香港歷史文化研究中心、嗇色園，2016，頁 180－195。

陳晨，〈嶺南黃大仙信俗的形成與香港嗇色園的創建〉，收入《善道同行——嗇色園黃大仙祠百載道情》編輯委員會，《善道同行——嗇色園黃大仙祠百載道情》，香港：中華書局，2021，頁 206－217。

陳華文，〈衰落與復興：黃大仙信仰歷程——以金華黃大仙信仰演變為例〉，《民俗研究》，2017 年第 3 期，頁 103－107、159。

陳德松、張樂初，〈有關黃大仙的民間傳說〉，收入陳德松、張樂初編著，《中華大儺文化》，上海：上海文化出版社，2015，頁 86－117。

陳耀庭，〈論道教儀式的結構——要素及其組合〉，收入陳鼓應主編《道家文化研究：第一輯》，上海：上海古籍出版社，1992，頁 293－309。

傅飛嵐（Franciscus Verellen）著，呂鵬志譯，〈天師道上章科儀——《赤松子章曆》和《元辰章醮立成曆》研究〉，收入黎志添主編，《道教研究與中國宗教文化》，香港：中華書局，2003，頁 37－71。

游子安，〈萬人緣法會——從香港到越南的華人宗教善業〉，《輔仁宗教研究》，第 38 期（2019 春），頁 113－130。

黃兆漢，〈黃大仙考〉，《中國文化研究所學報》，第 16 期（1985 年），頁 223－240。

蒲亨強，〈當代道教經韻源流考：東晉南北朝產生的經韻〉（下），《中國音樂》（季刊），2009 年第 2 期，頁 30－38。

彈指，〈肖（青）衣紅淚記（附圖）〉，《天荒》第 1 期（1917 年），頁 73－97。

潘淑華，〈英靈與餓鬼：民國時期廣東地區的盂蘭節與萬緣會〉，收入蔡志祥、韋錦新、潘淑華編，《迷信話語：報章與清末民初的移風易俗》，香港：香港科技大學華南研究中心，

2013，頁 ii—xvi。

潮龍起，〈危險的愉悦：早期美國華僑賭博問題研究〉，《華僑華人歷史研究》，第 2 期（2010 年 6 月），頁 42—50。

蔡志祥，〈萬緣勝會：從華南到東南亞〉，新加坡廣惠肇碧山亭編，《新加坡廣惠肇碧山亭 140 周年紀念特刊》，新加坡：廣惠肇碧山亭，2010，頁 25。

蔡志祥，〈從反迷信到萬緣會：廣州到東南亞的城市救贖儀式〉，收入李孝悌、陳學然主編，《海客瀛洲：傳統中國沿海城市與近代東亞海上世界》，上海：上海古籍出版社，2017，頁 30—42。

蔣明智，〈香港黃大仙信仰的認同價值〉，《文化遺產》，第 6 期（2019 年），頁 96—101。

黎志添，〈天地水三官信仰與早期天師道治病解罪儀式〉，《臺灣宗教研究》，第三期（2002），頁 1—30。

黎志添，〈道教地方科儀研究 —— 香港道堂科儀及其歷史傳承〉，收入林富士主編，《中國史新論：宗教史分冊》。臺北：中央研究院、聯經，2010，頁 333—374。

蕭登福，〈試論北斗九皇、斗姆與摩利支天之關係〉，《人文社會學報》，3 期（2004.12），頁 5—22。

閻江，〈傳說、祠廟與信仰的互動 —— 黃大仙信仰的嶺南階段及其發展〉，《長江大學學報》，第 30 卷第 4 期（2007 年 8 月），頁 14—17、22。

閻江，〈嶺南黃大仙考辨 —— 以羅浮山野人傳說為中心〉，《宗教學研究》，2007 年第 1 期，頁 159—164。

閻江，〈嶺南黃大仙溯源考 —— 從黃野人到黃大仙〉，《嶺南文史》，第 1 期（2007 年），頁 44—54。

閻江、黃映葵，〈攀附與重構 —— 東莞企石黃大仙研究〉，《東莞理工學院學報》，第 14 卷第 6 期（2007 年 12 月），頁 14—16。

謝聰輝，〈臺灣正一道壇獻供儀式與內涵析論〉，收入《追尋道法：從臺灣到福建道壇調查與研究》（下冊），臺北：新文豐，2018，頁 649—704。

謝驊，〈羅浮葛仙翁與香港黃大仙〉，收入博羅縣政協文史資料研究委員會編，《博羅文史》第 3 輯，出版地不詳，1986，頁 39。

羅立群，〈從文獻典籍看嶺南黃大仙信仰的演進過程〉，《文化雜誌》，1997，頁 129—133。

羅立群，〈筆記、方志中的羅浮山與嶺南道教〉，《韶關學院學報》，總第 280 期，2017 年 1 月，頁 1—4。

羅焱英，〈道教星神司命考述〉，收入潘崇賢，梁發主編，《道教與星斗信仰》（下冊），濟南：齊魯書社，2014，頁 872—890。

譚偉倫，〈禮云禮云，玉帛云乎哉 —— 淺論黃大仙祠科儀的歷史和意義〉，收入《善道同行 —— 嗇色園黃大仙祠百載道情》編輯委員會，《善道同行 —— 嗇色園黃大仙祠百載道

情》，香港：中華書局，2021，頁 152—154。

Bell, Catherine. "Ritual [Further Consideration] ." in *Encyclopedia of Religion* Second Edition, edited by Lindsay Jones, 7848-7856. Detroit : Macmillan Reference, 2005.

Cassell, Paul. "Rappaport, Revisited." in *Current Anthropology* 26.4/5(2014): 417-438.

Chan, Selina Ching. "Temple-Building and Heritage in China." *Ethnology* 44.1 (2005): 65-79.

Cooper（顧尤勤）, Eugene. "Book Reviews." *The Journal of Asian Studies* 53.3(Aug 1994): 919-920.

DeBernardi, Jean（白瑨）. "Book Reviews." in *American anthropologist* 96.3 (Sept 1994): 760-761.

DuBois, Thomas D.（杜博思）. "Welfare provision in China from late empire to the People's Republic." in *Handbook of Welfare in China,* edited by Beatriz Carrillo, Joanna Hood and Paul Kadetz, 29-44. UK: Edward Elgar, 2017.

Graham, Thomas E. "Book Reviews." in *Canadian Journal of Urban Research* 3.2, December (1994): 201-202.

Lang, Graeme, Selina Ching Chan, Lars Ragvald, "Folk Temples and the Chinese Religious Economy." in *Interdisciplinary Journal of Research on Religion 1.1.4*(2005):1-29.

Quack, Johannes, and Paul Töbelmann. "Questioning 'ritual efficacy'." in *Journal of Ritual Studies* 24.1(2020) :13-28.

Skar, Lowell. "Ritual Movements, Deity Cults and The Transformation of Daoism in Song and Yuan Times." in *Daoism Handbook*, edited by Livia Kohn, 413-463. Leiden; Boston; Köln: Brill. 2000.

Staal, Frits. "The meaninglessness of ritual." in *Numen* 26.1 (1979): 2-22.

Stratern, Andrew, and Pamela Stewart. "Embodiment theory in performance and performativity." in *Journal of ritual Studies* 22.1(2008): 67-71.

Stratern, Andrew, and Pamela Stewart. "shamanic performances: issues of performativity and comparison." in *Journal of Ritual Studies* 22.1(2008): 53-66.

Stratern, Andrew. and Pamela Stewart. "Comment: functions, effects and efficacy: a moving walkway of analysis." in *Journal of Ritual Studies* 24.1(2010): 1-4.

Topley, Marjorie, and James Hayes, "Notes on Temples and Shrines of Tai Ping Shan Street Area," in *Some Traditional Chinese Ideas and Conceptions in HK Social Life Today*, Brochure of the Hong Kong Branch of the Royal Asiatic society Week-end Symposium October 1966, 128-9. Hong Kong: Hong Kong Branch of the Royal Asiatic society, 1967.

Watson, James. "Funeral Specialists in Cantonese Society: Pollution, Performance and Social Hierarchy." in *Death Ritual in Late Imperial and Modern China*, edited by James L. Watson and Evelyn S. Rawski, 109-134. Berkeley: University of California Press, 1988.

Watson, James. "The structure of Chinese funerary rites: Elementary Forms, Ritual Sequence, and the Primacy of Performance." in *Death Ritual in Late Imperial and Modern China*, edited by James L.

Watson and Evelyn S. Rawski, 3-19. Berkeley: University of California Press, 1988.

Zuesse, Evan M. "Ritual [First Edition] (1987) . " in *Encyclopedia of Religion* (Second Edition), edited by Lindsay Jones, 7833-7848. Detroit : Macmillan Reference, 2005.

碩博士學位論文

朱磊，《中國古代北斗信仰的考古學研究》，山東大學博士學位論文， 2011 。

李民迪，《香港道教的發展與蛻變研究》，香港大學碩士學位論文， 2007 。

李志誠，《祖先與神明：明代以來台山地區綏靖伯信仰研究》，香港中文大學碩士學位論文， 2013 。

金妙珍，《黃大仙信仰研究》，上海師範大學碩士學位論文， 2007 。

陳健明，《東莞企石黃大仙傳說及信仰研究》，華中師範大學碩士學位論文， 2013 。

陳晨，《嶺南黃大仙信仰研究》，中央民族大學博士學位論文， 2008 。

黃淮東，《黃大仙信仰研究》，中山大學博士學位論文， 2008 。

Clart, Philip. "The Ritual context of Morality books: A case-study of a Taiwanese Spirit-writing Cult." PhD Thesis. University of British Columbia, 1996.

報刊

〈三水鄭家與廣州黃大仙祠的興衰〉，刊於《南方周末》，陳曉平撰，網址：https://www.infzm.com/contents/185284，擷取於 2022 年 3 月 17 日。

〈太平山新孖廟進伙〉，刊於《香港華字日報》， 1902 年 1 月 29 日，收於香港公共圖書館多媒體資訊系統，館藏編目號碼：NPTCM19020129 。

《大公報》， 1959 年 9 月 24 日，收於香港公共圖書館、多媒體資訊系統、館藏編目號碼：NPTKP19590924 。

《工商日報》， 1952 年 2 月 8 日，收於香港公共圖書館、多媒體資訊系統、館藏編目號碼：NPKS19520208 。

《工商日報》， 1972 年 10 月 2 日，收於香港公共圖書館、多媒體資訊系統、館藏編目號碼：NPKS19721002 。

《工商晚報》， 1950 年 3 月 25 日，收於香港公共圖書館、多媒體資訊系統、館藏編目號碼：NPKSE19500325 。

《香港華字日報》， 1904 年 2 月 6 日，收於香港公共圖書館多媒體資訊系統，館藏編目號碼：NPTCM19040206 。

《華僑日報》，1952年1月26日，收於香港公共圖書館、多媒體資訊系統、館藏編目號碼：
　　NPWK19520126。

《華僑日報》，1957年1月19日，收於香港公共圖書館、多媒體資訊系統、館藏編目號碼：
　　NPWK19570119。

《華僑日報》，1982年10月13日，收於香港公共圖書館、多媒體資訊系統、館藏編目號碼：
　　NPWK19821013。

〈黃大仙港信眾浙江尋根、蘭溪捐建宮觀供奉廿載〉，刊於香港《文匯報》，2015年11月29
　　日，A5周日專題。

〈監院隨筆（八）──香港道教日〉，刊載於《東周刊》第863期（2020年3月11日）。

〈監院隨筆（十）──上契神明文化〉，刊載於《東周刊》第864期（2020年3月18日）。

〈監院隨筆（二十二）──皈依入道薪火相傳〉，刊載於《東周刊》第876期（2020年6月
　　10日）。

〈監院隨筆（二十三）──星斗信仰文化之推廣〉，刊載於《東周刊》第877期（2020年6月
　　17日）。

〈監院隨筆（三十一）──香港首次黃大仙師出巡〉，刊載於《東周刊》第885期（2020年8
　　月12日）。

〈監院隨筆（三十二）──黃大仙廟會的民俗文化〉，刊載於《東周刊》第886期（2020
　　年8月19日）。區議會有關活動的討論錄音：https://www.districtcouncils.gov.hk/wts/
　　doc/2012_2015/common/committee_meetings_audio/CBC/3014/CBC_M5_04.mp3，擷取於
　　2022年3月17日。

〈監院隨筆（三十四）──黃大仙祠的道教「大獻供」科儀〉，刊載於《東周刊》第888期
　　（2020年9月2日）。

〈監院隨筆（三十七）──道教的「禮十方」科儀〉，刊載於《東周刊》第891期（2020年9月
　　23日）。

〈監院隨筆（三十八）──道教讚星禮斗科儀〉，刊載於《東周刊》第892期（2020年9月
　　30日）。

〈監院隨筆（三十九）──道教「祈福上表」科儀〉，刊載於《東周刊》第893期（2020年10
　　月7日）。

〈監院隨筆（四十二）──嗇色園的三教信仰文化〉，刊載於《東周刊》第896期（2020年10
　　月30日）。

〈監院隨筆（四十四）──香港道教的宮觀管理文化〉，刊載於《東周刊》第898期（2020年
　　11月10日）。

〈監院隨筆（六十）──黃大仙靈籤文化〉，刊載於《東周刊》第914期（2020年3月3日）。

〈監院隨筆（七十九）──牡丹花於道教之意涵〉，刊載於《東周刊》第933期（2021年7月

14 日）。

〈耆英補辦道教婚禮 見證桑榆情〉，刊於《東方日報》，2006 年 11 月 20 日，資料來源於《昔日東方》，擷取日期：2020 年 5 月 10 日。

網路資料

（臺灣）「文化部」，《臺灣大百科全書》，李世偉撰，「慈惠堂」條，網址：https://nrch.culture.tw/twpedia.aspx?id=4329，擷取於 2022 年 3 月 17 日。

〈芳村區歷史沿革〉，收入《芳村文史》第一輯，中國人民政治協商會議廣州市委員會網站：http://www.gzzxws.gov.cn/qxws/lwws/lwzj/fcws111/201101/t20110104_20273.htm，擷取於 2022 年 3 月 17 日。

〈簡公佛〉，《芳村文史》第六輯：http://www.gzzxws.gov.cn/qxws/lwws/lwzj/fcd_6/201012/t20101229_20170.htm，擷取於 2022 年 3 月 17 日。

《佛光大辭典》，「三千威儀八萬細行」條，慈怡法師主編，網址：http://buddhaspace.org/dict/fk/data/%25E4%25B8%2589%25E5%258D%2583%25E5%25A8%2581%25E5%2584%2580%25E5%2585%25AB%25E8%2590%25AC%25E7%25B4%25B0%25E8%25A1%258C.html，擷取於 2022 年 3 月 17 日。

The Industrial History of Hong Kong Group , 'Eternal Fortune and Fame—The 140 Year old Saga of Chinese Winemaker Wing Lee Wai (永利威)，網址：https://industrialhistoryhk.org/eternal-fortune-and-fame-the-140-years-old-saga-of-chinese-winemaker-wing-lee-wai-%E6%B0%B8%E5%88%A9%E5%A8%81/，擷取於 2022 年 3 月 17 日。

人人焦點，〈《南海何曾隱風流 ── 清末廣東水師提督李準紀事》出版發行〉，網址：https://ppfocus.com/0/hi818392b.html，擷取於 2022 年 3 月 17 日。

中華黃大仙文化研究會，網址：http://www.huangdaxian.org/newsdetail.aspx?id=30，擷取於 2022 年 3 月 17 日。

元清閣，網址：https://www.wongtaisin-yck.com/，擷取於 2022 年 3 月 17 日。

伊利沙伯中學網址：https://www.qes.edu.hk/Menu/sch_info/sch_hist/sch_history_c.html，擷取於 2022 年 3 月 22 日。

朱光文主講，〈大嶺村有多少名真正的進士？〉（番禺石樓歷史文化系列節目第四集），網址：https://kknews.cc/culture/xreexyo.html，擷取於 2022 年 3 月 17 日。

佚名，〈江南道宮之冠 ── 浙江金華赤松宮〉，金華雙龍旅遊發展有限公司：http://www.shuanglongdong.com/news/show-2382.aspx，擷取於 2022 年 3 月 17 日。

全國宗教資訊網，李玉珍、黃國平撰寫，「三昧水懺」條，網址：https://religion.moi.gov.tw/Knowledge/Content?ci=2&cid=107，擷取時間：2020 年 8 月 6 日。

全國宗教資訊網，李豐楙撰寫，「主神聖誕」條，網址：https://religion.moi.gov.tw/ Knowledge/Content?ci=2&cid=143，擷取時間：2020 年 8 月 6 日。

東周刊，網址：https://eastweek.my-magazine.me/main/hkgraden，亦收於嗇色園，〈文化篇章及典籍〉(文化事務網頁)，網址：https://www2.siksikyuen.org.hk/zh-HK/cultural-affairs/ article-and-classics，擷取於 2022 年 3 月 17 日。

林漢標，〈從嗇色園看香港道壇的發展路向〉，刊於《香港道訊》第 120 期 (2010 年 12 月)，頁 2—5，《香港道訊》網址：http://www.daoist.org/BookSearch(test)/list013/120.pdf，擷取於 2022 年 3 月 17 日。

香港佛聯會，〈歷任會董〉，網址：https://www.hkbuddhist.org/zh/top_page.php?cid=1&p=chairman&ptype=1&psid=59&id=17，擷取於 2022 年 3 月 17 日。

香港教育大學，網址：https://www.eduhk.hk/zht/about/history-and-campus/at-a-glance，擷取於 2022 年 3 月 17 日。

香港體育館，網址：https://www.lcsd.gov.hk/tc/hkc/aboutus/abouthongkongcoliseum.html，擷取於 2022 年 3 月 17 日。

陳菊寧，〈黃大仙及花地黃大仙祠〉，刊於荔灣區政協《芳村文史第四輯》(1992 年)，網址：http://59.41.8.205/qxws/lwws/lwzj/lw1_4/201007/t20100727_19073.htm，擷取於 2022 年 3 月 17 日。

嗇色園，〈科儀月曆表〉，網址：http://www2.siksikyuen.org.hk/zh-HK/religious-affairs/ calendar-of-religious-events，擷取於 2022 年 3 月 17 日。

道教文化資料庫，「番禺赤松宮」條目，網址：https://zh.daoinfo.org/index.php?title=%E7% 95%AA%E7%A6%BA%E8%B5%A4%E6%9D%BE%E5%AE%AE&variant=zh-hant，擷取於 2022 年 3 月 17 日。

道教文化資料庫，「陳蓮笙」條，網址：https://zh.daoinfo.org/index.php?title=%E9%99%B3% E8%93%AE%E7%AC%99&variant=zh-hant，擷取於 2022 年 3 月 17 日。

道教在線，〈喜慶熱鬧！廣州番禺赤松宮舉行普濟殿上樑儀式〉，網址：https://m.djol.org/ show-8-13639-1.html，擷取於 2022 年 3 月 17 日。

黎志添，〈《先天濟煉幽科》前言 (一)〉，刊於翠柏仙洞 2014 重印《先天濟煉科》，網址：https://www.facebook.com/938272622860374/posts/1273549475999352/，擷取於 2022 年 3 月 17 日。

藝術與科技教育中心，網址：https://www.facebook.com/groups/662805613775759/about/，擷取於 2022 年 3 月 17 日。

索引

人名索引

大光法師 P111, 123

子路 P281

夫馬進（Susumu Fuma）P046

王達 P246

布洛克（Maurice Bloch）P044

弗里茲・斯塔爾（Frits Staal）P271, 272

白瑨（Jean DeBernardi）P044, 045

仲弓（冉雍）P281

任法融 P152

朱權 P248, 252

江門新會黃佛翁 P049

江門新會黃雲元禪師 P049

米爾恰・伊利亞德（Mircea Eliade）P275

艾彌爾・涂爾幹（Émile Durkheim）P272

何東爵士 P064

余英時 P046

吳佩孚 P048

吳耀東 P063, 126

岑春煊（兩廣總督）P033

志賀市子 P045, 046

李大華 P064, 065, 066, 067, 203, 269, 270

李志文 P082

李明經（宗簡）P066

李家駿 P270

李準（南澳鎮總兵／廣東水師提督）P033

杜光庭 P008, 038, 251, 254, 256, 257, 261

沈沖 P152

沈墨揚（默知）P095, 138

冼碧珊 P002, 095

叔孫通 P278

周思得 P248, 255

周埈年 P266

孟子 P280, 282

拉柏波特（Roy Rappaport）P276

東莞企石黃仙翁 P049

林康泰（應知）P087

林漢標 P113

林邊覺 P067

芮克里夫・布朗（Radcliffe-Brown）P272

侯寶垣（「侯爺」）P065, 067, 082, 126, 127

柯若樸（Philip Clart）P046

段祺端 P048

范毅軍 P048

徐守滬 P075, 114

格雷姆（Thomas E. Graham）P045

荀子 P279, 280

高馬可（John M. Carroll）P265

張之洞 P033

張作霖 P048

張炳泉 P096, 199, 217

梁仁菴 P004, 024, 025, 026, 035, 036, 054, 063, 126

梁文傑 P093, 096, 199

梁本澤（見醒）P036, 061, 063, 071, 076, 077, 079, 083, 101, 126

梁其姿 P046, 047

梁景文（Graeme Lang）P023, 042, 043, 044, 045

梁鈞轉（勤覺）P004, 077

梁福澤（福醒）P077

梁德華 P269

莫秀英（五姑）P036, 037

郭澤乾 P033, 034

陳天申 P025

陳成昌（信醒）P075, 079

陳汝軒 P095

陳百祥 P098

陳炎培 P095

陳章 P111

陳敬陽 P203, 270

陳蒨 P024, 041, 042

陳緣基 P037

陳蓮笙 P083, 121, 123

陳曉平 P035

陳濟棠 P036, 048

陳耀庭 P008, 009, 013

陸修靜 P203, 204, 243, 244, 256, 257, 271

麥炳基 P082, 093, 126, 127

凱瑟琳・貝爾（Catherine Bell）P273

勞兆棠 P075, 076, 077, 079, 101, 126

曾德成 P150

游子安 P031, 034, 035, 036, 045, 063, 070, 114, 266, 268

番禺屏山簡公佛 P049

程頤 P281

閔智亭 P008, 012, 013, 068, 083, 231

隆納・格萊姆斯（Ronald Grimes）P277

項羽 P278

黃（王）野人（惠州羅浮山）P027, 049

黃允畋（友覺）P075, 077, 079, 126, 267, 268

黃水 P114

黃潤福 P026, 028

黃燊華（考覺）P079

愛德華・泰勒（Edward B. Tylor）P273

楊魏德（珩知）P089, 095, 097, 127

溫增游（燊覺）P075, 077, 079

葉長清 P068, 087, 203, 270

葛茲（Clifford Geertz）P044

維克多・特納（Victor W. Turner）P272

劉邦 P277, 278, 279

劉敬 P278

潘可賢（性醒）P063, 075, 076, 077, 079, 083, 087, 101, 114, 126

潘淑華 P070, 071, 265

衛仲虞（清覺）P074

鄭希甫 P126

鄭紹忠 P035

魯道夫・奧托（Rudolf Otto）P275

黎志添 P063, 064, 126

嬴政 P277

盧炯年（連醒）P077, 137

盧偉強 P077

錢遂初（差覺）P110

鍾少泉（泉醒）P077

羅思（Lars Ragavld）P023, 042, 043, 044, 045

羅美玉 P041

羅恩錫 P063, 126

譚少舫 P126

蘇文擢 P082

顧尤勤 (Eugene Cooper) P044

顧芳貞（景一、顯善）P083, 084, 087, 089, 127

地名索引

三元宮 P064, 065, 066, 067, 079, 144, 224

上環乍畏街（今「蘇杭街」）P024

大佛寺（黃大仙，今不存）P075

大笪地（今「港澳碼頭旁巴士總站」）P024

太平山街 P025, 026

日月星街 P024

北山第一廟（徐公廟）P038, 041

可立中學 P089, 093, 095, 127

孖仔廟 P025, 026

江門市新會區杜阮鎮羊石坑赤松黃大仙祠 P029, 030

至寶臺 P067

西樵山雲泉仙館 P063, 064, 066, 067

西樵稔崗赤松黃大仙祠 P024, 025, 035, 036, 054

沖虛觀 P026, 028, 064, 067

赤松山山口馮水庫二仙殿 P038, 040

赤松山寶積觀（赤松子廟）P039, 040

東莞企石鎮黃大仙古廟 P028

東蓮覺苑（跑馬地）P064

金華山山頂赤松道院 P038, 041

金華觀（赤松下宮）P038, 040

南嶽大廟 P002

香港紅磡體育館（紅館）P089, 166, 175, 224

浙江金華山黃大仙祖宮（赤松宮）P038, 041

海旁東街（今「莊士敦道」）P024

惠州市博羅縣羅浮山南庵都虛觀 P026

廣州市番禺區石樓鎮大嶺村深柳堂 P026, 031

廣州花地（「花埭」）芳村大氹尾黃大仙祠觀 P032, 033, 034, 035

廣東茶山慶雲洞 P064, 065, 126

蘭溪黃湓村黃大仙宮 P038, 040, 177

觀音山（今越秀山）P037

專有名詞索引

九天大羅衣 P121, 123, 177

九靈太妙白玉龜臺夜光金精祖母元君 P252

入會文化課程 P089

八十五周年紀慶祭天大獻供 P129

十殿閻王 P119

三官手書 P243, 254

上契黃大仙科儀 P174, 180

大獻供 P008, 012, 014, 015, 083, 084, 124, 129, 131, 150, 154, 177, 182, 204, 208, 237, 276

元宵節祝願科儀 P164

太歲元辰殿 P011, 093, 096, 097, 105, 125, 150, 152, 154, 163, 188

太歲元辰殿開光及上表、化表科儀 P152

月老助緣科儀 P173, 204

水晶琉璃牡丹供燈 P188

正一齋 P244

玄門弟子（道門弟子）P129, 196

玄門封官殯殮儀 P137

全真七子 P095, 119

回歸十周年羅天大醮 P146

回歸禮斗 P146

成人上契結緣儀式 P179, 180

佛光山「世界神明聯誼會」P186

宋元新道法 P247

沙巴州黃大仙廟奠基 P191

辛巳年息災保安善緣法會 P114, 118

招募新會員 P195

盂蘭勝會 P060, 265

冠巾經儀 P128

皈依冠巾證盟科儀（入道儀式）P012, 013, 125, 128, 165, 195, 231, 232

省港大罷工工潮 P265, 266

紅袍經生 P093, 102

茅山（乾元觀）供天開光科儀 P163

飛罡進表 P237, 238

首屆香港道教日道教文化大巡遊 P159

香港中文大學工商管理學院 P114

香港理工大學 P112

香港道教日道經樂欣賞會 P172

香港道教學院 P082, 126, 270

財神宮開光科儀 P199

敕水解穢 P009, 208, 237, 238

祭天祝文 P132

祭幽 P061, 075, 076, 083, 123

第一屆經懺班 P126

第二次廟會 P157

第二屆羅天大醮 P184

喃經（即「誦經」）P013, 057, 058, 059, 061, 062, 071, 072, 082, 087, 088, 123, 124, 129, 131, 154, 167, 174, 188, 231, 245, 260, 269

普慶壇 P004, 024, 025, 035, 037, 054, 056, 057, 058, 061, 063

曾侯乙墓 P249

紫光夫人 P252

開天門 P167

黃大仙師寶誕 P024, 072, 148, 217

黃大仙祠首個廟會 P148

嗇色園 95 周年紀慶迎祥賜福禮斗延生大法會 P175, 224

園證桑榆情（年長者道教婚禮）P135

塗炭齋 P244

經懺文化班 P087, 089, 093, 097, 098

萬世師表孔聖先師啟蒙開筆禮 P012, 015, 017, 192

萬善緣勝會 P058, 059, 060, 070, 071, 265

裝修大殿封殿科儀 P147

道教節花車巡遊 P156

道教節禮斗法會 P166

道教儀式元 P008, 009

道教儀式群 P008

道教儀式體 P008, 009

電子籤文機 P178

遣喪發靷 P011, 062, 137, 138

摩利支天 P010, 252

蝴蝶香 P123

澳門哪吒廟大獻供、儀仗隊出巡 P182

遴選會員 P015, 022, 101

頭炷香 P015, 087, 093, 196, 205

頭炷香奉香及祈福儀式 P196

濟煉超幽法事 P062

禮十方 P009, 012, 014, 102, 128, 129, 172, 177, 182, 186, 187, 204, 205, 208, 237, 238, 276

禮斗科儀 P008, 012, 013, 014, 015, 057, 084, 102, 104, 124, 129, 144, 146, 154, 166, 167, 175, 204, 208, 224, 237, 242, 249, 252, 276

藍袍經生 P102

醮師 P084, 085, 123

懺　儀 P010, 062, 063, 093, 097, 098, 102, 103, 204, 242

蘭溪黃溢村緣源園大獻供 P177

靈寶齋 P237, 238, 244, 245, 254, 256, 257, 260, 261

經典典籍索引

三天內解經 P253

上元金籙簡文 P256

上清靈寶大法 P254, 257

上清靈寶濟度大成金書 P248, 255

下元黃籙簡文 P256

千二百官儀 P243

大明玄教立成齋醮儀 P257

大唐六典 P246

元辰章醮立成曆 P243

天皇至道太清玉冊 P248, 252

太上玄門功課經 P257

太上玄靈斗姆大聖元君本命延生心經 P252

太上玄靈北斗本命延生真經 P251

太上玄靈北斗本命長生妙經 P251

太上洞玄靈寶授度儀 P256, 257

太上洞玄靈寶滅度五煉生尸妙經 P260

太上黃籙齋儀 P257, 261

太上慈悲九幽拔罪懺 P245

太上慈悲道場消災九幽懺 P245

太上慈悲道場滅罪水懺 P245

北斗延生儀 P251

正一解厄醮儀 P250

玉清無上靈寶自然北斗本生真經 P252

先天雷晶隱書 P252

安雅報（《安雅書局世說編》）P034

赤松子章曆 P243

赤松黃大仙真經（寶經）P272

赤松黃大仙寶誥 P272

抱朴子・內篇 P257

迎齋上供全集 P129

金 華 風 貌 P005, 036, 037, 054, 058, 059, 060, 061, 071

金籙齋啟壇儀 P257

南北二斗同壇延生醮儀 P251

南北斗同醮儀 P251

度人經 P256, 257, 259

海瓊白真人語錄 P251

貢祀諸天正朝集 P129

無上玄元三天玉堂大法 P251

無上祕要 P256

搜神記 P249

解禳星運儀 P251

道門定制 P102, 251

道門科範大全集 P251

道藏輯要・張集 P257

廣成儀制 P124, 128, 129

諸師聖誕沖舉酌獻儀 P247

璇璣法 P251

羅天大醮早（午、晚）朝儀 P245

蠡海集 P246

靈寶無量度人上品妙經 P249, 256

靈寶領教濟度金書 P257

圖片索引

圖 1：2019 年 5 月「湖南衡山道教宮觀拜訪團」大合照。 P003

圖 2：《本壇以往各事登記部》為紀錄嗇色園早期歷史的珍貴文獻之一。 P007

圖 3：《普宜壇同門錄》為紀錄 1921 創園至 1957 年期間，入道普宜壇的弟子資料。 P007

圖 4：嗇色園道教婚禮的規模。 P016

圖 5：擔任證婚人的李耀輝監院，主持「新郎新娘宣讀誓詞」環節。 P016

圖 6：2019 年「萬世師表孔聖先師啟蒙開筆禮」，邀得珠海學院游子安教授主持「擊鼓明志」環節。 P017

圖 7：梁仁菴道長玉照。 P025

圖 8：《香港華字日報》，1904 年 2 月 6 日。 P034

圖 9、10：1986 年，嗇色園道侶遠赴廣東西樵稔崗尋根時，所找到的門額及銅印。 P055

圖 11：普慶壇時期，通過扶乩而輯錄成的《醒世要言》。 P056

圖 12：嗇色園珍藏《黃大仙寶懺》早期經本。 P056

圖 13：1923 年，攝於嗇色園舉辦「萬善緣勝會」期間。 P059

圖 14：《普宜壇文事》首頁掃瞄版本。 P061

圖 15：嗇色園珍藏《普慶幽科》經本。 P068

圖 16：在李耀輝監院進行宗教科儀改革前，三聖堂內有進行「拜七真」的科儀。 P076

圖 17：2001 年，於鳳鳴樓舉辦上幽臺儀式，主科為「外援」勞兆棠道長。 P078

圖 18：2003 年，12 位嗇色園會員完成主科訓練，由勞兆棠道長主持「上表科儀」。 P078

圖 19：己巳年 (1989) 嗇色園普宜壇經懺班首屆結業典禮。 P081

圖 20：1978 年「運元威顯普濟勸善赤松黃大仙師寶誕 (大仙誕)」科儀，當年主席黃允畋 (友覺) 道長擔任主科，掌木魚的二手為潘可賢 (性醒) 道長。 P085

圖 21：2006 年，除大獻供外，嗇色園亦有於黃大仙廣場舉辦「禮斗科儀延生心經法會」。圖為法會佈置。 P086

圖 22：大殿內增設電子螢光幕，展示經文懺本。 p091

圖 23：2009 年，於可立中學舉辦入會申請文化課程 (即「第四屆經懺科儀文化班」)。 P092

圖 24：2021 年，香港正經受新型冠狀病毒肆虐，但正月期間到訪太歲元辰殿的善信仍有一定數量。 P094

圖 25：2018 年，《赤松黃大仙師寶懺》，善信於大殿外參與禮懺儀式。相片僅能拍攝當日部分善信。 P099

圖 26：《華僑日報》1965 年 9 月 28 日報導千華蓮社開幕的消息。 P112

圖 27：《東周網》專欄「園繫香江 · 監院隨筆」介面。擷取日期：2022 年 5 月 10 日。 P113

圖 28：2001 年「辛巳年息災保安善緣法會」，鳳鳴樓禮堂中擺放附薦牌位。 P115

圖 29：2001 年「辛巳年息災保安善緣法會」，大殿內設懺壇。 P115

圖 30：2001 年「辛巳年息災保安善緣法會」，鳳鳴樓廣場的壇場及大士殿。 P116

圖 31：2001 年「辛巳年息災保安善緣法會」，鳳鳴樓禮堂外的公祭壇。 P116

圖 32：2001 年「辛巳年息災保安善緣法會」日程表，當時擺放於鳳鳴樓禮堂外。 p117

圖 33：2001 年「辛巳年息災保安善緣法會」，壇場上擺放三清，兩周為十殿閻王，壇枱上則擺放全真七真。 P120

圖 34：2001 年「辛巳年息災保安善緣法會」豎旛，燈籠上書「太乙救苦天尊青玄上天帝寶旛」。 P120

圖 35：「九天大羅衣」正面。 P122

圖 36：「九天大羅衣」背面。 P122

圖 37：2018 年顧芳貞（景一、顯善）返嗇色園重執教鞭，宗教事務委員會廣邀過往各屆經生上課進修。 P128

圖 38：2003 年的新會員入道儀式，會員於大殿壇前上香，後取紅拱盤（內置「九樑巾」）一揖，進行冠巾。 P130

圖 39：2007 年舉辦第二次「皈依冠巾證盟科儀」，為已入道的舊會員補發度牒。 P130

圖 40：2018-2019 年度入會申請文化課程，廣邀學者專家任教，圖為香港中文大學文化及宗教研究系兼任講師唐秀連博士，主講「心經」。 P131

圖 41：2006 年大獻供。 P132

圖 42：2006 年大獻供，百樣齋菜中的部分供品。 P133

圖 43：2006 年大獻供，時任民事務局局長何志平先生上香。 P134

圖 44：《東方日報》於 2006 年 11 月 20 日以〈耆英補辦道教婚禮　見證桑榆情〉報導「園證桑榆情」活動。 P137

圖 45：《蘋果日報》2006 年 7 月 10 日報導嗇色園「玄門殯殮」科儀。乃李耀輝監院首次主辦「遣喪發靷」科儀。 P142

圖 46：2019 年祭沈公墨揚董事遣喪發靷科儀，李監院以硃砂書於沈墨揚董事度牒封套上，並將度牒放置於棺內。 P143

圖 47：李監院以中國道教協會前任會長任法融道長所贈龍頭拐杖錫杖，行破地獄法事，擊碎瓦片。 P143

圖 48：2019 年祭沈公墨揚董事遣喪發靷科儀，嗇色園一眾資深道長為沈墨揚董事扶靈。 P144

圖 49：2006 年「嗇色園禮斗科儀廷生心經法會」，眾道長行禮十方。 P145

圖 50：監院於法會中行步罡。嗇色園以輕煙特效，營造出科儀神秘飄渺的感覺。 P145

圖 51：2007 年「慶十載回歸 迎 08 奧運 祈福禮斗大典」乃嗇色園與青松觀合辦的禮斗法會。 P146

圖 52：2008 年，為準備移鑾科儀，李監院帶領一眾道長灑淨鳳鳴樓臨時大殿。 P147

圖 53：2008 年移鑾科儀，恭請黃大仙師畫像及一應神壇法器遷至鳳鳴樓臨時大殿。 P147

圖 54：2009 年黃大仙廟會，黃大仙師移駕至黃大仙廣場，供公眾參拜。 P148

圖 55：廟會吸引不少公眾參與，場面熱鬧，與民同樂。 P149

圖 56：晚上於大仙祠外上演摺子戲，不少市民特意前來欣賞。 P149

圖 57：2011 年大獻供科儀。 P150

圖 58：監院於大獻供科儀中步罡。 P151

圖 59：獻供科儀正式開始前，先安排藝團進行民族舞表演。 P151

圖 60：太歲元辰殿於 2011 年開幕，開幕接續於當年大獻供科儀後舉行。李耀輝監院為時任中國道教協會會長任法融，介紹元辰殿 LED 星空天幕。 P153

圖 61：太歲元辰殿為迎 2021 一百周年紀慶而進行翻新工程。 P153

圖 62：善信在上表儀式期間，由園內義務經生填寫其個人資料於表文內，並於斗姥元君及本命太歲前上稟祈福。 P155

圖 63：嗇色園每月擇一日舉行「進表科儀」，將善信的表文送呈予斗姥元君。 P155

圖 64：2011 年道教日花車巡遊。 P156

圖 65：2012 年道教日花車巡遊，花車上擺放有黃大仙及斗姆元君神像。 P157

圖 66：2012 年「慶回歸十五周年黃大仙廟會」開幕典禮合照。 P158

圖 67：2012 年「慶回歸十五周年黃大仙廟會」，黃大仙出巡。 P158

圖 68：廟會期間，黃大仙師移鑾到黃大仙廣場，供市民參拜。 P159

圖 69：2013 年道教日大巡遊。 P160

圖 70：2013 年道教日大巡遊，嗇色園地飄。 P162

圖 71：2013 年於茅山乾元觀舉辦「供天開光科儀」。 P163

圖 72：2013 年「供天開光科儀」，為位於地宮的紫光壇斗姆元君及六十太歲神像進行開光科儀。 P163

圖 73：2014 年 2 月 14 日「情人一線牽祝願活動」。 P164

圖 74：科儀完結後，有參與者成功求婚。 P164

圖 75：2014 年「皈依冠巾證盟科儀」，監度師餘君慶（謙知道長）、引禮師郭耀偉道長（泓知道長）、保舉師劉兆根（道長）、證盟師鄧立光博士（純通道長）。 P165

圖 76：主科宣讀《皈依證盟籙》。 P165

圖 77：2014 年「皈依冠巾證盟科儀」，證盟師鄧立光博士 (純通道長) 為新入道會員冠巾。
P166

圖 78：2015 年「香港道教日萬人祈福讚星禮斗大法會」，監院揮劍向天敕令「開天門」。
p168

圖 79：2015 年「香港道教日萬人祈福讚星禮斗大法會」，信眾於法會的最後手捧「牡丹花
燈」，繞行燈陣，將福氣迎回家中。 p170

圖 80：2015 年「香港道教日」的「道經樂欣賞會」。 P172

圖 81：2016 年「月老助緣科儀」。 P173

圖 82：月老助緣科儀當晚除「月老助緣科儀」外，更有一系列活動，與民同樂。 p173

圖 83：2016 年「黃大仙師上契結緣儀式」，儀式當時於第一參神平臺舉辦，至 2018 年始移
師至鳳鳴樓禮堂舉辦。 P174

圖 84：2016 年「黃大仙師上契結緣儀式」，監院代師說教。 P175

圖 85：2016 年「迎祥賜福禮斗延生大法會」，為首次於黃大仙祠內舉辦禮斗法會。 P176

圖 86：李耀輝監院開天門。 P176

圖 87：科儀當日舉辦有「2016 蘭溪市黃大仙故里文化節開幕式」。 P177

圖 88：2016 年「蘭溪黃湓村緣源園大獻供」。 P178

圖 89：「TAO-NET」的「說文解籤」版面。 P178

圖 90：2017 年首屆成人上契結緣儀式。 P179

圖 91：監院頒授上契證書。 P179

圖 92：主科為象徵「豐衣足食」的上契物品開光。 P180

圖 93：2017 年澳門哪吒廟大獻供，壇場設計及佈置因空間限制而有所調整。 P183

圖 94：2017 年澳門哪吒廟大獻供，禮十方演示。 P183

圖 95：2017 年澳門哪吒廟大獻供，嗇色園黃大仙鑾輿首次於香港以外的地方出巡。 P184

圖 96：2017 年參與由道教聯合會舉辦的「第二屆羅天大醮」。 P185

圖 97：2017 年參與由道教聯合會舉辦的「第二屆羅天大醮」，嗇色園於其中一晚舉辦禮斗
法會。 P185

圖 98：「羅天大醮」中的禮斗法會燈陣。 P186

圖 99：2017 年臺灣佛光山舉辦的「世界神明聯誼會」，嗇色園道長恭迎黃大仙師移輿出巡。
P187

圖 100：2019 年的「世界神明聯誼會」，嗇色園道長進行大型禮十方演示。 P188

圖 101：2018 年 2 月 17 日，嗇色園首辦「水晶琉璃牡丹供燈開光科儀」，主科正點亮牡丹星
燈。 P189

圖 102：一眾燈主一同參與儀式，並於最後親手奉燈。 P189

圖 103：2018 年，沙巴黃大仙廟奠基，李監院率普宜壇弟子前往沙巴辦奠基儀式。 P191

圖 104：沙巴黃大仙廟奠基典禮合照。 P191

圖 105：參與學童即場用毛筆撰寫「人」字，寓意學習「立人之德」。 P192

圖 106：儀式邀請學者教授向參與學童頒發證書。2019 年的開筆禮，請得筆者 (譚偉倫教授) 主持。 P193

圖 107：監院逐一為各學童點硃砂，寓意開啟智慧。 P193

圖 108：2020 年，嗇色園再次招募新會員，並預計將於 2021 年年末舉辦「皈依冠巾證盟科儀」。 P196

圖 109：2021 年，嗇色園年三十晚祈福儀式及頭炷香因疫情不對外開放。監院邀請公眾於午夜 12 時在家面向獅子山方向祈福上稟。 P198

圖 110：祈福科儀於黃大仙祠大殿進行。 P198

圖 111：2020 年 5 月 12 日，舉辦「財神宮奠基及寶物埋藏儀式」，期間在地基上灑上各國貨幣，寓意「福到財到」。 P201

圖 112：2021 年 4 月 26 日「財神宮開光科儀暨開幕典禮」，於財神宮外平臺舉辦。 P202

圖 113：2021 年 4 月 26 日「財神宮開光科儀暨開幕典禮」，李監院為「黑虎玄壇趙元帥財神」開光。 P202

圖 114：2011 年大獻供中的「十供」。 p214

圖 115：2011 年大獻供，監院行「三寶罡」，以乾冰煙機營造特效，呈現騰雲駕霧的神仙意境。 P216

圖 116：大獻供規模盛大，動員五十多位道長一同參與。 P216

圖 117：2019 年黃大仙師寶誕賀誕科儀。 p221

圖 118：2019 年黃大仙師寶誕賀誕科儀，主科李耀輝監院宣疏文。 P222

圖 119：完成科儀後，闔壇道長一同向仙師舉杯祝酒。 P222

圖 120：2017 年迎祥賜福禮斗延生大法會。 P229

圖 121：道長誦唱發燈神咒，一眾主禮嘉賓燃亮北斗七星及九皇星燈。 P229

圖 122：李耀輝監院帶領一眾嘉賓及善信手持牡丹燈繞燈陣。期間，眾道長誦唱經文「七元神擁護……」。 P230

圖 123：一眾嘉賓及善信繞行燈陣後，踏踱「五星拱照祈福橋」，寓意將福氣帶回家中。 P230

圖 124：2014 年皈依冠巾證盟科儀，一眾資深經生行禮十方儀式。 P236

圖 125：2014 年皈依冠巾證盟科儀，主科李監院上三寶香。 P236

編著者簡介

譚偉倫

於加拿大麥克馬斯特大學（McMaster University）取得碩士、博士學位，主修中國佛教，研究方向包括：中國佛教、中國密宗、中國南部佛道儀式、地方宗教與傳統社會，等等。

曾任香港中文大學文化及宗教研究系系主任（2014—2020）、香港特別行政區大學教育資助委員會第五輪卓越學科領域計劃（中國社會的歷史人類學研究2010—2017）共同研究員，現為香港中文大學文化及宗教研究系教授。

曾多次獲香港特別行政區研究資助局優配研究金支持計劃資助，用田野調查方法研究中國東南部的地方社會與民俗，研究成果主要以民族誌方式發表於勞格文（John Lagerwey）教授主編的《客家傳統社會叢書》（共30冊）。發表論文總計六十五篇、會議論文七十餘篇。

林振源

於法國高等研究學院（EPHE）取得博士學位，主修道教，師從勞格文（John Lagerwey）教授。現為政治大學宗教研究所助理教授兼華人宗教研究中心主任。研究方向包括：道教史、道教儀式、華人宗教與地方社會。

曾主持「道與法：歷史與當代地方道教研究」、「當代中國道教口述歷史研究（1949—2016）」、「地方道教的傳播與流變：以臺灣、中國東南、星馬為中心」等研究計畫，主要結合傳統歷史文獻與田野調查方法，進行歷史與當代地方道教、民間宗教與地方社會研究。

研究成果包括編著《臨水百人修行錄》、《道法縱橫：歷史與當代地方道教》、《濟安宮志》、《五福宮志》、《優遊於歷史與田野之道：勞格文教授榮休紀念譯集》，即將出版《道法二門》等專著。發表論文二十餘篇、會議論文五十餘篇。

嗇色園百周年紀念特輯

嗇色園黃大仙祠儀式研究

回首普宜

百年科儀

譚偉倫　林振源

編著

責任編輯	張俊峰
書籍設計	霍明志
排　版	肖　霞　高向明
印　務	馮政光

出　版　香港中和出版有限公司
　　　　Hong Kong Open Page Publishing Co., Ltd.
　　　　香港北角英皇道 499 號北角工業大廈 18 樓
　　　　http://www.hkopenpage.com

策　劃　嗇色園黃大仙祠
　　　　香港黃大仙竹園村二號
　　　　電子郵件：info@siksikyuen.org.hk
　　　　網址：www.siksikyuen.org.hk

香港發行　香港聯合書刊物流有限公司
　　　　香港新界荃灣德士古道 220－248 號荃灣工業中心 16 樓

印　刷　美雅印刷製本有限公司
　　　　九龍觀塘榮業街 6 號海濱工業大廈 4 字樓

版　次　2023 年 7 月香港第 1 版第 1 次印刷

規　格　16 開（175mm×245mm）328 面

國際書號　ISBN 978-988-8763-57-3

ISBN 978-988-8763-57-3
01210
WHA1559 HK$268 NT$1210